U0145750

教學實務研究與
教研論文寫作

劉世雄　著

五南圖書出版公司 印行

推薦序

　　在學校教學現場中，教學實務和教育理論或研究的脫節，是許多中小學教師、師資培育和教育研究學者以及教育行政主管，長久以來關切和引以為憾的一件事情。許多教育學者和相關機構，也一直嘗試探討這現象的成因和致力於縮減或化解其間所存在的隔閡。

　　近十多年來教育部鼓勵中小學教師進行的行動研究，即是朝向解決上述問題的明顯例子。而美國著名的教育研究學會（American Educational Research Association, AERA），約在二十年前即已積極倡導大學教師或中小學教師可以針對自己的教學進行實務性的研究，藉以發展符合自己教學情境的教學實務知識，並和同儕們分享、討論以及發表。

　　在臺灣許多深具教學熱忱的教師、研究者和師資培育機構，也都關注上述這些有關教學和師資培育的問題，並研擬因應之道。在這些眾多的努力之中，劉世雄教授撰著的《教學實務研究與教研論文寫作》，更是尤具特色、意義重大。劉教授曾擔任國立彰化師範大學師資培育中心主任，也曾經擔任過《師資培育與教師專業發展》期刊之副總編輯。他曾任職小學教師多年，對中小學教育相當熟悉，最近幾年也常帶領全國各地中小學教師共同備課、觀課與議課。他將多年的論文編輯、研究、教學實務與帶領中小學教師專業成長的心得，發展成教學實務研究與教研論文寫作的創新想法，並進一步寫成專書出版，他的投入和努力，令人肯定與讚賞。

　　在本書中，劉教授不但指出教師進行教學實務研究與教研論文寫作的許多重要概念，以及提出一些具體可行的策略。他更指出教學實務知識的發展是源自於教師教學理念的型塑，教師在整合先前所學習的教育學理論基礎、個人生活與教學經驗以及教學信念之後，發展成具體的教學理念，藉以導引教學活動設計和在課堂中的教學實踐，並且經由教師自我省思與自我調整的歷程，建構了自己的教學實務知識。他更進一步指出，為使教學實務知識不

斷地發展、修正、補充、質疑與更新，教師需要對於自己的教學實務工作進行反省、探究，並將探究的過程與心得書寫成文章，讓教學實務知識的發展與建構的具體成果能與更多的教育工作者分享。

　　事實上，劉教授在本書的撰寫過程中，即是身體力行地示範了上述有關教學實務知識的形成和功用，並且突顯教學實務、理論和研究彼此之間的關聯。這是本書尤其可貴之處，相信本書的出版對師資培育和教師專業成長有極大的啟示和貢獻。爰此，特為鄭重推薦。

郭重吉

國立彰化師範大學榮譽教授

曾任

國立臺東大學校長

國立彰化師範大學理學院講座教授

行政院國家科學委員會科學教育處處長

2017年10月3日

再版序

　　當《教學實務研究與教研論文寫作》第一版出版時，正值教育部釋放教學實踐研究計畫申請的時間，許多大學教授有意願申請此計畫，卻對教學實踐研究的概念有些模糊。幾所大學邀請我過去講解，也有些教授買了我的書再私下與我討論，由於第一版的主要讀者群設定在中小學教師，上述的情形讓我開始思考是否在改版時增加大學教授的教學實務研究之理念與撰寫計畫的歷程說明。最後在幾位大學朋友的鼓勵下，開始把自己在教學實務研究的理念，以大學教授為對象，新增第十章和第十一章兩個主要章節、第三章第四節以及一篇我自己書寫的教學實務研究論文（附錄五），提供大學教授參考。

　　大學教授的教學實務研究可以從Boyer（1990）發表《Scholarship Reconsidered: The priorities of the professoriate》一書談起，Boyer認為大學教授應該進行學術工作，不過，學術工作不等同於研究工作。學術工作內容包含知識的產出、知識的詮釋、知識的應用以及知識的傳遞，亦即大學教授應該將研究產出的知識進行組織，並詮釋知識在情境中的真實意義，再建立知識與實務應用的連結，發展知識主題與內容，最後依據主題知識採用不同的教學策略，將知識傳遞給學生，以延續人類的知識與智慧。知識的產出、詮釋以及應用即是課堂內容的來源，而知識的傳遞即是教學活動的作用。

　　美國近一、二十年逐漸推動「教與學的學術研究」（Scholarship of Teaching and Learning），大學教授被鼓勵針對自己任教的學科領域或教學過程進行探究，參照前人累積的知識庫，有系統地探究自己的課程與教學，將對教學結果分享於教師社群或發表於相關期刊，將所發展的知識與其探究結果顯現出來，進而引領社會發展。

　　然而，大學教授進行教學實務研究的困難在於不清楚課程設計與教學設計的概念，雖然具有資料蒐集與分析能力，卻在擬定課程方案、教學策略以

及評估學生表現上有點使不上力。各學校教學中心可以提供資源和支援，例如：組織教授社群、辦理讀書會、教學工作坊與分享發表會。

其次，大學教授的課堂授課多關注知識內容的傳遞，在乎資訊科技與教學策略的應用，較少關注學生的學習困難。我有好幾位朋友在國內各大學任教，少數朋友曾抱怨學生學習不積極，甚至缺課連連。此問題涉及很多因素，也難有一致性的策略，不過，大學教授可以努力的是透過教學實務研究去了解學生在學習過程中的困難，去關心學生，當一位有溫度的大學教授。

截至今年7月，我的服務年資已達三十年，先前十七年在小學服務，之後十三年在大學服務，無論小學或大學，教師或教授對學生的責任都是一樣的，把學生教好，把學生帶起來。以大學教授而言，研究什麼就教學什麼，既有教學就需要讓學生有所學習，探究自己的課程與教學實務是學術工作的重要歷程，很慶幸地，我剛好就在這個歷程上。本書第二版也隱含著我這工作三十年的教學理念與心得，有此機會呈現於讀者面前，相當喜悅。不過，任何理念的開展一定受限於個人情境，難免會有疏漏，有些論述可能不夠精準，仍期待各界指正。

劉世雄
國立彰化師範大學師資培育中心
2018年3月29日 於研究室

初版序

　　這五年來，我透過各縣市政府或學校邀請以及自己執行科技部專題研究計畫的機會走進中小學，參與教師的共同備課、相互觀課與集體議課。已有部分學校教師組成教師社群，不管是學校安排的時間或自己找課餘時間，分享與討論著教材與教法；另有部分教師相互觀課，找出學生的學習困難，發揮集體智慧，思考著如何改善學生的學習品質。從這些現象可以發現，有越來越多的教師為了學生的學習投入心力，展現熱情。

　　然而，當我仔細聆聽與分析教師共備與議課的語詞，我發現教師記錄學生學習表現過於表面，往往以當下所看到的情形判斷學生學習的可能問題；我又發現教師在議課時雖然知道學生的學習困難或不當行為，在提出改善策略時，多僅為教學技巧，較少教學策略的應用。

　　為了回應上述我觀察到的現象，我仔細思考，發現「描述、詮釋與解釋學生學習表現原因」是教師必要的功夫，一個教師要能記錄學生的重點學習表現，再透過各種表現記錄的整合思考，去詮釋學生表現背後的意義，也需要去解釋學生如此表現的原因，從描述、詮釋到解釋，教師需要真正地了解學生與協助學生。另外，教師教學策略知識可能不夠充分，在觀議課時缺乏充分的教學策略知識相互對照，所提出的改善計畫就可能多為教學技巧，較少教學策略。教育學相關理論可以指引教學活動設計，也可以讓教師用來檢視學生學習困難之處，再套用教學模式後更可以讓教師藉以形成教學策略。而當教師透過描述、詮釋與解釋真正地了解學生學習困難，再透過教育學相關理論的指引，提出足以改善學習困難的教學策略，並在實際教學時逐漸發展與調整，便可建構自己的教學實務知識。

　　更重要的是，當教師有如此的專業作為時，不能關起門來自賞，要能對外述說，讓一般大眾了解教師投入教育的過程，也要將這份教育熱情感染給其他教師。教師可以把自己的教學理念、教學實務、學生表現之描述詮

釋與解釋、教學策略與省思以及所建構的教學實務知識寫成「教學實務研究論文」（簡稱教研論文），透過寫作、省思自己，藉由寫作，讓自己的思維更具有邏輯；再透過研討會發表，跟一群同是具有教育熱忱的教師分享與討論，或透過文字表述或書籍傳遞，讓更多人了解一個熱血教師的專業型塑歷程。

　　這是我在教師共同備課、相互觀課與集體議課應以學生為焦點之觀點後的新理念，也是我對當前教師共備觀議課之現象分析後所產出的想法。

　　「教學實務研究」是教師教學理念與價值建構的過程，它不是學術研究，也不等同於行動研究；而「教研論文」也不是學術論文，是以教師的教學理念、教學設計、教學活動、分析學生表現與教學省思為論文架構，不需要嚴謹的文獻探討與資料分析技術，只需要教師將專業歷程具有邏輯系統地呈現出來，讓其他教師或一般大眾了解，一個教學理念如何發展、如何實踐、學生表現如何分析、教師如何省思以及教師如何型塑具有價值意義的教學專業內容。

　　「教學實務研究」與「教研論文寫作」的目的，不是為了做研究、不是為了寫論文，「教學實務研究」是讓教師思考教學脈絡與建構自己教學實務知識的機會，而「教研論文」不僅是教學記錄，是一種專業表述的論文，寫作的目的除了讓教師透過寫作邏輯省思自己外，也建立與其他教師分享、討論的管道，進而精進自己的教學專業。

　　為了促成上述的目的，我從105學年度第二學期起，每學期在彰化師範大學開辦「教學實務研究工作坊」與「教學實務研究研討會」，前者是由我提理念或請發表者分享研究與寫作的點滴，讓更多人了解「教學實務研究」如何進行與「教研論文」如何撰寫；而後者則是透過研討會的徵稿、參與和發表，讓一群教育工作者投入教學議題的討論中。此研討會更提供教師一個舞臺，讓教師得以展現自己教學專業與熱忱的機會。

　　本書最終目的在於帶領教師投入專業自我型塑的氣氛，也提出一種教師專業成長自我評鑑的方法。本書適用對象相當廣泛，除了一般中小學幼兒園教師可以參照運用外，大學教師的教學升等亦可參酌，甚至，一般社會團體若有教官養成、講師訓練的課程，也可用此書提升教學者的專業。

　我在上述理念的醞釀雖有兩年，但想法略新穎，可能部分思維未見周延，有些論述也可能思慮不周，尚祈各界不吝指正是幸。

　　　　　　　　　　　　　劉世雄
　　　　　　　　國立彰化師範大學師資培育中心
　　　　　　　2017年9月28日教師節於研究室

目　錄

第一章

教師專業成長的自我知覺

　　教師的工作幾乎和人類社會文化有關，教師需要努力因應社會文化的改變，發展符合當時社會或未來需求的教育專業能力。另外，教師專業也隨著社會發展而具有一定程度的複雜性，教師不僅要掌握所任教學科的知識，也要充分了解學生的生心理以引導學生進行有效果的學習，教師的專業性逐漸被發展，也逐漸被要求。

　　教師的專業工作主要以教學為主，教師需要充分了解教材內容，也需要了解學生的生心理發展，並進一步分析學生對教材的理解情形，設計適當的教學活動，以利學生獲得學習成長的機會。任何教育作為都是為學生，教師是靈魂人物，只有學生學習正向改變，才能確認教師的專業角色。教師不能放棄任何一個學生，不僅要了解學生、發現學生問題，也要有能力發展教學策略，協助每一個學生成長。

　　然而，師資培育課程無法充分培養一個教師專業工作所需要的能力，教師需要不斷地自我進修成長。當前許多的教師專業成長方式，諸如：參加校內外研習活動、進修學位或參與工作坊，這些均脫離教師的教學情境，教師專業成長若不涉及學生學習，難以論定專業成長成效。

　　教師專業成長應該基於學生的學習成效，去探究自己的教學實務。在建立教學理念後，透過教學實踐與分析學生表現，知覺教學成效以及調整教學策略，藉此論證自己的教學專業。教師需要專業成長，也需要知覺自己專業成長的歷程，最終教師也要論述自己的專業品質，以建立教師專業工作者的角色地位。

第一節 教師應有的教學專業

什麼是專業？

專業是指一群人從事一種特定專門職業工作，需要特殊智能，並具備隨時因應情況、自我調整的能力。具備這些專業能力的人，必先要接受專門教育或訓練，並且通過一定程度的檢核標準。在執行專業工作時，由於面對多元複雜情境，需要藉由深思熟慮和理性的判斷，呈現高度專門化的知識和技術，跟非專業人士相比較，可具有相對高的報酬和社會地位。

再以專業人士的各種特質和非專業人士比較。首先，專業者需要專門的知能，基於科學化的理論與技術進行工作，但非專業者無需要完整的專門知能，只需要按照技術步驟，並以基礎勞力進行即可；其次，專業者接受長期訓練或教育後，也需要考試檢核，非專業者僅需要個人經驗即可以完成任務；第三，專業者具有非專業者不可替代的知能，亦即非專業者無法隨時代理專業者執行工作；第四，專業者需要不斷地自我研修和自我知覺地專業成長，以保證專業品質，非專業者沒有自我研修的意識；第五，專業者通常具有較高的社會聲望與相對的報酬，非專業者的社會聲望和經濟待遇較低；最後，專業者看待工作是基於事業，也是一種生活方式，非專業者僅認為工作是一種謀生餬口的方式。

社會需要深入了解教師專業

臺灣社會以前經常認為教師工作即是「教書」，亦即教師需要具備轉化教材為教學活動的知能，並透過學生行為常規管理，把課本上的知識內容講述給學生聽，維繫著一個學校教育的日常工作內涵。人們對於教師的敬重，大都限於對自己孩子的關懷照顧和良好學習成績的肯定。由於當時待遇報酬不高，惟以公費制度為誘因培育師資，吸引學習成績較佳的學生進入師資培育系統。

當前，資訊科技不斷發展，社會文化越趨多元複雜，教師專業內涵不

能僅限於知識傳遞，不能僅著重講述技巧，越來越需要創意理念和其實踐作為，不過，傳統教師單一教學模式的作為已難以滿足社會人才培育的需求。另外，人們對於學校教育應培養職業、道德和人才等思維不斷被開展，教師專業內涵似乎由「教書」轉變為「教人」，再被提升為「教一個對社會有貢獻的人」。因此，當前的教育是一種極為複雜、需要高度知能的專業活動，不是任何一個人都可以進行的簡單工作。社會大眾需要了解教師專業的複雜度，重新審視教師專業的屬性。

以教材而言，教師的教學內容不會僅從課本知識進行轉化。在廣度上，經常需要思考學生社區文化以補充與情境相關的素材，也會隨時因應社會事件和突發狀況增加些許教材，也就因此需要在課堂中調整部分章節內容。在深度上，教師也會根據學生的知識基礎，考慮學生的學習風格與不同能力對教材進行編輯。因此，社會大眾應了解，課本知識內容不是教師教學的唯一素材，教師在綜合理性思維後所設計的教學活動中，不一定也不應該逐字唸教科書中的每一個段落；教師也可能會因學生的不同認知程度，提供相同知識概念但不同難度的教材進行教學。教科書僅是「素材」，教師在教學中呈現的是「教材」，教材是因應許多情境因素加以增減、轉化和編輯後才會在課堂中使用。上述這些專業能力非一般社會人士所能進行，社會大眾需要理解教師基於專業理念實踐的教育活動與非教育人員所想的可能不一樣。

以學習而言，在傳統「教學即為教書」意識中，學生經常進行「閱讀課本」、「聆聽教師講述」和「作業練習或考試」等學習活動。學生若考試成績較差，可能就會被列入低成就學生，在升學或申請各種獎勵上低人一級。不過，當前教育政策是以「成就每一個孩子」為理念，認為每一個孩子天賦不同，學校應該多提供多元化學習環境，讓每一個孩子都可以依據自己的學術性向、學科專長、學習興趣或不同經驗，進行符合自己特質的學習活動。例如：學校會有多元性的社團活動或選修課程，學生可以依據自己興趣選擇適當的學習內容；再者，學校教師也會依據學生的天賦能力，安排差異化教學活動，這是基於一種「讓學生學得懂比學得多還來得重要」的理念。當學生學懂了，對自己就會有學習信心，也會更願意投入學習。教師在這樣的理念與環境中，需要發揮智能，根據各種條件，觀察學生天賦，思考與進行多

樣化教學活動。

　　社會大眾需要了解教師教學歷程不是簡單的知識傳授過程，不是單向而是師生共同構成的互動過程。學生的學習知能基礎、學習特質、學習過程表現，均可能成為教師調整教材與改變教學活動設計的因素。教師專業非常複雜，每一個從事這個職業的人，需要高度的智慧、知識和技能，非受過教育專業培育者難以為之。因此，社會大眾需要肯定從事這些職業的人，也應賦予他們關於專業人士應有的社會聲望。

教師應該具備的專業內涵

　　教師要受社會大眾肯定，在實踐教育工作時要以教育相關理論為基礎，檢視自己的作為是否符合教師專業表現。教師應該具備的專業內涵，包含在師資培育課程所獲得的教育相關知識以及因應時代變遷自我轉化的專業知識。

　　臺灣當前的師資培育課程，則包含普通知識、專門知識和專業知識。

1.普通知識

　　普通知識主要涉及豐富的人文素養以及對歷史、社會、文化的洞察，也提及科學和科技快速發展及其對生活價值、便利性和對人類文化改變的現象，目的在於培養教師成為一個知識視野廣闊的人。教師需要對各種可能運用在學生學習上的知識具有知覺，才能滿足學生的探究、興趣和多元的發展。

2.專門知識

　　專門知識是指教師之任教科目的學科知識，例如：語文領域知識、數學領域知識等，這些是教材內容的基礎，教師需要從任教領域知識內分析、連結和編輯教材，發展教材知識結構與屬性細節。教師必須精通所任教學科的知識，對其內容要有廣泛且深入的了解，不能僅限於教科書上的知識內容而已。

3.專業知識

　　專業知識是指教育領域方面的知識，這些知識來自於教育學、心理學等基本教育理論，這也是教師值得受人敬重之專業所在，畢竟教師的工作是讓學生有效學習，僅了解學科內容知識仍無法成為一個好的教學者。教師需要觀察學生的心智反應，採用合宜的教學方法和設計適當的教學策略。

　　要成為一位教師，不能僅懂得學科知識，如何把學科內容融合教育情境以及學生特質，轉化為學生得以理解與應用的教學內容，是專業教師得以令人敬重的專業表現。舒曼（Shulman, 1987）所提出教師應具備的知識中，便詳細說明教師在每個層面應具備的知識內容，不過，這些知識並不會以單一型式出現在教學歷程中，教師的專業表現是融合以下內涵而成的：

1.學科內容知識（content knowledge）

　　學科領域中的知識概念及結構。

　　不同學科領域之學科知識架構不同，教師需要清楚地了解特定科目的知識體系，包含知識概念的組織、連結與隔閡之處。教師需要知道教材內容要素的垂直關聯，了解每個核心知識的先備知識與新知識之連結，也要知道核心知識的水平組織與統整設計的可能性。更重要的是，教師要能分析每個教材單元內的核心知能及其結構關係，以便進行具有邏輯系統的教學活動設計。

2.一般教學知識（general pedagogical knowledge）

　　指一般教學原則與策略。

　　教師需要熟知這些原則與策略的運用時機，讓學生進行有效學習。教學知識是教師設計教學活動中相當重要的知識，教師不僅需要知道各種教學方法的使用時機，對學生互動的設計、教學時間的掌握、評量工具的使用、教學資源的運用以及系統性的活動組織安排，也都要有清楚的理解。

3. 課程知識（curriculum knowledge）

　　整體課程方案發展與設計的理解，包含課程內容要素的編排方式、設計模式以及課程評鑑的意涵。

　　教師要能了解任教科目之課程發展的理念、意識型態、課程要素的組織、課程設計與課程實施的方法，以便轉化為適當的教材內容。另外，教師也要了解學校本位課程的概念，設計符合學校情境與學生特質的課程。

4. 學科教學知識（pedagogical content knowledge）

　　指特定學科的教學，融合學科知識、一般教學知識以及其他可能關聯的教育知識為學科教學知識。

　　教師需要具備發展教材教法的能力，能針對不同學科內容屬性，思考對應可行的教學策略，亦即將學科知識加以轉化形成教學的思維與行動。更重要的是，教師需要理解不同領域教材、不同教材屬性有其合宜的教法，例如：強調思考的教材就不應完全採用講述法，而動作技能的培養得要示範明白與充分練習。

5. 學習者特性的知識（knowledge of learner and their characteristics）

　　指學生的生理和心理發展相關的知識。

　　教師需要了解學生的生理和心理發展階段與內涵，才能提供符合學生發展需求的知識或活動。心理發展至少包含認知、情緒、道德、人格等發展，教師宜了解並妥善設計於教學活動中，也需要藉由教學活動滿足學生在各方面的發展需求。

6. 教育情境知識（knowledge of educational contexts）

　　指對於教育環境的認識，從班級或小組的學習環境，到學校地區的治理以及社區與文化特色等方面的理解。

　　教師需要了解學生的家庭、社區文化，提供適性化的學習經驗。教師應

設計合宜的學習情境，營造友善安全的互動環境，提供學生互動交流機會。教師也需要充分掌握學生生長背景、生活經驗和先前學習表現等資訊，了解越多越容易解釋特定學生學習表現的原因。

7.對教育目的、目標與價值以及其哲學和歷史脈絡的知識（knowledge of educational aims）

指對於教育目的、目標與價值，以及教育相關的哲學與歷史脈絡發展的認識。

教師需要透過教育目的與目標的發展，以及透過哲學思辨探討教育的本質，建立教育的價值信念，形成實踐教育工作的方針。教師要了解教育發展的歷史以及當前社會與人文發展對教育的影響，體會教育價值的變化；教師也需要了解教育政策對學生的影響，除了指導學生理解外，也要設計相關聯的教學活動，使學生能順應改變與妥善規劃生涯。

不過，當前社會環境遽變，人們講求人權、民主，也戮力追求富庶生活，受教權已從教師教學實踐的觀點轉變為每個學生是否得到應有的學習機會之論述，學生所接受的知識也被置入社會生活所需能力中，檢驗其充分性、意義性與價值性，而教師專業能力也被期待引領社會發展。這使得教育專業已經超越上述的通識知識、專門知識與專業知識的範圍，更凌駕超越Shulman（1987）的七種教師知識觀點，進而需要顧及到每個學生的特質與學生多元差異的尊重，以求受教權的彰顯；學習也需要深化，以求未來生活關鍵能力和正向態度的培養。因此，教師的專業知識必須要進階。本書參考作者另一本書《教育實習與教師之路》（2016），提到教師應具有五項面對時代變遷而需要提升的教育專業內涵，再排除本章先前提過的觀點，補充三點因應當前社會改變，教師在教學實務上應具備的專業能力。

1.察覺學生學習歷程與內在心理

學習歷程可以呈現學生的進步情形、學習努力的證據，也可以作為教

師調整教學的參考。教師要有能力察覺學生在學習歷程中的表現，包含平時練習、作業、上課態度以及與其他學生互動情形，藉由學生學習表現綜合判斷，以提供個別化和進階學習的機會。教師不能僅做量化表現的評量或總結性評量，忽略檢視學生的平時表現，甚至欠缺評估學生平時表現的專業知識。

另外，學生內在心理知覺並不一定能適當地表現於外，例如：當一個學生在上課時經常發出爆笑的語言，其實他們是想要獲得同儕的認同，教師要能擴大思考與詮釋學生表現的意義，理解學生的內在想法，結合心理學相關理論，轉化為可協助學生正向成長的教育作為。

2. 具備設計學生協同學習和分組合作學習的能力

當前社會發展需要培養學生協同共享與團隊合作的能力，教師需要體會學生協同學習和分組合作學習的價值，在教學過程中提供學生與同儕互動的機會，促進學生深度思考。教師要知道學習是一種個人認知程度的自我改變，非外在訊息的灌輸與記憶，而透過同儕互動、相互刺激思考，促進學生的認知改變。

不過，教師更要能知覺班級學生的互動氣氛、社交關係、社會情緒發展，避免學生在分組進行學習時產生相互排擠、歧視或霸凌事件，避免弱勢孩子在協同學習和分組合作中受到另類的傷害。教師對學生協同與合作學習要有觀察敏銳度，才能提供學生在心理安全的情境下獲得同儕互動學習的價值感。

3. 了解學生多元差異與具備融合教育

了解學生天賦是非常重要的教育理念，「適性揚才、成就每一個孩子」是臺灣十二年國民基本教育的願景。教師要知道每一個孩子都是受教育的對象，要能體會每一個孩子都應該接受符合自己程度的學習活動。

因此，學校教育活動不能僅是智育活動，要以多元活動滿足各種學生不同學習性向的發展，教師在教學過程中更需要細心觀察與主動發現學生資質和天賦，並以融合教育和差異化教學的專業知識，協助學生依其天賦發展，

但此專業知識卻經常被忽略。教師要知覺學生具有多元差異的特性，再發展不同的教育作為協助學生生涯發展。

第二節　教師需要有專業成長知覺

　　教師不能長期倚賴師資培育歷程所接受到的訓練進行所有教育工作，教師需要不斷地透過各種方式提升自己的專業，以面對社會對教育工作的要求。教師在實踐各種教育工作時，要能知覺自己是否有足夠的專業，需要自我進修，以發展更高層次的專業表現。

　　當前有一些教師對教育或教學工作不夠投入，對職業產生倦怠和無奈感，認為教育工作對自己是一種生活煎熬，難以認同教育工作的價值、無法體會教育工作的樂趣、更缺乏教育成就感，也逐漸受到其他教師或社會大眾的質疑。這些人之中又有少數教師認為是他人行為導致，例如：國家教育改革不當、學校行政刁難、家長過度要求、學生品行太差……。這些教師可能受到傳統教育觀點的影響，不認同教學改變可以產生什麼效應，也可能面對社會對教師職業的不尊重，導致他們的不滿，選擇以負向情感詮釋一切，而無法體會到自己需要不斷專業成長以面對各種隨時發生的教育情境問題。

　　另外，有一些教師雖然擁有高度教育熱忱，但是過於盲目追求新穎，認為新的教學法一定比舊的教學法好，便經常參與新興教學議題的研習或觀課活動，也會將研習或觀課活動所學的教學策略模仿應用於自己的班級上，教學過程看起來熱熱鬧鬧，學生的學習成效卻沒有顯著效果或僅有少數學生獲得學習成效。原因在於教師沒有區別不同學生特質應有不同的教育思維，也未能謹慎思考學生學習成效因素來自於學生認知上的改變，也可能認為高度學習興趣或動機便可產生認知上的改變或誤認為已具有學習成效。亦有少許教師應用新興教學法時，以少數學生的學習成就或快樂學習即認定自己的教學成功，而忽略了其他多數學生在學習中沒有深度學習思考。

　　教育工作是一門藝術，也是一種科學，是把各種因素考慮在內再轉化為

讓每一個學生都可以獲得深度學習的活動。教師的人格特質除了強烈責任心和高度教育熱忱以實踐最佳狀態的教育活動外，也需要具有誠實、守信、公正、正向心理等人格特質，才能感染學生、鼓勵學生和影響學生；並且具有豐富的專業知識，引領學生正向認知與情感發展。

所有教育都是為學生，但教師是靈魂人物，只有教師體會教育活動對學生的重要性，學生才會有所成長。教師要能發自內心地熱愛教育事業，將提升自己專業的活動當作生活中的一部分，工作就不會感受到負擔，如此也必能贏得社會大眾的尊重與肯定。

新手教師與專家教師的差異

一個具有領域專長的專業人士能夠有效地思考和解決該領域的問題，從而表現良好的專業行為。這些良好的專業行為絕對不是接受早先的訓練即可做到完美，而是經歷過「新手到專家」的歷程。他們需要在工作中不斷地進修、經常願意嘗試新穎的作法，並透過經驗省思，獲得更多專業知能，逐漸在工作中展現優勢表現。因此，教師要能知覺自我專業成長的重要性，也要體察不經過大量的教育實踐是不可能成為專家型教師之專業成長的意涵。

本書作者藉由這五年來的觀課紀錄與經驗，提出新手教師和專家教師在課前計畫、教學過程和課後省思上的差異，如表1.1。

表1.1 新手教師與專家教師在教育工作上的差異之比較

面向	新手教師	專家教師
課前備課	常關注在某個學科知識的講解。	試圖在課堂中建立全面性（知情意）的觀點。
教學目標	通常與教科書的目標相同。	補充教科書內容以外的教學目標。
教學設計	經常分開思考教學策略和教材內容。	熟知什麼教材內容該運用什麼教學策略。
教學活動	著重在教材內容的教導。	學生對學習任務的需求與理解。
教學起始	直接進入教學主題，一開始就講述較難且令人迷惑的內容。	會從回顧先前所學的先備知識或生活經驗例子講起。

	新手教師	專家教師
	轉換課堂活動時，遇到非預期事物（如學生干擾），不知所措。	會有不同的技巧，維持學生的學習注意力。
	運用策略較少，也不知如何轉換。	教學策略較多，且能因應學生學習需求進行轉換。
學生分心	要求學生回答剛剛所教的內容，若學生無法回答，教師以責罰處理，因此打亂學習的進行。	教師以課堂上之上一個學習內容要求分心同學回憶，不會打亂其他人的學習。
課室管理	課室規則含糊，有時未能堅持。	課室規則適當且明確，亦能堅持。
教學提問	提的問題較少，多是表面問題。對未能回答的學生，直接要求另一位學生回答。	提的問題較多、較符合學習內容，並有層次之分。也對未能回答的學生，給予較低層次的問題或引導回饋。
討論安排	隨意分組，直接要求學生討論，沒有詳細指導分組技巧。只在乎整組學習結果，忽略部分學生的學習狀況。	有意義的分組，會事先指導示範討論程序，並且關注到每一位學生的參與情形。
學習任務	交代任務後，缺乏任何提示，由小組討論安排或個人自己完成。	會先提示重點，複雜任務也分段指導進行，最後再統整。
課堂練習	視練習為評量，練習時間掌握不夠精準，要求學生安靜練習，不准細聲討論。	視練習為學習，先提示學生，再於練習時檢視學生學習情形，隨時給予訂正性回饋。
指定作業	直接指定或發放作業，沒有任何提示或檢驗學生的理解情形。	會在學校要求學生撰寫關鍵題目，以了解學生是否已經學會，才放行練習。
檢驗作業	直接收回來批改，並要求學生自行訂正。	多以課堂檢討、兩兩對照討論，學生自行修改後，教師再檢閱。
課後檢討	關注在課堂中發生的細節，如板書、學生常規。會以課堂管理問題，來判定是否教學成功，並思考下一次如何管理常規。	關注學生對教材的理解情形與值得注意的活動，不會用成功或失敗來評價自己，會思考下一次要如何教學引導才會更好。

　　一個新手教師到專家教師的型塑，不是短暫時間即可為之。⋯⋯
教師滿懷教育熱忱，積極表現自我，不過，對於教學工作僅於初步⋯⋯
也經常受到來自學校行政、教師同僑和學生家長對新手教師專業不⋯⋯
疑。過了三年初任教師階段後，部分教師會自我懷疑自己的職業選擇，⋯⋯
教學熱情下降，缺乏工作的積極度；但是，另外一部分教師會開始了解、體⋯⋯
會教育工作的複雜性，也了解自己不足之處。

　　如果繼續保有教師教學熱忱，在任教十年左右，教師在學習任務安排
上，逐漸由成績目標轉化為學習能力的培養，比較關注學習過程而非學習結
果。雖然教師開始可以掌握教學策略，但教學常規還無法完全監控，在親師
溝通上，也無法應付自如，也可能因此產生焦慮、倦怠等消極情緒。如果此
時獲得同僑情感或物質條件支持，會逐漸往專家教師目標發展。

　　大約任教十五年後，如果教師開始有序安排自己的教學活動、對自己的
教學能力有了自我肯定的態度，也能積極省思自己的教育作為並經常試圖尋
求解決之道，便可以成為一位優秀的專家教師。但是如果不斷受到質疑，自
己也未省思而僅認為外在因素所導致，教師職業的認同感開始下降，甚至產
生情緒困擾或心理問題，教學專業能力可能還不如新手教師。

　　通常十五年後，如果能建立信心，能嘗試新的教學方法，也能主動研究
教育或教學過程中的問題，知覺挑戰是一種學習而非障礙，個體與環境最終
能取得平衡。此階段的發展早已經不是來自外在壓力，而是自我調節教學行
為的內在機制，結合積極的情緒和情感體驗，會產生教育成就感、責任感，
建立明確的教育信念。

　　教師要能知覺由新手教師轉變為專家教師的歷程點滴，也要體會任何經
驗都具有深層意義的意涵，包含在知能、情感、社交以及面對困難的解決歷
程，並將這些解決問題的經驗視為自我專業成長的歷程。

傳統教師專業成長的問題

　　早期的教師專業成長方式除了教師自己進修學位外，通常由政府規劃
安排，包含工作坊、研習或教學研討會，因為這些方式均脫離教學情境，

教師僅能獲得教學知識的相關資訊；再者，政策式的研習或工作坊，欠缺系統化、進階式的內容組織，教師僅有片段的訊息接收，也不一定符合教師需求，教師無法體會這些訊息對教室教學的價值，對教師專業成長的助益不大。

之後，各地教學輔導團的功能發展，經常藉由到校巡迴輔導的機會，將創新教學觀點轉化為教學演示，提供在職教師觀摩與理解。不過，由於時間安排不易，觀摩教師也較少實際落實在教學中，效益不大。

逐漸地，有許多研習活動涉入教學情境，例如：到校外參與一個教師的教學觀課活動，這可以讓教師了解一個教學理念落實在教學情境的情形。不過，如果觀課後沒有在自己的班級試驗，也僅就是教學知識訊息的學習。

教師專業成長具有教師主動的意涵，需要教師發展理念、實際教學以及自我回饋，並在此過程中知覺專業成長的利益以及對學生學習的效益，傳統專業成長方式早已被質疑。

當代教師專業成長的方法

教師的專業成長必須要涉及課堂中的教學實務，也需要以學生學習表現作為指標，只有學生學習有正向改變，教師專業才得以論斷成長。簡單來說，教師專業要有充分的發展，得要進入教室實踐教學。

1.教師同儕視導

教師同儕視導（peer coaching）是藉由一位教師協助另一位教師重新思考與設計教材內容、教學活動和評量方法，進而改善教師教學實務以提升學生學習品質。

早先的理論提及教師同儕視導是指有經驗的專家教師，在新進教師或需要輔導教師面臨教學問題時，擔任輔導者的角色。專家教師經由觀察、分享觀念以及推薦有效的學習材料等方面的建議，來改進被輔導教師的教學品質。簡單而言，教師同儕視導是利用同儕力量來協助新進教師或需要輔導的教師改善教學知能。

　　當前的發展已經不再侷限於專家教師對新手教師，教師同儕視導的理念將兩位教師同樣視為教學方面的專家、具有平等影響力，透過對教學活動的觀察、討論及回饋，促進彼此教學專業的成長。因為教師具有相同的經驗，當彼此觀察、分析及回饋教學歷程時，比較容易獲得同儕間的認同。也因為基於平等影響的對話，教師同儕視導也可以促進觀察者與被觀察者雙方的教學專業成長。

　　在實踐教師同儕視導時，雖然學校會將教師幾人分為一組，再由兩人自由組合，一人擔任教學，另一人則為提供建議者。不過，學校必須要考慮教師的需求、經驗與專長，因此，教師同儕視導需要差異化，以因應教師的各種條件並進行不同的發展。

　　另外，教師同儕視導要更有成效，友善組織環境、教師相互信任、學校支持系統都是關鍵因素，因為同儕視導主要運用詢問、引導和對話的技術，容易被質疑為觀點挑戰或上對下的指導關係。

　　運用同儕視導時，觀察者必須事先準備才能夠進行觀察教學的工作，除了要對教學內容有足夠的分析能力外，也必須要澈底了解被觀察者的教學思考、過程細節與專業成長需求，才能有適切的對話。教師同儕視導較少在教學上提供建議，而多是以問題刺激思考，讓被觀察者在認知上產生改變，如此教師才能體會同儕視導在教學專業成長的價值。

　　上述兩段內容也正顯示教師同儕視導的困難，學校教師專業文化影響教師的配對與互動，如果互不信任、校園氣氛不佳，教師參與意願就不高。另外，觀察者觀察技術與發問技巧等也影響教師的參與品質，不是每一個教師都可以成為同儕視導者，也不一定能提出好問題。如果教師間的觀察與對話無法獲得認同，便可能難以體會同儕視導的價值性，這種方式在教學專業成長上的應用將無法持續。而更重要的是，同儕視導關注的是教師的教學行為，改善教師教學能力，而不是以提升學生學習品質為主要目標。

2. 教師行動研究

　　教師行動研究是指教師在其教學實務領域中對遇到的困境和問題提出解

決行動方案，並透過行動方案的實踐、資料蒐集與分析，改善教學問題。這是一種以教師即研究者為理念的典型研究設計，目的在於透過教學行動方案的擬定與實踐，改善教師自己的教學實務。因此，教師行動研究被視為教師專業成長的方法之一。

　　教師採用行動研究解決教學問題的歷程，包含計畫、行動、觀察與省思等四個循環歷程，亦即檢視教學問題形成一個焦點並發展教學行動方案、實踐教學活動、蒐集學生各種表現與其他情境資料、分析證據與省思資料、對教學行動方案的回應，再做出適當的決定，例如：已改善問題或修正行動再實施。

　　教學行動研究的焦點在於「行動方案」，首先，教師要對教學情境問題有敏感度，知覺學生學習問題的核心所在；再者，教師需要考慮教材、學生與環境等因素，擬定適當的行動方案。必要時，得要閱讀相關學習理論與文獻或求助經驗教師；第三，教師也要發展資料蒐集的技術，包含學生學習歷程表現與評量工具，也要能分析各種資料對教學行動的意義，並且思考學生表現背後的原因；最後，教師的教學省思技術也需要具備，教師需要有足夠的教學知識藉以評估教學情境的各種現象，透過學生表現證據判斷教學行動的合宜性與需要調整之處。簡單來說，行動研究的歷程包含行動方案的形成、行動方案的實踐、行動方案的結果，藉由行動方案的起始、過程與結果，解釋教學實務問題。

　　教師行動研究是基於自己教學實務、符合改善自己教學與學生學習問題的需求之專業成長方式，也賦予教師提升教學品質的權力與責任。不過，教師運用行動研究解決教學實務問題時，仍被要求發展具有學術研究規範的信效度之質性或量化工具蒐集與分析資料，這對平時專心教學實務較少接觸學術研究的中小學教師而言，仍有困難度，在推動上也不容易，當前運用行動研究促進自己專業成長的教師相當少見。

3. 教師授業研究

　　授業研究（lesson study）源自於日本的學校本位教師在職進修模式，已

有許多學校採用作為教師專業成長的方法。授業研究有三個重要歷程，亦即教師共同備課、公開觀課以及教學後的集體討論。學校教師可藉由共同備課將學科教材內容轉為教學方案，藉由公開觀課與課後集體討論修改教材內容與教學策略，並再次進行教學與觀察學生表現，逐步省思與改進教學方案，進而加深理解學科內容，並提升學生學習品質。當教師致力於上述歷程，便可能發揮集體智慧，共同發展有效學習的觀點。

授業研究是基於教師協同學習的理論，亦即教師藉由分享、對話、討論與省思，對自己經常使用的教學模式具有檢視作用，亦可逐漸改變他們在教學活動設計的想法與擴大他們的教學理念。

授業研究的研究原指對教材單元的探究，但逐漸發展成對學生學習品質的關注。教師在共同備課中，思考符合學生學習需求的教材；在相互觀課中，觀察與記錄學生的學習表現；在集體議課中，提出學生學習困難處、推論原因以及提出協助改善學生學習困難的教學策略。

不過，教師以授業研究之共備、觀課和議課有三個挑戰，亦即對共備觀議課的誤解、能力以及教師同僚關係。

第一，採用共備觀議課作為教師專業成長方式，是建立在學生學習成效上，學生有學習成效才有教師專業成長的可能性。不過，多數教師經常誤解觀課是觀察教師、評鑑教師，這是教師不願意參與的首要原因。即使學校行政命令或校長請託，多數教師擔心教學受到批評，在教學時，會將相當熟練的教材與教法呈現出來。另外，其他人因為同事情誼，在集體議課時經常相互恭維，宛如一場喜事般的運作，這對改善學生學習品質進而提升教師專業沒有助益。

第二，教師缺乏共備觀議課的能力。教師共備需要先自行備課，再相互分享，教師也要充分理解學生的學習特性和教材之間的關係，提出適當的教學內容；其次，教師相互觀課需要觀察學生的表現，包含行為表情、書寫和同儕互動情形；再者，教師議課時要能提出推論學生學習困難的原因以及改善學生學習品質的方法。教師可能在共備時欠缺教材教法能力、觀課時又難以掌握學生學習困難處、議課時又無法提出學生學習困難相對應的教學策略。

　　第三，教師同僚關係是影響教師的共備觀議課重要關鍵。正向同僚關係可以促進教師彼此信任、願意開放自己的教室讓其他教師進入，以及願意聆聽他人想法、思考自己的觀點。即使教師已經理解公開觀課不是評鑑教師，仍不願意讓其他教師進班協助觀察學生表現。教師需要相互信任，需要了解共備觀議課對每個教師專業成長的價值。

第三層級的教師專業成長

　　我們如果把教師從參與研習或工作坊中獲得教學知識定義為第一層級專業成長方式，第二層級即是教師實際在教室實踐，了解教師在研習或工作坊所學習的教學知識之應用情形。然而，教師的教學工作是相當複雜的，即使教師設計完美的教學活動，學生的學習並不一定如同教師原有的期待，教師需要關注學生學習表現，才能知覺原有教學理念與教學設計的合宜性。

　　傳統教師參與研習或工作坊的專業成長方式無法改變學校教育以及學生學習品質，雖然第二層級的教師專業成長方式已經開始關注教學模式的實踐情形，多數教師也知覺教學模式的流暢度，並藉以調整教學模式的步驟，不過，仍對於學生學習表現的分析仍然不夠深入，多數教師似乎欠缺詮釋與解釋學生學習表現的能力，教師有時會以學生當下的表現進行判斷，忽略影響學生學習表現的教材、教法、情境與各種可能的因素。

　　教師需要準確地判斷學生表現的背後原因以及提出真正對學生有幫助的教學策略，這包含教師需要蒐集與分析學生學習表現，透過各種資料的解讀，詮釋該表現並解釋那些表現的原因，對於學生好表現，教師思考提出更高層次的挑戰之任務，而對於學習成效不佳的學生，則思考改善學習成效的教學策略。

　　沒有一個教師的教學是可以永久完美的，即使一個非常優秀也具有豐富經驗的教師，也可能因為在新學年度接觸不同的學生而需要改變教學作為。教師可能透過社群，相互協助進班觀課，觀察學生表現，共同討論學生表現的背後原因與發揮集體智慧提出合宜的教學策略。教師的專業成長應以學生的學習品質為參照基準，學生沒有正向表現，教師就沒有專業成長，教師專

業成長是因應學生學習而生。第三層級的教師專業成長即是教師（可透過協同觀課與議課）深度觀察學生、分析學生表現以及促進學生高品質的學習，並更具有理論性、邏輯性與系統性地看待學習表現與教學活動之間的關係，而教師在觀察學生、分析學生表現、教學省思以及提出合宜教學策略的「能力」，即是第三層級教師專業成長的核心工作。

教學實務探究與寫作是非常可行的方法

因此，教師專業成長需建立在學生學習的基礎上，教師需要了解學生學習表現，藉此自我省思與回饋到自己的教學理念與行動。以學生學習表現為證據的教師自我省思，是當代教師專業成長方法的核心價值。

教學省思可以引導教師思考原有教學理念、教學行為以及學生表現，甚至思考學生問題的解決策略；再者，透過紀錄與寫作，刺激教師大腦的回憶與聯想。如此，教學實踐、教學省思、寫作三者來回不斷地連結，教師沉浸在教學實務探究中，便可找出改善學生學習品質的方法，教師自己的專業也在這過程中逐漸提升。

教師可以進行教學實務研究與進行教學實務研究論文（簡稱教研論文）寫作，以理論性、邏輯性與系統性的思維，呈現學生學習表現改變與教師專業成長的歷程。不過，教學實務研究和教研論文寫作不需要如同學術研究一樣，以外在的工具限縮教師自己的思維，教師運用自己經驗（包含所學知識、自己與他人經驗、自己的思考歷程）的「自我省思」以及「寫作思考」，就是值得運用的工具。

教師可進行教學實務研究發展教學實務智慧

教師所進行的教學工作不是私事，是面對一群受教者願意花時間參與施教者教育活動的公眾事務。基於這種權力平等的立場，教師要不斷地改善教學品質，促進學生高度學習成效。然而，教學情境相當複雜，教育工作越趨困難，教師往往付出許多心力卻得不到正向的回饋。教師是一個專業人士，面臨複雜情境需要深思熟慮和理性判斷，進而呈現高度專門化的知能；教師

需要不斷地自我研修和自我知覺地專業成長，以保證專業品質。因此，教師要能探究自己的教學實務，藉此發展自己的教學智慧以面對複雜和困難的教育情境。

以一個教學策略為例：傳統上，李老師發給學生作業後，通常會收回批改，並要求寫錯的學生訂正，有時學生的訂正不充分，教師還得追蹤，經常讓李老師疲累。不過，李老師思考如何讓學生學得更好以及可以節省時間的方法，查閱了相關學習理論與理解協同學習的價值之後，他發展了一個新的教學策略。當學生寫完學習單後，便要求學生兩兩交換，並告訴學生若發現答案不一樣，可相互解釋和自我辯護。這樣教學幾次後，大部分學生開始解釋自己的答案，甚至有些知識上的爭論。這種結果不僅可以讓學生相互刺激思考、增加學習機會，最後學生的答案正確多了，李老師少給訂正要求，學生分數也高了，教學成效更好，教師改作業的時間少了，反而更輕鬆，這就是「教學實務智慧」。教師要發展教學實務智慧需要對教學實務有敏感度，除了開放自己多與他人分享、對話外，也要多點教學省思，思考自己要怎麼改，也需要透過嘗試與調整。

教師教學時經常遇到學生學習困難之處，有時其他教師成功的方法不一定適用自己的班級，教師需要自己確認問題所在；其次，教師也可以建立教學理念，或探究當前新興教育理念（例如：翻轉教室）在教學實務上應用的可行性，形成教學實務研究之計畫。教師只要將理念轉化為教學目標，透過教學活動的實踐與蒐集學生學習表現資料，進行教學省思，便可能發覺改善學生學習品質的方法，逐漸發展教學實務智慧。

教師透過論文寫作歷程省思與論述自己的專業

教師專業成長強調教師主動性，教師若不主動教學實踐與自我省思，以及不主動改變自己的教學，專業成長便會停滯。教師專業成長是基於每日教學工作中，教師不斷地發想、實踐、省思等自我學習與改變的過程。

教師專業成長不能脫離教室情境與學生學習，教師的專業知識成長、教學實務與學生學習表現是相互關聯。教師為了評估教學實務，得要隨時省思

與做決定，而透過寫作可以協助教師邏輯整理思緒，並且協助教師思考與引證，有助於教學實務的判斷。這種從實務研究中發展教學智慧，從論文寫作中進行教學省思之做法，是當前較為欠缺的專業成長方式。

　　教師進行教學實務的論文寫作，不僅可以協助教師調整教學理念與教學策略，也可以透過發表與討論，將教學理念實踐的過程自我論證，建立教師專業價值，進而獲得他人的認同。教師需要了解教學實務內涵、思維寫作和專業成長之間的關聯，才能逐步地成為一個具有教育品質、受到社會敬重的專業人士。

大學教師亦可進行教學實務研究與教研論文寫作

　　近年來國內大學興起大學教師以「教學實務研究」升等的理念，提出「教學研究升等著作」作為專門著作，顛覆了傳統僅能倚靠學術研究與學術論文刊登的質量，來評估大學教師專業能力之做法。大學教師採用教學研究升等，也需要進行教學實務研究，亦即大學教師需要提出創新的教學理念，並透過教學實踐、資料蒐集與分析，以學生學習證據自我評估教學成效。關於大學教師教學實務研究的相關理念，請讀者查閱本書第十章、第十一章。

　　教學實務研究不同於一般學術研究，因此不會有傳統學術研究的思維限制，適合積極投入教學實務、採用教學研究升等的大學教師參考採用。透過教學實務研究的思考與實踐歷程，大學教師便可撰寫成教研論文，形成教學研究升等專門著作。如同先前理念，不僅可以透過論文寫作、自我教學省思而做出合宜的教學決定，亦可以透過教研論文，論述自己的專業品質，對大學教師而言，教研論文更具專業品質的價值意義。教學實務研究與教研論文是大學教師採用教學升等途徑中，一個非常實用和可行的方法。

第三節　本書內容概要

　　本書之理念在於提醒教師要能知覺自己的專業，以及藉由教學實務的探究、實踐與自我評估去提升專業品質。在實際做法上，教師可將自己的教學理念轉化為具體教學目標與教學活動設計，在教學實踐中蒐集學生學習表現，藉由記錄與寫作鍛鍊思維，不斷去發現問題、研究問題與解決問題，也不斷地提煉新見解，多加嘗試，促進教學靈感。

　　教師也需要將教學實務與教學省思的過程書寫成論文，教師要做的實務研究非一般學術研究，要寫的論文也非一般學術論文，而是基於教學實務的實踐與省思，呈現教學專業成長的歷程。另外，教師也需要藉由教學實務論文發表與他人多交流，不僅有助於思維的深度和廣度，亦能提高思維的邏輯性和敏捷性。

　　本書即以教學實務研究與寫作發展各章節內容，除了第一章外，其餘章節分為三部分。另外，本書附錄有五篇文章，前四篇是中小學教師依據本書理念所撰寫，並於2017年8月2日在國立彰化師範大學由本書作者策劃辦理的第一屆教學實務研究研討會上發表與修改過。第五篇教學實務研究的論文是本書作者撰寫，論文結構已完整，但因篇幅有限以及出書在即，可能部分細節內容不夠充分，讀者可對照各章節內容參考之。

　　第一部分包含第二、三、四章等三個章節。第二章是〈教學實務研究的內涵〉，介紹教師整合教學理念和具有論述的教學活動設計以及實踐過程，也從學生學習情形回饋到教學理念，如此思維是一種教學實務的探究形式，本章也提及教學實務研究與論文和一般學術研究以及行動研究的差異。第三章為〈教學理論與實務的整合〉，此章內容指出沒有學習理論指引的教學活動會形成教師自我教學意識的主張，也因沒有隨著學習理論中提及學生心理、生理發展所形成的學習觀點進行教學，不容易讓學生學習具有高度成效，甚至在教師遭遇到教學困難時，無法找尋學生學習失敗的原因。教師的教學活動一定要有學習理論指引，學習理論是教師指導學生學習重要的基礎。第四章是〈教研論文寫作的本質〉，指出教師的教學理念、教學設計和

學生表現要有堅實的連結，並提出合理和符合邏輯的論述。教師可以透過教研論文寫作完整地思考教學理念與理論基礎，檢視和釐清教學事件的前因後果或脈絡，也可以透過論述尋找理論支持，並找尋有力的證據去證實具有教學價值的論點所在。

　　第二部分包含第五、六、七、八、九等五個章節，即是以教學實務研究與教研論文寫作的歷程撰寫。第五章是〈建立教學理念與目標設計〉，其目的在於鼓勵教師分析自己的教學經驗、教學領域和教學情境，建立自己的教學理念，並考慮教材內容與學生特質轉化為可實踐的教學活動以及教學目標。第六章是〈開展教學活動與理論解析〉，提及教師需要透過學習理論、學習原則或學習模式的陳述與對照，讓自己的教學理念和教學活動具有確定感和論證性，亦可以透過理論和實務的對照，發覺既有理論在教學情境中的適用程度與不足之處。第七章是〈實踐教學活動與資料蒐集〉，主要在於提醒教師經過深思熟慮與設計的教學活動，只有經過實踐才知道原有的教學理念可行性。然而，教師需要藉由教學目標發展工具，蒐集學生各種學習表現資料，才能判斷教學目標與教學活動的合宜性。第八章是〈統整教學實務與成效分析〉，這章指出教師需要深度描述學生學習表現，藉由教學實務經驗去詮釋學生表現的真實意義，進而反饋到教學目標與其教學活動所產生的效應，再透過教師統整教學實務經驗、學生先前表現以及教學情境因素，解釋學習表現的原因，以及藉由統整性的書寫，對教學成效做整體性理解。第九章是〈省思教學理念與價值建構〉，教師需要透過不斷的教學省思，比較教學理念與教學實務成效，提出哪些具有成效的學生表現已經符合教學理念，哪些學生表現尚未能符合預期目標。若是符合預期，教師則重述完整的教學歷程，驗證教學理念；若未能符合預期或部分未能符合，教師需要藉由教學理論的指引指出教學理念的調整、改變或刪除，建構新的觀點。

　　第三部分是本書第二版新增的內容，主要針對大學教師的教學實務研究進行撰寫，包含第十章和十一章。第十章提及學術研究不等同於研究工作，大學教師的學術工作不應該侷限在研究上，應該多關注課堂的教學活動與大學生的學習品質；而第十一章是以大學教師申請教育部的「教學實踐研究計畫」為撰寫理念，提醒大學教師撰寫計畫時應該關注的亮點內容，並且提及

大學是知識產出的地方，教學實務研究的嚴謹度不同於中小學教師的教學實務研究。

第四部分只有一個章節，即第十二章〈教研論文寫作要領與投稿技巧〉，教師需要將教學實務研究與教研論文寫作的成果進行發表，彰顯自己的教學專業；另外，教師也可以透過發表，與其他教師相互分享、相互刺激思考以及共同專業成長。因此，教師需要完整地交代教學實務研究的歷程，透過論文寫作，清楚地呈現一個教師的專業思考和學習成長的結果。本章也提及投稿須知、研究倫理議題以及口頭發表的技巧。

本章小結

一個教師通過檢核擁有教師證或獲得大學任教聘書，那只是執行教育工作的入門條件，因應動態的社會發展與複雜教育情境，教師專業要不斷地成長。然而，早期文獻已經證明參與研習、工作坊或到大學進修學位的方法對教師專業成長幫助甚微，原因在於沒有真正涉及學生學習的改變，沒有學習成效就沒有專業成長。

教師經常表述具有專業，卻較少對教學歷程提供系統化、邏輯性的專業論述，當受人質疑卻無法提出專業表現的證據，只能要求社會賦予信任而已。教師平時投入教學工作，若仔細體察，必定有其專業之處。教師應該系統化地探究教學實務，邏輯性地呈現教學專業思維，不僅可以改善教學品質，也可以驗證自己的教學理念，獲得社會大眾對教師專業角色的認可。

本書強調教師需要專業成長，透過教學實務實踐、省思學生學習表現以及教學實務論文寫作，即是最貼切提升學生學習品質的專業成長方式，也建構自己教學理念之價值以及型塑教師是專業者的角色定位。教師要做不一樣的研究、要寫不一樣的論文，教師從自己的理念出發，要透過研究、寫作思考與實踐，勇於改變自己、改變學生、改變教育以及改變臺灣的未來。

參考文獻

Shulman, L. S. (1987). Knowledge and teaching: foundations of the new reform. *Harvard Educational Review*, 57, 1-22.

劉世雄（2016）。教育實習與教師之路：成為教師的十四堂課。臺北：五南圖書出版股份有限公司。

第二章

教學實務研究的內涵

　　教師教學工作涉及知識的發展與傳遞，教師也被賦予學術研究的責任（在薪資待遇上有著學術研究費）。學術研究非僅指研究問題、研究設計與研究結果等歷程，應擴大為知識的開展與傳遞過程的探討，前者是課程內容，後者是教學實務。教師可以運用探究的態度去思考所任教的學科知識、教學脈絡，透過邏輯系統的方法去蒐集與分析學生學習表現，進而調整自己教學作為。因此，教師需要進行的學術研究是涉及自己課程、教學與學習的教學實務研究。

第一節　教師需要的教學實務研究

　　一位略有經驗的教師一定常回想課堂中發生的事和學生表現的行為，若遇到比較難以處理的事件，更會在腦中思考多時。有些教師在事件發生時會立即地將事件發展歸因於某些因素，可能是家長、學生、學校行政或是自己的教學方法。立即性的思考可能不具邏輯，也較少做出謹慎周延的教學決定，若教師能先仔細蒐集與分析，再對照先前經驗和理論文獻，教學事件的歸因可能不同。多數教師可能有上述經驗，若能多了解事件脈絡與細膩處理，就是一種教學實務研究的雛形。

中小學教師該做什麼研究

　　一些教師聽到教師要做研究，可能會直接感嘆「教師到底要會教學？還是要會做研究、寫論文？」、「我又不唸研究所，何必做研究？」、「研究是學者的事，中小學教師把學生教好就好」，或是有點哀怨地回答「別找中小學教師麻煩了，事情已經夠多了」。若有這樣的回應，那是教師把教師該做的教學研究當作一般學者進行的學術研究。事實上，教師應該做與學者不一樣的研究。

　　部分教師可能回答，中小學教師做研究就是「行動研究」囉！亦即透過「確認教學問題、文獻探討、發展教學行動方案、教學實踐與資料蒐集分析以及省思與再行動」等歷程改善教學問題。不過，這二十年來，行動研究已被發展可以成為學位論文，且早已被嚴謹地看待，包含研究動機的描述、理論文獻與相關研究的探討、行動方案建構之合理性、研究工具信效度、教學歷程與資料蒐集之檢證、以及研究結論與自我省思，這些過程跟其他研究的差別僅在於研究焦點是自己教學場域的問題而已。雖然行動研究可以讓中小學教師發現問題並嘗試解決，卻也可能在進行時受限於研究工具與資料分析的嚴謹度（例如：可能需要找尋其他教師協同觀察與分析、訪談學生並與其他資料做檢證），加上教師平時關注班級經營、學生學習表現以及其他校務繁忙，不可能花長時間沉浸在行動研究的歷程中，導致行動研究對中小學教師僅成為進修學位論文或在獎勵之下的產物。

　　若以嚴謹的學術研究之規範要求教師做研究，那是不可行。教師要進行的研究應該與他們的教學設計與教學歷程相互關聯，教學實務研究是一種教學理念、教學實踐與學生學習表現之描述與論述，相當適合教師在教學領域上應用。而透過教學實務研究的論文寫作，教師可論述自己的教學專業品質，這是行動研究尚未明顯強調之處。

大學教授應該進行的學術研究

　　大學教授應該進行學術工作，不過，學術工作不等同於研究工作。學術內容需要包含知識的產出、知識的詮釋、知識的應用以及知識的傳遞，細節

上來說，大學教授應該將研究產出的知識進行結構組織，並詮釋知識在情境中的真實意義，再建立知識與實務應用的橋樑，發展知識主題與內容，最後依據主題知識採用不同的教學策略，將知識傳遞給學生，以延續人類的知識與智慧。知識的產出、詮釋以及應用即是課堂內容的來源，而知識的傳遞即是教學活動的作用。

再者，大學是知識產出的地方，因此，大學教授的教學實務研究之過程與結果需要令人信服的證據，舉凡一般學術研究的方法和工具都可以加入研究設計，大學教授要在乎的是知識產出、發展與傳遞的過程。

另外，大學教授的學術工作既然包含知識傳遞的教學過程，便需要注意大學生的知識學習過程。大學教授不應該只有蒐集學生學習表現的數據，應該去關心學生的學習過程，去了解學習過程中的困難，在學術工作中，當一位有溫度的大學教授。

教師該寫什麼論文

教師在平時教學過程中，需要確認自己的教學理念與教學目標、條理分明地呈現教學活動，並以學生的學習結果當作證據去思考教學成效和論述教學理念的價值。教師要能知覺自己的專業所在，也能隨時在教學過程中展現，並且將這種思考、敘述與論述呈現出來，形成一種專業成長的證據，他人亦可以從教師的自我教學論述中，了解其教學理念、實踐與省思過程。

這種教學論述不是觀課記錄，觀課記錄只是一種教學情境記錄，通常只呈現表面訊息，觀課者難以了解教學者的理念脈絡與對教學行動的訊息解讀。教師需要敘述教學行動理念、解釋教學行動目的以及詮釋學生學習表現資訊，藉由條理分明的文字內容，建構一個教師完整的教學專業實踐歷程，亦即透過情境記錄與解釋和詮釋，敘述和論述教師的教學專業，這比觀課一兩節課更可以廣泛了解一個教學者的專業。

綜合上述兩點，教師透過教學實務研究去探討自己的教學設計在學生學習的效應。在歷程中思考教學脈絡，並自我省思教學理念與澄清教學理念的價值，再透過邏輯系統的教學敘述去論述教學專業，這種教學論述的論文即

是可以呈現教師專業的論文。

　　簡單來說，教學實務研究的論文是一種跟隨教師教學思維、教學實踐與教學省思歷程的探究與論述，而不以學術研究論文的動機與目的、文獻探討、研究設計、研究結果與討論、結論與建議等歷程進行和呈現。

教師寫的是教研論文而不是科研論文

　　這種教學實務的實踐、敘述與論述，算不算教育科學研究？教育科學研究之目的在於描述、解釋、預測和控制，教學實務的敘述與論述既然包含教學理念與實踐歷程的描述與解釋，它已經具有教育科學研究的部分功能。不過，僅是教學實務的敘述與論述，缺乏嚴謹的情境控制和推論基礎，難以歸類成教育科學研究。

　　我們必須給教學實務的敘述與論述一個名稱，讓它體現探究的功能。中國大陸有兩個名稱具有類似的意涵，一是教研論文，另一是科研論文。教研論文是以一個教學為基礎點，呈現教學的普遍意義以及可以借鑑或值得推廣的理念之文章。它既可以是教師自己經驗的總結，也可以是包括自己在內的眾多老師之教學經驗薈萃，具有理論與實踐結合的特點。而科研論文即是一種學術論文，用來進行教育科學研究和描述教育科研成果的文章，在臺灣即是一般人所宣稱的「學術論文」。它不僅需要貢獻學術，也需要發現與產出新知，而發現與產出新知的過程極需要嚴謹的論述與檢證，一般教育專業期刊或教育學位論文即是教育科研論文。

　　我們可以借用上述的觀點，指出教學實務的敘述與論述是一種教研論文，而非科研論文。以教研論文稱之，重視教學實務的歷程和意義之表現，而仍歸類為研究，則是需要呈現描述和解釋之必要功夫。

　　歸納而言，教師需要進行教學實務研究，並進行教研論文撰寫。此教學實務研究不同於教育科學研究，亦即教師以敘述與論述的方法，把教學理念、實踐過程與結果整理分析，詳盡地描述和解釋其價值性，也呈現教師的教學專業性。

教育科學研究和教學實務研究的比較

　　前段所提，教育科學研究不僅需要貢獻學術，也需要發現與產出新知，而產出新知的過程極需要嚴謹的論述與檢證。另外，在研究主題的選擇上需要顧及該研究領域的創新性與價值性。在科研論文寫作上，研究者需要提出研究問題的重要性，藉由嚴謹文獻探討指出所關注問題的理論基礎作為研究發展的重要根基，也需要藉由整理分析他人早已發表的相關研究，進而提出所關心議題上已有基礎的答案；其次，教育科學研究所採用的方法相當嚴謹，包含研究對象的合理性、研究設計的邏輯性、研究工具的信效度以及資料分析的正確性；再者，當有研究分析結果時，研究者也需要藉由先前已探討的理論和相關研究發現，有責任地詮釋研究結果，進而提出該研究主題與研究領域中具有價值性、創新性的觀點，也需要在通盤了解該研究領域的基礎和自己的研究發現上，提出有價值性的研究建議。由於教育科學研究之目的在於發現與產出新知，因此，每個研究過程與細節需要有證據的論述與邏輯連貫性。

　　教學實務研究是以教師自己的教學專業成長為目標，透過教學歷程的自我論述，知覺教學專業所在，也可宣稱教學專業品質。在教學實務研究之主題選擇上，完全以自己教學理念和教學情境為主，即使跟他人類似也無妨，原因在於受教者是不同的學生，也因此可能產生不同專業成長結果。而在教研論文撰寫上，是透過教學理念的論述讓自己更知覺自己的主張，也藉由教學理論的思考進行結構性教學設計，再透過學生學習表現的資料蒐集以及歸納性的分析，提出教學活動與學生學習表現的連結概要，進而解釋自己的教學成效，並論述教學的價值和品質。教研論文並非以產出領域新知為目的，也不需要嚴謹的文獻探討，蒐集與分析資料的主要範圍侷限在學生的學習表現，而研究結果就是在對照原有教學理念的施展和提出教學成效。

　　教育科學研究和教學實務研究均強調每個結構細節的前後連貫性，不過，在功能、目的、設計、過程、結果、價值與應用上仍存有差異，如表2.1。

表2.1　教育科學研究和教學實務研究以及寫作上的差異對照表

項目	教育科學研究（科研論文）	教學實務研究（教研論文）
功能	強調學術貢獻與對該研究領域產出價值性的論述。	強調對自己在教學專業成長知覺的論述。
目的	需要了解當前學術與實務上的需求，以建立研究基礎與研究目的。	透過教師自己的教學場域與經驗，建立可實踐的教學理念與教學目標。
設計	需要嚴謹文獻探討，以發展研究的架構與設計。	需要教育理論和先前經驗指引，以提出教學活動設計與流程。
過程	研究進行中，需要多方資料蒐集、分析與推論的歷程。	教學過程中，需要蒐集學生學習表現之證據資料以及詮釋與解釋資料的歷程。
結果	需要藉由先前已探討的理論和相關研究發現去詮釋研究結果。	從相關理論、經驗以及脈絡因素去解釋教學活動和學習表現的關聯。
價值	需要提出該研究主題之研究領域中具有價值性、創新性的觀點。	從學生表現證據去指出教學成效與教學理念的價值。
應用	需要透過自己的研究發現，提出有意義的研究建議。	透過教研論文的脈絡，寫作論述自己的教學專業品質。

教師行動研究和教學實務研究的比較

　　教學實務研究和行動研究都是關注教師教學場域中的理念與問題，但兩者的關注焦點不同。

　　行動研究關注的是「行動」的啟發、發展、實踐和調整，包含產出「行動」之前的理念或問題、「行動」的結構與細節、「行動」的實施過程、資料蒐集與分析後對「行動」的回饋與調整，最終結果在於確認行動的價值。教師行動研究之目的不在於產生新知識，而是探究和評估教師在學校內的日常教育工作，是以「我需要改善什麼、我需要做什麼、我如何做、結果為何」等問題架構行動歷程，過程中涉及教師對他們所面對問題的思考與決定的歷程。行動研究可以教師個人、也可以教師們協同合作進行，目的在於使

原有的教學工作之成效更好。

　　然而，課堂教學是相當複雜，每一位教師面對的學生不同、情境不同，教師的人格特質也不同，教師專業成長必須從自己的教學情境出發、了解自己的專業如何提升。因此，教師專業成長是教師關注「自己的」教學理念如何型塑、「自己的」課程內容如何設計、「自己的」教學活動如何、「自己的」學生的如何表現以及「自己的」專業如何建構等，最終在於發展自己的教學實務知識。

　　教學實務研究是教師關注「自己的」，與行動研究關注的「行動」是不同的。教學實務研究建議教師對自己的專業生涯鋪陳，亦即教師透過無數次的理念、課程、教學與省思，不斷提升學生學習成效與品質，增長自己的教學實務知識，進而建立自己的教學專業地位。教學實務研究強調教師教學理念與專業知能的發展，而行動研究在乎教學行動的實踐與結果之解釋。

　　教學實務研究和行動研究兩者均涉及自己的教學場域和蒐集學生表現資料、也需要解釋教學結果，不過，重要的不同點在於，教師行動研究著重於評估與改善教學實務，而教育實務研究著重於發展課程知識、實踐教學理念、論證教學品質以及建構教學實務知識。

　　以下具體地提出，教師行動研究和教學實務研究以及寫作上的差異。

項目	教師行動研究（行動研究論文）	教學實務研究（教研論文）
功能	均可以涉及教師個人的教學專業	
	評估與改善教學實務。	實踐教學理念與論證教學專業實踐歷程。
目的	均探討教師自己的教學實務	
	分析教學行動的起點問題，發展研究目的。	透過經驗建立教學理念，設計教學目標。
設計	均有教師教學實踐的過程	
	藉由研究起點與研究目的，設計教學行動與資料蒐集工具。	需要教學理論與教學目標指引，設計教學活動與流程。

過程	均需要蒐集學生學習表現的證據	
	蒐集與解釋資料需要聚焦在先前提出的起點問題。	蒐集學生學習資料,包含預期與非預期的表現,並綜合詮釋與解釋。
結果	均探討先前的目的之達成情形	
	透過質性或量化資料分析技術指出學生表現,再藉由先前已探討的理論和文獻,去評估教學問題的解決情形。	透過各種經驗的教學省思,詮釋學生表現,再藉由相關教育理論、教學活動和學習表現去解釋學生表現的原因。
價值	教師在實踐中獲得教學專業成長的機會	
	提出原有起點問題解決的情形,並思考下一步行動的可能性。	從學生表現的證據中,去指出教學成效與評估教學理念。
應用	研究結果都可以應用在自己的教學實務上	
	對自己未來類似的教學活動,可以開展更適合的教學設計。	除了對教學實務提出更妥善的做法外,透過寫作論述自己的教學專業品質。

教學實務研究不強調統計與質性資料分析技術

　　一般學術研究在資料蒐集之後,通常需要以統計分析技術檢驗變項間的關係,或是運用質性資料分析技術呈現現象與事件的意義,教學實務研究不一定需要這些技術,而是以教師教學省思技術,輔以描述、詮釋和解釋的技巧,分析學生的學習表現。

　　教學省思技術是指教師建立合宜的基準,對教學活動以及所引發的學習表現進行比較對照,進而提出更新的觀點與策略。而教師建立的基準來源,至少包含教學理論原則、先前經驗、教學目標、教學情境以及學生生活背景等因素。

　　在過程中,教師需要先描述教學歷程,再回顧自己教學經驗與統合思考教學歷程中的教學理念、教學活動以及教學脈絡中所有事件,詮釋學生表現的真實意義與解釋學生表現的原因;其次,以教學目標為基礎,指出學生

具有成效和未具成效的表現；第三，再透過教學理論原則，提出教學策略保留、調整或改變的決定。教師自我描述、詮釋與解釋是教師思考方法，也是教研論文寫作的論述方法，教師在教研論文中敘說自己的教學故事，過程中不斷來回地描述、詮釋和解釋。

另外，在分析資料的檢證上，一般學術工作通常需要事先發展與確認資料蒐集工具，也需要透過多元資料進行三角檢證，獲得充分的效度，例如：研究者需要透過問卷、訪談與觀察表現，呈現學生表現的真實意義。

然而，教學實務研究雖然不排斥運用問卷蒐集學生表現資料，但資料的分析與檢證是建立在教師教學經驗、學生生活背景、教學脈絡因素以及學生的學習表現（包含學習評量）等多元資料的檢證上。許多資料可能無法於課前確定，例如：一個學生在教學過程中不參與討論，教師可能加入學生的上一年級的學習表現、學生社交關係、家庭生活背景等因素，綜合思考學生不參與課堂討論的原因，最後提出學生表現的真實原因。一般研究需要事先擬定與發展研究工具，但是教學實務研究除了不強調（但也可以）統計與嚴謹的質性分析技術外，也不一定在研究之前確認所有資料蒐集工具，可以在發覺學生異常表現後，再蒐集相關的資料進行分析與檢證。

教學實務研究之資料分析、詮釋與解釋是否不夠客觀？

許多讀者可能也會提出此問題質疑教學實務研究。我們得先排除一種判斷思維，亦即我們若從教育科學研究的角度看待教學實務研究，就會落入用A的標準去看待B的思維，教學實務研究與學術研究不同，審視的標準應該不同。

不過，教學實務研究是否不夠客觀？仍然需要說明。我們先定義什麼是「客觀」，本書作者從多年研究累積心得，提出「客觀」的兩種定義，第一，許多人相同的主觀意識即為客觀；第二，專家的主觀也是一種客觀。例如：我們蒐集一萬個人對政府施政的看法，每個人都是一種主觀意見，但若這一萬個人中有極多數人有相同的看法，我們可以說這些多數人相同看法是客觀的。另外，如果我們要評估一道菜品質好不好，我們無法找到一百、

一千人來品嚐，因此，我們找來美食專家，美食專家品嚐之後的說法也是一種客觀，亦即專業者的主觀也是一種客觀。

　　教學實務研究仍是一種客觀研究，採用上述「專業者的主觀是客觀」的觀點。教師是教學專業者，除了教學經驗以及對教學情境熟悉外，教師教學的對象是學生，平日教師與學生相處時間長，也經常互動對話，只有教師才最了解學生。教師對教學情境熟悉與對學生了解的程度相當高，這比短暫蒐集資料的學術研究對分析理解學生表現的情形還要精準。只要教師能夠思考學生表現相關聯的因素（例如：先前表現、先備知識、人際關係、家庭背景等），並相互對照，詮釋學生表現的意義，再合宜地運用教學省思技術以及論述技巧，提出教學理念的品質，教學實務研究也是一種客觀的研究。

教學實務研究在未來教師專業成長的應用

　　教師進行教學實務研究與撰寫教研論文是一個新穎的觀念，不過，這種實務研究可以讓教師發揮教學實務智慧，提升自己教學專業。在未來教育應用上，可以有下列三點可能性：

1. 成為教師專業成長的活動

　　多數教師經常參加校內外研習活動，這種脫離教學情境的學習不是最好的專業成長方式。教師專業成長活動不能僅是知識獲得或觀看其他教師上課即可，教師要能將在各種機會所獲得的教學知識實踐於課堂中，只有學生學習具有成效，教師專業才得以宣稱。教學實務研究是教師自己可以獨力進行的專業成長活動，不需要離開教學情境、不需要行政安排、也不一定需要社群支持，教師只要透過教學實踐歷程與省思，便可以藉由提升學生學習品質，藉此論述自己教學專業。教學實務研究可能在未來成為教師專業成長活動中最可以進行的方法。

2. 成為教師專業發展自我評鑑的方法

　　臺灣早先幾年的教師專業發展評鑑雖然具有促進教師專業成長的意圖，

但是這種來自於其他學校或班級的輔導教師進班觀課，並無法充分了解班級情境與學生特質，即使觀課前已有會談，仍無法完全了解學生學習表現背後之因素；另外，教師在申請評鑑時需要被認可，亦即接受他人建議多過於教師個人教學的自我發覺，如此將讓教師忽略自己經驗才是教學省思中的主角，自己覺醒才是教師專業提升最關鍵之要素。教學實務研究是以教師自身經驗、自己教導的學生以及熟悉的教學情境為基地，進行教學理念的實踐與回饋歷程。教學實務研究非常重視教師教學省思與自我覺醒的作用，透過省思，教師可以知覺自己的專業提升情形。可預期的是，教學實務研究可作為教師專業發展「自我評鑑」的方法。

3. 成為教師分級制中教師申請晉級的重要參考資料

　　臺灣早先年前有人提出教育當局應該比照其他國家進行教師分級制，讓有教學能力的教師與需要輔導的教師在薪資待遇上有所差別，並且讓優秀教師在教育領域上有著良好聲譽，以激勵教師自我專業提升。當教師申請晉級時，不僅需要被觀察教學，也需要呈現長期累積的教學投入歷程和教學成果，特別是學生學習表現與改變的成果。一次次教學理念的實踐與教研論文寫作，便可以成為教師長期專業成長的證據，而非僅觀察教師上課幾次就決定教師是否晉級。因此，教學實務研究與教研論文可以成為教師分級制中，教師申請晉級的重要參考資料之一。

第二節　教學實務研究的歷程

　　教師需要記錄教學實務歷程、記錄學生學習表現，並進一步自我省思，擬定提升學生學習品質的策略，這種聚焦在學生表現以及教師專業省思的教學行動有助於教師專業成長。

　　教師在教學實務上的思考需要有系統性，亦即教師教學理念、教學活動、學生表現等因素均有關聯。在連貫性上，教學理念發展教學設計，教

學設計轉化教學活動，有教學活動必有學生表現，學生表現必與教師教學活動關聯。因此，分析學生表現時必須反思教學活動，去指出哪些是合宜教學活動，哪些不足；再者，透過教學活動的檢討，再思考原有教學理念與教學設計是否需要有所調整、改變或增長，進而自我省思自己的教學專業是否成長。教師在進行教學實務探究時，務必將相關聯因素連貫思考。而教學實務探究的歷程有下列五個階段：

1.以建立教學理念為教學實務研究的起點

　　教師不是教學匠，也不是教科書的代言人，教師應有教學理念，教學理念引導教學實踐，也藉由實踐與實踐後的省思，檢視原有教學理念的合宜性。教師在教學實務研究中，即以建立教學理念為起點。教學理念的觸發可能來自先前求學和教學經驗、所觀摩過的課程、曾面對的問題、參與過的研習活動或是來自於期刊、書籍和網路文章的想法。

　　任何教師都可能會有教學不夠好、學生學習成效尚且不足的知覺，大部分教師看到學生學習表現未達預期，總是希望下次可以教得更好。另外，有越來越多的教師喜歡發想教學理念，他們對於未來的教育型態充滿期待。

　　近年來，一些教師經常相互觀課，甚至參與過校外專家教師的觀課活動，觀了其他教師的課，了解了教學模式，可能也會在自己心中形成模糊的教學理念，進而想在自己的班級嘗試運用，例如：教師可能會將最近觀察的一場桌上遊戲之教學活動運用在特殊生的教學應用上，這些也是教師建立教學理念的起點。

　　政府或大學經常辦理教學相關的研習活動，大都是新興教學議題，例如：數位學習、翻轉教學、分組合作學習、共同體之協同學習等，多數參與研習活動的教師可將所獲得的知能，結合自己班級的情境相互思考，形成自己的教學理念並在班級教學上應用。

　　最後，部分教育相關期刊也會報導一些新穎的教學理念，部分專家教師已經出版許多教學相關的書籍，教師亦可從閱讀文章或書籍中形成自己的教學理念。

　　上述的機緣將使得教師產出模糊的教學理念，一個新手教師轉變成專家教師前，都會有過這種模糊的教學理念，這種模糊的教學理念正好可以成為教學實務研究的起跑點。

　　不過，知道起跑點在哪裡，仍需要確定方向。上述這些模糊的教學理念，還得要思考教師任教的學科領域知識屬性、班級學生特質以及教學情境，例如：在一個資訊科技設備相當貧乏的學校，要建立行動學習之教學理念的困難度極高；或者是自然領域知識強調思考與探究，教師就可以從探究思考的學科學習本質建立具體的教學理念。

　　具體的教學理念是指教師認為在某個學科領域、對自己學生、在什麼樣的教學環境資源下，對教學工作持有的觀點。教學理念具有個別特殊性，是教師自己建立的，不是跟隨模仿。教學理念也需要具體化，沒有考慮學科領域知識、班級學生特質以及教學環境資源，都只算是模糊的教學理念。

　　具體的教學理念需要實踐與驗證才能確認，此時教師需要依據早已建立的教學理念選擇某一特定教材單元或部分內容、選定一個班級學生與適合的教學環境，將具體的教學理念轉化為教學目標，再進一步設計教學活動，這部分內容將在第五章會詳細說明。

2. 以教學理論指引教學活動設計

　　如同前述，教師需要將教學理念轉化為教學目標，此時教師需要再藉由學習理論、教學原則、教學模式等教學策略知識的指引，透過教學目標所提及的要素設計教學活動。

　　部分教師平時可能發現教學活動不夠順暢、知識概念講述不夠清楚，學生學習表現不符合原先期待；更常見的是，對這些不符合期待的學生表現做出錯誤判斷或無法明確指出教學困難之原因所在。會有上述這些情形，通常是教師忽略學習理論與教學原則對教學活動的指引作用。例如：教師運用學習共同體之伸展跳躍的理念，讓學生相互討論學習單上的題目，但在教學觀察時發現部分學生僅是抄襲或不願意開口而等著別人說答案，教師可能就從表面上的意義去判斷學生不夠努力認真。會有這樣的情形是教師忽略了社

會建構理論的觀點，社會建構理論提醒教師在安排學生討論活動時，學生必先產出個人的想法，再相互分享，藉由表達與聆聽，學生比較、對照他人與自己觀點，找出他人觀點與自己觀點的差異，再進一步提出回應，這即是討論的課堂風景，那種全班似乎吵吵鬧鬧，但實際上每位學生都在談論知識的情景。

以前有許多教師認為閱讀學習理論無用，教學實務的探討對教師專業成長才有助益，這可能是因為教師在早先師資培育階段所修讀的學習理論未有實務的融入，因此無法體會學習理論在教學原則上的轉化作用；也可能不知道如何藉由學習理論、教學原則的細節評估教學成效，導致有了教學理念卻難以在第一次嘗試教學時獲得教學成就感，當遇到教學困難，又可能做出錯誤判斷，進而產生教學挫折感。學習理論可以提供教師面對教學困難與思考教學策略的方向指引，對教師專業提升有重要的功能。

不過，教師在運用學習理論與教學原則時也不需過於嚴肅看待，這裡指稱的學習理論是透過學生的生心理發展所形成的理論，對學習具有預測與解釋作用；若加入教材結構的解析以及教學的定義，便可以形成教學原則，若能形成步驟化的系統模式，便可稱為教學模式或教學步驟。舉凡被其他人證實可用的教學原則、教學模式，都可以成為指引教學活動的參與指引，例如：討論教學法中所提及的「停（組織）、說（表達）、聽（聆聽）、看（比較）」之心智建構原則，亦可以作為教師發展討論教學活動的程序，設計出「1.學生先寫自己的學習單、2.學生輪流報告、3.報告時他人注意傾聽、4.鼓勵學生比較自己和別人的答案」之教學活動。這樣具有學習理論、教學原則和模式等教學策略知識為基礎的教學活動設計，除了讓教學理念的實踐不致於偏頗外，也可以彰顯一個教師的教學專業所在。

此外，教師也可以將參考過的教學原則和模式，透過實際的教學實踐與省思，提出更精確的應用模式。若能如此，教師的教學專業表現更能夠令人讚賞。

關於教學活動設計與理論指引作用，本書第六章將會詳細說明。

3. 實踐教學活動與學生表現資料的連結

　　任何教學要論定教學品質或教學成效，一定是從學生的學習表現進行分析與評估。學生對教學活動的回饋資料與對教學環境的知覺，可以提供教師思考教學理念和教學設計的實踐效果，也是教學實務研究與撰寫教研論文的重要素材。

　　學生的表現資料是教師教學實務研究之關鍵要素，當學生參與不同教學活動、學習不同難度教材以及參與課堂中的同儕互動，他們在表情上、動作上、書面上以及言語上，都可以呈現他們學習的訊息。教師有必要蒐集學生的各種學習表現資料，以探討學習品質和教學成效，教師專業之所以成長是基於教師察覺學生正向改變了什麼，也在教學專業上體會了什麼，亦即學生學習具有成效、學習行為有正向的改變，教師便得以宣稱教學專業已成長。

　　蒐集學生在教學活動上的表現有兩種方法。第一，發展有效的工具評量學生的心理知覺，例如：態度、滿意度、興趣、自我效能、成就測驗等。教師可以從這些資料中獲得量化資料，提出全體受教學生在某個心理層面上的表現情形。教師可以尋求外界或師資培育之大學教授的支援，取得與學習態度、滿意、興趣量表等工具，也可以結合教材核心知識概念，以雙向細目分析表自行發展學習成就測驗，蒐集學生在知識學習上的表現結果。第二，教師亦可發展觀察向度和訪談問題大綱，事先編擬觀察向度和訪談題目，了解學生在教師預期項目的表現情形。不過，本書倒是建議教師將在教學過程中觀察到的學習表現情形轉化為訪談問題，深入了解學生的學習情形。例如：教師可以在學生討論時觀察學生的投入情形，或是課後訪談上課未積極參與討論的學生，以了解未投入學習的原因。

　　蒐集學生表現資料之後，教師要對照比較教學活動與學生學習表現，了解什麼樣的教學活動產生什麼樣的學習表現，或是去察覺哪些教學活動讓某些學生的學習表現與其他學生不同。基本上，教師可以在描述某個教學活動後，再提及使用什麼評量工具蒐集學生什麼樣的表現，如此教學活動和學習表現便有連結性。

　　學生學習表現和教學品質有極大的關係，在教師妥善安排設計的教學活

動中，學生進行聆聽、思考、對話和實作練習之活動，所表現出來的資料都有特定的意義。教師要有所體會，教學之目的在於促進學生學習成效，教學實務研究之目的在於透過學生學習表現資料之回饋，確認教學理念與教學設計的成效。而有效的教師專業學習，是建立在教學實務和學生學習表現的基礎上。

4.統整教學實務與分析學生表現後提出解釋

學生對教學活動的回饋資訊，需要回饋至教師原有教學理念和教學目標，亦即從學生的學習表現結果驗證教學理念與教學目標的合宜性。部分學習表現如同預期發生，但也有部分未發生或發生非預期的表現行為。教師可以藉此反省教學實務、改善教學品質和論證教學理念的價值。

教師蒐集學生表現資料後，先初步確定教學目標達成與否，再利用教學理論所發展的步驟和細節去指出學生表現的意義。若發現學生學習問題，則藉由教學理論所提供的原則和轉化的教學策略去思考學習問題的原因，並在下一次教學時進行調整。

在細節上，持續關注學生學習表現是相當重要的，這可以讓教師在短時間內聚焦一個教學主題深入探究。以先前所提「教師運用學習共同體之伸展跳躍的理念，讓學生相互討論學習單上之題目，在教學時發現部分學生僅是抄襲或等著別人說答案再自己寫上」的例子而言，教師觀察到學生此表現，必須先分析這個現象的可能原因。

教師分析學生表現不能僅以表面訊息思考，學生表現之背景因素、情境因素以及相互關聯的因素，都是提供教師分析、詮釋與判斷學生表現意義的基礎。教師要能藉由不同時空的教學經驗、學生背景以及其他脈絡因素，分析學生表現的原因。以上一段學生未參與討論的現象而言，教師可以藉由先前的教學經驗和早先學生參與學習的情形、社交關係或小組其他成員等脈絡因素察覺，那些抄襲別人的同學是因為不了解討論題目或欠缺先備知識，而那些等著別人說答案的人可能是自信心不足，或是人際互動不良。

教師將學生學習表現對照教學理念與分析可能的原因後，便可以思考

提升與改變教學品質的教學策略。例如：教師再回顧社會建構學習理論後發現，學生在討論前必須先組織自己的觀點，因此，教師思考下一次教學活動進行討論時，會於每組四人先發下五張學習單，並要求或強迫學生先在自己的學習單寫下自己的答案（教師可能要監控那些不願意寫的學生），之後討論時至少可以唸出自己學習單的內容，如此，便可能可以克服學生抄襲的現象。最後，各組再將共識意見寫在第五張學習單，達到討論的目的。這即是分析學生未參與討論後，所思考的教學策略。

　　蒐集學生表現資料以及對照教學目標後，教師需要統整教學實務，進而分析學生獨特表現的真正原因。教師可使用「描述、詮釋與解釋」綜合分析與論述學生學習表現。「描述」是指教師簡單喚起自己的教學理念、教學目標、教學活動與學生表現歷程，摘要寫下各項資訊；而「比較」則是在實踐教學活動過程後，針對分析過後的學生表現資訊，再與教學理念比較，提出符合程度或差異性內容；「產出」即是比較之後，提出哪些具有成效的學生表現已經符合教學理念，哪些學生表現尚未能符合預期目標。若是符合預期，教師則重述完整的教學歷程，驗證教學理念；若未能符合預期或部分未能符合，教師需要藉由教學理論的指引，指出教學理念的調整、改變或刪除，建構新的觀點。不過，若起初的教學理念過於繁大，則需於下一次教學時縮減（刪除部分）教學理念或更具體化教學理念。正確地分析學生學習表現相當重要，教師不能誤判才能合宜地調整自己的教學，幫助學生學習。

5. 透過教學省思驗證與建構教學專業價值

　　最有效的教師教學專業成長方案是提供教師機會，去關注學生在認知上的學習成果和過程中的學習表現，以教學實務研究的邏輯性觀點探討學生如何學習知識內容與教學理念之關係，亦可以驗證教學品質並建構自己的教學專業價值。

　　教研論文寫作的最後章節內容即在於綜合論證教學品質與建構專業價值，教師分析學生表現資料後，排除主觀意見，自我解釋、自我論述與自我省思，這是相當重要的階段。教師提出觀點時，需要加入教學理論、先前

經驗或其他被認可的觀點一起論述。若發現問題，則列入追蹤的教學主題探討，若已具有成效或達到預期目標，則可指出自己原有教學理念的價值性；或綜合上述兩者產生新觀點。

　　上一標題內提及教師宜統整性地描述、詮釋與解釋學生表現，分析學生表現的真正意義與原因；而在論證教師教學品質與建構專業價值，可以透過「描述、比較、產出」等三個焦點進行論證。這比「描述、詮釋和解釋」更擴大思考，用以比較教師教學前的理念與教學後的結果，藉以產出具有專業價值的觀點。

　　當原有的教學理念有先前經驗和理論支持、當教學實踐後學生的學習表現如同教學理念預期或產出非預期表現，教師完整描述歷程、充分比較、合理產出新的觀點，這種基於透過教學實務、實際教學與省思，進而驗證自己的教學理念以及建構專業價值，即是教師教學專業品質的論證之道。

　　另外，教師也可以和其他教師協同進行教學實務研究，利益在於教學理念的型塑和轉化為教學設計時，可以和其他教師共同思考；教學活動進行時，可以協助蒐集學生學習的表現資料；也可以和其他教師發揮集體智慧，討論教學活動的改善方法。這種協同式的教學實務研究提供教師更全面性、更深入性探討學生表現資料的機會，對教師專業成長有更佳的利益。

　　綜合上述五個階段，教研論文的結構不採用學術研究的「動機與目的、文獻探討、研究設計、研究結果與討論、研究結論與建議」，而是以教學實務的歷程建構，可分為「**建立教學理念與目標設計、開展教學活動與理論解析、實踐教學活動與資料蒐集、統整教學實務與成效分析、驗證教學理念與價值建構**」等五個標題撰寫，摘要如下，詳細寫作技巧請參閱本書第五章至第九章。

・教師整合先前所有經驗，融合教材、學生與資源，建立教學理念與設計教學目標。

・根據教學理念與教學目標，設計教學活動，並以教學理論原則解釋其合宜性。

- 實際進行教學活動，並運用各種評量、觀察工具，蒐集學生學習表現資料。
- 描述學生學習表現後，統整教師先前經驗、學生背景因素以及教學情境因素，詮釋學生表現的意義並解釋原因。
- 描述教學理念與教學實務成效後，相互比較，省思教學理念合宜之處，也可以透過藉由教學理論的指引，指出教學理念的調整、改變或刪除，建構新的觀點。

教研論文的作用

　　即使教師的教學理念創新、即使教師也能以教學理論為基礎將教學理念轉化為適當的教學設計、即使教學實踐後學生的學習成效也良好，足以證明教師的教學品質，然而，若沒有紀錄、敘述和撰寫成教研論文，就無法與其他教師互動交流，更無法對外論證自己的專業品質，教研論文的寫作對教師專業的呈現非常重要。

　　教研論文寫作不僅可以讓教師從中發掘自己正在思索的問題，也可以發現自己教學知識的不充分，或可以讓教師知覺自己思考不周延之處。如果教師只有想，沒有寫下來，那複雜的教學訊息無法產生連結，便無法知覺和判斷哪些教學活動的因果關係，以及決定哪些教學行為需要被保留、調整和刪除。另外，在教研論文寫作時，教師可能會發覺自己寫得不太順遂，那是因為自己大腦裡的想法有些模糊不明。如果教師堅持透過寫作去思考，便可能建立教學理念、設計適當的教學活動、找出事件和問題的細節，再尋找和融入相關理論與教學證據一起思考，教學想法將逐漸清晰，對教學專業成長有極大的助益。

　　教師要經常對自己的教學實務進行教學敘述，當有教學理念創發，即以筆記本記錄下來，再透過教學理論將教學理念形成模式進行教學設計，這包含教學目標、教學活動和教學評量；在教學實踐時，也需要將觀察到的學生學習表現情形記錄下來；教學完畢後，也將資料與原有的理論對照，此時教

學省思是重要的教學理念之回饋紀錄，務必整理；最終將省思過後的教學成效分類，並提出歸納式的結論。

　　在教學敘述上，越早記錄越好，教師宜隨時準備好一本教學記錄本。另外，記錄時先不需要與他人討論（教學後再討論），否則會先受他人的觀點影響。記錄時，要注意豐富的細節。但若是在教學實踐中的記錄，可以先運用關鍵詞以節省時間，事後再補充。當在比較理念和實務之後，多閱讀、多檢視、多聯想，省思的成果就會出現，此時也應快速記錄下來。不過，當記錄後面的資料時，亦可以隨時檢驗先前記錄是否有遺漏之處，必要時加以補充。教師一開始可以不需要完美的語詞結構，可先以關鍵重點敘述之，教師如果經常練習教學敘述，就會抓住核心訣竅，記錄時間也會越來越快。

　　在教研論文寫作上，可以有生動感人的教學細節、可以有理性的描述，也可以呈現作者辛勤努力的過程。雖然可以參考科研論文的寫作方式，但教研論文是一種具有情境性的文章，用字遣詞應具有教學場域的景象。不過，也不能僅是文采飛揚，遠離教學實務，忽略了鮮活的教學情景，甚至對於複雜的教學生活卻視而不見。

　　值得一提的是，部分教師可以輕易地以語言和他人交流互動，卻在寫作上難以下筆，這是因為教師一開始就想要完美的敘述，或想得太多不知從何下筆，這可能會讓教師一開始就會有寫作上的挫折。一篇教研論文的寫作要先有骨幹，亦即在教學理念、教學理論、教學實踐、學習表現和教學省思等關鍵項目上先寫下關鍵詞句，並檢視這些關鍵詞句是否具有前後邏輯性。確定之後，再補充相關的教學情景，進行豐富地敘述。最後要提出發表時，先針對論文題目與結構的鋪陳、段落標題與內容對照，再針對語詞進行修練、刪除非緊要的詞句，更可以補充相關表格、圖片、照片，以豐富論文內容。另外，若於教學實務研討會上發表，亦需要再整理關鍵事件，形成報告用的簡報，配合教學情景的照片，依其理念架構、實務資料、省思與結論等順序呈現，再輔以口語方式說一個可以展現教育之美的故事，感動自己，也感動他人。

　　教研論文像是一棵完美的樹，有骨幹、有細枝，亦有紅花綠葉。遠看可視輪廓鮮明的綠樹，近看可以發覺紅花配綠葉的美，這是教師的教學財富結

晶。教師每隔一段時間就開始建立樹苗、辛勤灌溉，當茁壯成大樹時，亦即將教學實務研究形成教研論文時，就是教師的教學專業品質的證明。

　　教學實務研究和教研論文寫作是相輔相成、是同時發生的。簡單來說，教研論文寫作是發生在教學實務研究的歷程中。教師把教學實務研究的想法和觀察，寫成可以讓自己與他人可見的形式，以論述自己的教學專業；另一方面，透過寫作的思考讓自己的教學理念、活動設計和評量方法更為周延，也透過寫作把教學理念和學生表現資料相互關聯。

本章小結

　　教師整合教學理念和具有論述性的教學活動，再從學生學習情形反饋到教學理念，如此的思維即是一種教學實務的研究形式。而教師個人所面對的情境不同，專業成長需求也不同。每一個人都可以運用教學實務研究的形式，記錄歷程並轉化為有邏輯性的論文，以探討自己的教學實務，進而確認自己的教學成效和教學專業。

　　教師進行教學實務研究之目的不在於「純做研究」，而是透過實踐教學理念、蒐集學生表現資料與省思自己教學的探究歷程，「促進自己的專業成長」；教師進行論文寫作的目的也不是「純寫論文」，而是透過教學敘述「論述自己的教學專業」。若教師把自己寫出來的教學實務研究論文投稿發表，也不是「累積論文點數」，而是藉此與其他教師對話「相互促進思考與專業成長」。

　　教學實務研究和撰寫研究論文對教師專業成長有許多的助益，教師可以整理自己教學的思緒，包含理念、過程和結果；而透過教學實務的寫作，可將思緒由凌亂變成條理、零碎變成完整；亦可在寫作過程中，自我省思、超越自我或感動他人；甚至可以透過完整的教學實務論文，與同儕教師深入討論，而不被誤解。

　　教師不需要進行學者常做的學術研究，但需要對自己的教學實務進行探究，並且將探究歷程充分論述，除了改善學生學習困難，教師專業也可提升。教師教學專業不能關起門來孤芳自賞，教師教學專業也需要被人檢視與

欣賞。不過，教師應該對自己的教學專業成長有主導權，不斷建立與驗證教學理念，也應該對教學專業提升的歷程有所知覺，透過知覺思考進階教學策略、不斷建立新的教學理念與觀點，教學實務研究與教研論文寫作正是讓教師主導自己專業成長與知覺專業改變歷程的好方法。

第三章

教學理論與實務的整合

　　教學不是教師會使用教學技巧即可，最終目的在於促進學生學習成效，如果沒有考慮學生怎麼學，教學容易失敗；而要知道學生怎麼學，了解學生的生心理發展相當重要，學習理論便是以這樣的基礎發展，而學習理論在教學上的應用便是教學理論或原則。

　　本書先前略提，有一些人會提及「讀教學理論對教學實務沒有幫助」，這可能是因為提出這些話的人不了解教學理論的作用。如果沒有教學理論指引的教學活動，會形成教師自我教學意識的主張；也因為沒有隨著學習理論與學生生心理發展的脈絡，不容易讓學生學習具有高度成效；甚至遭遇到教學困難時，無法找尋學生學習失敗的原因。要讓學生學習得更好，教師教學活動一定要有教學理論原則指引，教學理論原則是教師指導學生學習重要的基礎。不過，本書先前也提出，本書所指稱的教學理論原則是一個統稱名詞，包含學習理論、教學模式、教學原則或其他被認可的教學應用方法，亦可統稱為教學策略知識，讀者可以擴大思考，以這些教學策略知識指引教學活動的安排。

　　教師建立教學理念、設計教學活動以及評估教學成效，不能僅以個人的意識，一定要有教學策略知識為根據，即使教師可以藉由多年教學經驗進行教學設計和評估學生學習表現行為，透過教學理論、模式或原則的陳述與對照，可以讓教師用來設計和思考教學活動。教學不能因教師個人喜好行事，也不是教師個人知覺良好即可，教學的對象是學生，教學理念、過程和成效都不是隱私，也不是教師私人的事，需要讓他人檢核教學工作的良窳，而具

有教學策略知識對照以及過程論證的教學歷程，可以讓教師得到「專業教師」一詞的肯定。

第一節　教學理論原則的發展與功能

　　理論的發展非單一事件即可型塑，需要由一套相關的原理原則所歸納組成。原理原則是由一群相關的概念所組成；而概念由同類的特殊事實或屬性，經過抽象化作用而形成。因此，理論是由一套相關概念、原理原則，由下而上逐漸發展所型塑的。

　　例如：「農夫種植稻米」和「漁夫養殖魚苗」可以經由抽象化作用形成「生產」的概念，概念不特定指任何一事實，而是對某些類似的事實做了一些統稱。另外，「哥哥到電影院看電影」和「爸爸到菜市場買菜」也可以經由抽象化作用形成「消費」的概念。再者，「生產」與「消費」可以形成一個原理原則的關係，亦即「需求經濟原則」，指的是「當人們有需求時，就會有人生產；消費越高，生產越多」。如果再將所有經濟相關的原理原則繪製成一個完整的架構圖，而最上位的圖示即是「經濟學理論」。事實抽象化成概念、概念與概念連結成原理原則、原理原則關聯成理論，形成一個三角形的樣式，理論提供某領域的理念關係型態。

　　在使用理論時，可以藉著現象或事件內含的要素關係詳加敘述，提出一些理論性的觀點，功能在解釋和預測現象。以教學理論而言，皮亞傑（J. Piaget, 1896-1980）的認知發展階段論可以用來解釋為何小學一年級學生無法學習抽象的代數，原因是小學一年級學生的認知思考還停留在看著具體物（例如：花片）數數和學習數字的意義，無法純用抽象數字思考與計算。此理論也可以用來預測國中二年級的學生學習「$3x+2x=5x$」是沒有困難的，國二學生不會再問「x」所指為何，而可以學習代數計算。因此，皮亞傑的認知發展階段論可以解釋小學生和國中生在數學幾何的學習表現。

學習理論發展成教學理論、原則和模式

　　如先前所述，學習理論是根據個體的生心理發展理論在學習上的作用不斷抽象化作用而成，各種學習理論對學習的解釋各有重點。了解學生之生心理發展在學習上的作用，再套用教學定義，即可稱為教學理論。例如：皮亞傑認知發展階段論指稱學生的認知發展經歷具體物思考到抽象性思考，轉化為特定的教學理論則為「教學是刺激學生認知發展的歷程」，若再轉化為教學原則即是「教師教學需要參照學生的認知發展，而提供不同認知性的學習活動」。

　　再者，理論提供某個領域內的理念關係型態，而原則指引了某些概念與概念之間的關聯（包含差異比較、綜合、相關等），概念則是整體中較為細節的一個小部分，可以用來定義某些相同屬性的事實。不過，理論無法形成動態的操作步驟，而需要發展「模式」，藉此，教學理論若需要用來指引教學實踐，則需要發展教學模式。

　　模式由兩個部分所組成：第一部分是「要素」或「變項」，第二部分是這些要素或變項之間存在的「關係」或「連結」。這兩部分組成起來可以繪製成模式圖。若有步驟性「程序」指引，則可能發展成線性模式、樹狀模式等，模式是一種動態關係輪廓的概要說明。一般人可以藉由模式的指引進行工作，亦即透過系統化或步驟化的指引，指出工作實踐的流程與各流程要素的關係，因此，模式可視為實際運作狀況的縮影或是理想運作狀況的樣子。

　　以教學模式而言，所要顯示的不外是教學要素、教學設計的程序及其中的關係。例如：一般教學模式指出了「教學目標→起點行為→教學活動→教學評量」的步驟，「教學目標」即是要素，「→」即是程序，而兩個要素之間便可以形成「關係」去指引教學工作進行。簡單而言，教學模式可以提供教師教學工作的基礎方向。

　　以社會建構理論而言，它強調知識的建構是個體與他人或環境互動中得來，這句話具有理論的解釋和預測作用。但如果要實際運用在教學工作中，則教師必須要察覺知識建構的歷程。這歷程包含組織、交換、對照比較、心智內化，轉化為教學模式則為「組織→分享→對照→修改或重新建構」，包

含四個要素與要素的順序關係。教師若再將此教學模式轉化為教學活動,則是1.教師要求學生先產出自己的想法、2.小組內學生輪流報告、3.鼓勵學生比較自己和別人答案的異同、4.學生可再修改自己原有的想法。

　　任何學習都包含認知上的改變,教師閱讀教學理論時,可從學習理論的定義(下一段說明)思考學生的認知改變會涉及哪些的要素和歷程,這即有教學模式的雛形。例如:教師可練習「觀察學習理論」的轉化,觀察學習理論是個人可以透過觀察而學習,有替代性學習的意涵。而造成認知改變的歷程是學生透過觀察而獲得訊息,再經大腦思考,最後將所學習到的行為反映出來。觀察學習理論轉化為教學模式則可為「行為注意→記憶保留→行為模仿→行為表現」,教師可以再轉化為教學活動步驟。

學習理論與教學理論和模式的作用

　　理論上,教學是讓學生產生改變,教師教學需要談及學習理論,學生的學習是與其生心理發展有關,教學會受到學習理論的影響。藉由學習理論,教師可以知道學習(會)如何發生、有哪些規律,教師了解各種學習理論之後,亦即了解學生生心理發展和學習之間的關聯後,便可以結合教材、環境和其他資源,發展教學模式,依其模式步驟化的功能,逐一實踐。簡單來說,教學理論是教師運用學習理論去解釋學生表現、預測和實踐教學活動的一種指引,而教師可再將此指引發展成教學模式,形成教學活動計畫。

　　教學模式雖然包含教學內容的要素以及呈現教學活動的步驟,不過,教師可以依據學生的學習特質和表現略做調整或加入部分要素。例如:教師運用平板電腦融入教學時,教師講解重要概念和發布問題後,要求學生操作平板以寫下自己的答案,再上傳網路平臺和進一步進行線上討論,結果發現,多數學生對於平板和平臺的操作不熟悉,導致上傳答案者少,線上討論者更少。因此,教師可以在學生操作平板前,先以簡單的教材內容或問題,示範操作平板和上傳平臺的技巧,當學生均具備這些能力後,才真正使用於教材學習中。教學模式是一種教學的預設,雖有指引作用,不過教師可以補充或調整其中的要素和要素關聯情形。

　　教師若能了解學習理論，再整合教學實務，便可發展符合教室教學情境的教學模式；反過來說，教學模式如果沒有學習理論為基礎，可能僅由教學實務經驗發展工具操作性的步驟，除了面對不同情境不知如何轉變外，也會在遭遇學生學習困難後，教師難以判斷問題之真正原因所在，以及不知如何因應。學習理論與教學理論和模式的發展與應用，具有相輔相成之效果。

第二節　認知發展的諸家論述

　　學習理論涉及學生生理發展以及認知、道德、情緒、人格等心理發展的歷程，以學習成效而言，多以認知發展為基礎，讓學生理解某個概念、事務和現象是一切學習的基礎。當教師理解學生的認知發展後，便得以設計適當的教學活動。

教師要了解學生的認知發展

　　教師需要了解學生的認知發展，雖然先天因素影響著學生的學習能力，不過，適性的學習也可以促進學生的認知發展，而教師了解學生認知發展的規律後再進行教學，得以讓學習更有成效。簡單來說，由學生的認知發展設計學習，而學習也可以刺激學生認知發展。

　　在實際作為上，教師不得強迫認知發展比較緩慢的學生思考或進行一些生物程度尚不成熟的學習任務，例如：教師無法直接要求小學一年級學生思考畢氏定理的問題。然而，教師可以用教具讓學生操作「直角三角形兩個股邊的平方工具盒內的水，可以完全倒入直角三角形的斜邊之平方工具盒內」，讓學生了解這個現象。學生動手操作和眼睛所接收的訊息會刺激學生的認知思考與認知發展，因此，教師得要理解在教學過程中提供認知發展尚未成熟的學生操作教具的機會，有助於促進學生的認知發展。

　　另外，即使兩個同年齡的學生，他們的認知發展程度可能也會不同，這就是為何同一個班級的一個學生成績不如另外一個學生成績之其一原因。教

師要能了解自己班級裡多數學生的認知發展程度，以此作為設計教學活動的基礎。不過，對於高於認知或低於認知程度的學生，教師宜提升或降低認知程度，藉此促進學習也促進個人的認知發展。

皮亞傑的認知發展原理

皮亞傑認為學生的認知發展涉及了基模、衝突、平衡、同化、調適與適應等作用。他認為每個學生都有理解周遭環境的本能，而用來理解周遭事物的基礎心智單元叫做「基模」。當內在基模無法解釋外在事物時，便會產生心智「衝突」，人的本能會試圖藉由某些方式去解決這種衝突，而達到心智「平衡」狀態。當個體運用某些方式解決內在衝突時，會有兩種「適應」過程，即是「同化」和「調適」，「同化」是指略微擴大自己的認知基模，使其可以解釋外在事物；而調適則是指改變或重新建構自己的基模，使其可以解釋外在事務。例如：學生可以藉由「汽車是交通工具（基模）」去理解「火車也是一種交通工具」，這是擴大基模藉以解釋外在事務的「同化」作用；若學生沒有理解卻強制背誦「n邊形的內角和等於(n−2)×180度」，以便獲得外在知識，這即是「調適」作用。

皮亞傑認為學生的認知發展，就在上述的「基模、衝突、平衡、同化、調適與適應」過程中，而隨著認知思維的變化成長和年齡的增長，發展成「0-2歲：感覺動作期（sensorimotor intelligenee）、2-7歲：運思前期（preoperational though）、7-11歲：具體運思期（concrete operational though）、11歲以上：形式運思期（formal operational though）」等四個認知發展階段。在這四個認知發展階段中，每一個階段都存在某些特定的認知發展現象，例如：感覺動作期時可藉由身體接觸逐漸發展物體恆存論（離開視覺空間仍然存在）、運思前期的自我中心思考（以自我中心看待問題、表象思維少推理、可用符號取代表徵外在事物但無法逆向思考）、具體運思期的守恆法則（物體質量與外觀無關、具可逆性），以及形式運思期的抽象推理思考（符號思維與計算）。其細節可請讀者參考其他教育心理學相關書籍。

　　皮亞傑的認知發展原理呈現兩個非常重要的教學設計理念。其一，具有認知衝突才能產生學習、才有機會思考和認知成長，教師宜設計比學生認知基模高一層次的學習內容，以促進學生的「同化」思考。「調適」傾向於強迫學生記憶背誦，而「同化」傾向於以心智中已有的知識去理解，教師應多運用「同化」作用，提供學生以擴大自己既有基模去解釋外在事務的機會，而不是要求學生強制背誦。

布魯納的認知結構原理

　　教師若要了解學生的認知發展，如果僅從生物角度去發覺個體生理發展的基礎並不容易，布魯納（J. S. Bruner, 1915-2016）提出的教材基本結構觀點可以解決這個問題。教師可以從教材的基本結構去對照學生已經可以理解的「知識結構點」，去判斷學生的認知發展在教材內容學習上的程度。教材的基本結構是指某教材內容的知識邏輯組織結構，其中含括知識概念間的水平與垂直關係。若由具體到抽象屬性來看，則會顯示兩個相連知識概念點的先備知識與新知識的關聯；若以整體結構來看，則可能呈現一個完整的教材知識結構樹狀圖。具體而言，教師可以藉由教材內某個內容項目的知識要素之前後序列關係（呈現所有知識內容與其鄰近先備知識的關係），檢驗學生對該內容項目的理解度，進而判斷該學生的認知發展在教材內容學習上的程度。

　　學生心智中對某個特定領域教材之內容要素的分布也存有結構關係，這稱為「認知結構」，而教材內容要素的邏輯組織稱為「教材結構」。在教學前，教師應將教材簡化到貼近學生的認知結構點，讓學生以既有的知識擴大思考與解釋新知識，如此若具有成效，在教學後，學生的認知結構幾乎與教材結構相符合。

　　藉由上述的判斷，教師可以安排促進學生認知發展衝突的教材內容，從生物學的角度是個體從既有的基模擴大解釋新事物，不斷進行「同化」作用；若從學習角度而言，則是學生以先備知識解釋新知識，不斷理解與學習。如此，認知不斷發展、學習也不斷發生。

維高斯基的社會文化發展論

　　相較於皮亞傑的認知發展論所提及的「發展先於學習」的觀點，認為學生因成熟而獲得學習能力，以解決在社會環境中遇到的問題。蘇聯心理學家維高斯基（Lev S. Vygotsky, 1896-1934）則在乎「學習先於發展」，強調了社會文化對於認知發展的影響，認為學習可以刺激學生認知發展，亦即跳脫個體生物學的感覺、知覺、記憶和個人情緒，而增加在社會文化中與他人互動的語言、產生的思維、對外在事物的推理以及外在事物對內在情感的因素，藉由這些社會文化的作用來獲得認知發展的過程。認知發展不僅依賴生理成熟，更取決於社會文化環境的影響。

　　在社會文化發展過程中，語言是促進認知發展的工具。在社會文化中，成人將經驗和學習內容透過語言傳遞給學生，學生也以（自我中心）語言來適應和解決生活問題。學生的語言隨著年齡越大轉變為隱蔽性語言外，也逐漸將語言發展成符號、寫作和工具系統，藉由這些符號系統與他人溝通，也促進自己的思考。例如：一個小學三年級學生將自己在春節祭祖的生活經驗轉變為討論語言，在課堂中與其他學生分享，他也聆聽其他學生的生活經驗，並將兩者比較對照，發現自己和他人的經驗相同與相異之處。另外，一個國中二年級學生將自己在科學實驗過程中發現的內容轉化為數據符號系統，再接受同儕審查者的挑戰、質疑與自我辯護的歷程，這過程中，此學生便以語言符號思考，將外面事物的訊息與內在想法進行比較，之後可能維持、修改或擴大思維，調和其思想與行動，進一步提升自己的認知發展。

　　不過，維高斯基認為具有最佳潛力的發展是基於自己能力之上一定範圍的內化作用，亦即跳脫此範圍過大，認知發展仍然無法促成，這即是近側發展區（zone of proximal development, ZPD）的概念。學生可以透過成人在近側發展區所搭起鷹架的協助下，具備順利解決問題所需要的能力和策略，表現更高的認知程度，近側發展區解釋了認知發展與學習如何結合的問題。

　　不過，維高斯基並沒有提出如何了解學生的認知基礎和近側發展區，這得要參照布魯納所提出的教材基本結構應用於皮亞傑的認知發展論點，教師可以從教材的基本結構去對照學生已經可以理解的結構點，判斷學生的認知

發展點（可稱為先備知識）。再將所欲學習的新知識轉化為語言鷹架、逐步性的鷹架，指引學生思考教師提出的逐步性問題，讓學生在回答逐步性的問題時，認知程度不斷提升。

　　維高斯基的社會文化學習觀影響當前教學議題的發展甚鉅，舉凡翻轉學習、合作學習等均以學生沉浸在社會文化互動學習為基礎，教師要能理解這些新興教學議題的理論根據，才不會在運用時失去方向。

第三節　各家學習理論與教學模式

　　學習理論反應個體生心理發展在學習上的作用，教師教學可以描述或解釋個體的學習歷程、行為改變與有效學習的條件。本節說明各家學習理論的要旨，並提及教師可以轉化應用的教學模式。

行為主義學習理論的發展

　　行為主義學習理論不談個體的認知思考，例如：多數人學習開車並不會去了解方向盤轉圈的角度，是以刺激與反應建立行為模式，再透過重複練習與過度練習型塑行為。因此，行為主義學習理論仍然有應用的價值。

　　行為主義學習理論在教學上的應用不外乎「刺激─反應」的連結，透過外在的行為刺激，期待個體產出外在行為反應。亦即學習行為是受到外在環境刺激控制，不是由個體心智決定，而學習結果也是由個體對環境刺激所做出的反應來判斷。為了加強外在刺激以產生外在反應的連結成效，行為主義心理學家發展出正增強、負增強、懲罰、削弱等應用原則。

　　古典制約理論所建立的刺激反應連結可以用來解釋許多生理反射行為的現象，也已經被學校運用在教育活動上。例如：當午餐時間，學生看到午餐食物便覺得肚子餓，此時學校喇叭播放午餐音樂，次數越多後，當學校喇叭不在午餐時間卻播出午餐音樂，學生可能也會有肚子餓的感覺，或是以後學生只要聽到午餐音樂就會感覺肚子餓，便會開始進行午餐時間該有的行為動

作，我們可以說學生被午餐音樂給制約了。午餐食物是非制約刺激，肚子餓是非制約反應，當非制約刺激與制約刺激（午餐音樂）和非制約反應一起出現，最後制約刺激（午餐音樂）也會產生生理反射行為反應（肚子餓）。另外一個反向例子，某一學生曾經溺水並差點失去生命，當此一學生走入游泳池時，心中的恐懼便油然而生，那是因為水與恐懼已被連結，當學生看到游泳池，難以控制的生理反射行為之恐懼就會出現。雖然許多學者藉此發展學習原則，但古典制約是以生理反射行為作為刺激後的反應，除了學校教育活動和班級經營外，在知識學習應用的不多。

不過，行為主義的刺激反應連結將因個體的身心準備狀態而有差別（準備律），而練習次數的多寡也加強了刺激反應的連結性（練習律），個體若因反應的結果獲得滿足感，則反應行為將被強化（效果律）。這些論點源自於美國心理學家桑代克（Edward L. Thorndike, 1874-1949）的學習理論，他以迷籠貓的實驗發展出嘗試錯誤的學習過程，其中提出了準備律、練習律和效果率的學習規律。

斯肯納（B. F. Skinner, 1904-1990）的操作制約觀點修正早先行為主義古典理論之刺激反應的基礎學說，他提及學習的外在反應是自發的，並非完全由外在刺激直接產出外在反應，亦即外在行為是可以訓練或學習的，而不是一種反射行為，這種操作性行為學習論影響當前許多學習觀點。操作制約的刺激反應連結可以用來解釋許多學習現象，例如：教幼兒認識「山」（圖像）時，讓學生看著「山的圖片」配對媽媽的「山的語音」，「山的圖像」是刺激，「山的語音」是反應，型塑成刺激反應連結，當幼兒念對時，媽媽給予擁抱（增強），學習行為便可塑造。

若純以單一刺激與反應的連結作為外在行為的學習觀點，仍不足以應付較為繁瑣的行為，斯肯納的二層制約觀點以及後續發展的行為改變技術解決了這個問題。以上述幼兒學習的例子再談後續發展，當幼兒到學校去上學後，教師拿著「山的圖像」配對「山的語音」，再寫出「山的字形」，學生就可以連結「山的語音」和「山的字形」，若配合增強作用，以後學生聽到「山的語音」便可以寫出「山的字形」。上述從「山的圖像」配對「山的語音」的刺激反應，到轉變為「山的語音」配對「山的字形」的刺激反應，這

是一種二層制約作用。斯肯納的學習觀點，就是個體從不斷地改變（加入）刺激反應的二層制約中學習新的行為。

　　越複雜行為涉及更多的行為細節，每個細節可能具有連貫性，例如：帶領一個特殊生到便利超商購物就涉及出門、辨識超商logo、拿取物品等細部行為。教師可以將學生起點行為以及最終要學習的行為區分成數個細節動作，形成一個學習管理計畫，訓練學生完成一個行為動作後給予增強，再進入下一個行為動作的學習，以此類推、前後連貫。這種行為改變技術在學習上的應用相當普遍，例如：教導學生三步上籃的連貫動作，可粗略區分為運球、行進間運球、跑步、起跳、投籃等，再逐一練習，最終連貫，這即是以這種觀點設計。這種設計也可以運用在學生的行為常規管理上。不過，若將所欲學習的行為轉換為教材知識，則是一種編序教學的設計，如同行為動作，將教材知識細分成數個連貫的細節內容，逐一教導與增強，後者內容應用前者內容的學習結果，以此學習，最終學會目標內容。不過，這樣的教學設計，已被認為無法適用於較高認知程度的教材或心智能力的學習。

行為主義學習理論的教學模式

　　斯肯納的行為主義學習觀點發展成教學模式有兩個面向，其一是教材設計，其二是教學指導。在教材設計上，如同二層制約一樣，教師將最終所想要學生學習的行為或知識轉化為數個內容，要注意這些內容的緊密連貫性。在教學指導上，教師宜逐一教導，務必確認學生已經學會前一個內容後，再以學會的內容作為基礎，教導下一個內容，最後連貫性地指導整體行為或教材概念。

　　若以教學模式之要素和要素之間的關聯為基礎，繪製成教學模式圖，基礎圖示為圖3.1。

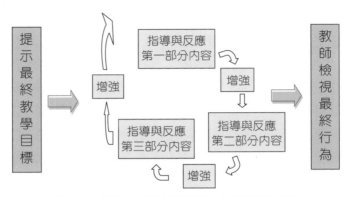

圖3.1 行為主義學習理論之教學模式圖

　　另外，即使行為主義學習觀點強調外顯行為或表現於外的知識，教師在應用時也不一定要摒棄認知思考的價值。斯肯納的行為主義學習理論所發展的教學模式僅是一種價值論述，教師可以此為基礎，結合其他有利於學習的想法，發展自己的教學模式。

認知主義學習理論的發展

　　認知主義的學習觀點是以訊息處理理論為基礎，認為學習是訊息處理的過程與結果，如圖3.2顯示訊息處理的過程。

　　學習者透過「感官記憶」接收「環境的刺激」訊息，對於沒有獲得學習者注意力的訊息，會以很快的速度「消退」；而若獲得學習者注意和知覺，則會進入「運作記憶」中。

　　獲得「注意」和「知覺」的訊息，會進行兩種方式的處理，其一是自動化，針對早已熟練的訊息，由神經系統操作處理，例如：看到路口紅燈號誌便知道要停車；其二是檢索大腦裡面早已留存的記憶，對新進的訊息在「運作記憶」中進行對照比較，以判斷新訊息的意義。如果透過感官接受的訊息過多或過於複雜的訊息，則需要大腦將複雜訊息區分成數個部分，一個部分處理完畢後（舊記憶與新訊息比較對照），暫時放在「短期記憶」中，再處理另一部分訊息，待全部處理完畢後，檢索大腦先前已有的訊息並組織知識

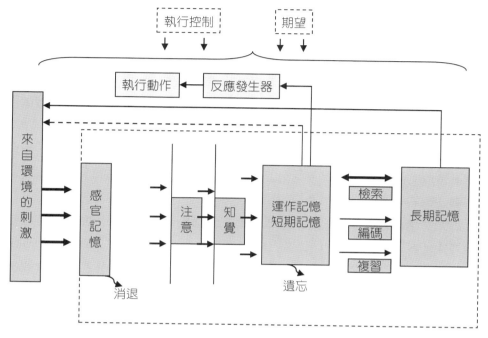

圖3.2 訊息處理模式圖

記憶，整合所處理過的訊息成為較為完整的知識體系。例如：閱讀一篇新聞報導，讀者可能會先閱讀標題，之後檢索大腦裡的字彙記憶，對照比較與詮釋提出新聞標題的意義；其次，逐段閱讀新聞內容，如同先前，讀者大腦內將產出新聞各段的意涵，最後讀者會運用組織知識「編碼」策略，將所閱讀的內容做整合。不過，複雜訊息涉及到太多的舊記憶、認知負荷以及訊息組織的知識，導致每個人閱讀新聞的訊息接收與理解各有不同。

　　妥善處理所接收的訊息後，如果學習者不經常「複習」，訊息很容易就會「遺忘」，隨著年齡越大，遺忘速度越快；其次，若學習者不經常從大腦裡面「檢索」以前學過的訊息加以應用，也會容易遺忘。個體不斷透過訊息處理過程，擴充自己的「長期記憶」，為了藉由舊訊息得以成為新訊息的學習基礎，訊息需要不斷被檢索與應用。而若過度複習和檢索，則會發展成先前所提之自動化（遇到訊息不處理直接反應）的歷程。一個賣紅豆餅的小販

幾乎不需要心理運算，即可以告訴買三個紅豆餅（每個十元）的顧客：「共三十元」，即是如此。

　　複雜訊息特別需要處理，否則難以透過複習存於長期記憶中，這即需要進行語意「編碼」的轉換，編碼過程是訊息能否存入長期記憶的重要關鍵，語意編碼的方式很多，從口語重複敘述、運用圖像、心智圖到運用肢體動作均可。

　　然而，處理與編碼訊息到長期記憶不一定是學習的終點，有時需要學生對所接收的訊息做出「行為反應」（純指外在動作，非先前提到的行為主義之刺激後的行為反應）。過於複雜的行為反應，學習者會將處理過的訊息與產出的反應先行置放於「反應發生器」中，處理訊息一部分或全部後，再逐漸地透過肢體動作表現出來。

　　不過，上述的歷程不一定在每個人身上產出相同的過程表現和結果，原因在於「執行控制」的作用。訊息處理理論之「執行控制」會「監控」和「修正」訊息處理流程與結果。例如：在注意力階段，有些人會選擇某些重點內容，有些人會忽略；在工作記憶階段，有些人會檢索更多的訊息對照，有些人只是單一判斷；在編碼階段，有些人會運用策略組織訊息，有些人只是強力背誦；在行為反應階段，有些人會整合所有步驟後再行動，有些人則想到就做。

　　最後，訊息處理理論也提及個人的「期望」影響著訊息處理的動機系統，如果動機被激發，訊息處理的歷程將更多流暢。

認知主義學習理論的應用策略

　　從訊息處理觀點可以發現四個學習策略之應用原則：注意力策略、理解策略、編碼策略、檢索策略，以及兩個訊息處理的加強原則：心智技能（源自於「執行控制」）和期望。

　　在注意力策略上，由於人們的認知負荷有限，在一定時間內透過注意力選擇和接受訊息量有限，教師提供教材訊息時（包含文字、圖像、說話……），宜注意關鍵重點訊息的呈現，非教材相關訊息勿干擾、勿多說，

否則學生將需要花費許多認知注意力。為確認學生是否接收關鍵訊息，教師可以應用簡單問題於課前提示或課中提問，如此，亦可以確認自己提供的訊息是否與學生所接受的訊息意義相同。

　　理解策略則指學生會以先備知識理解新訊息，例如：對一個國中生說「3+2＝6」，學生會立即說「錯」，其實國中生已經進行「3+2＝6的訊息接收，並檢索大腦長期記憶的訊息3+2＝5，再將新舊訊息相互比較對照」的訊息運作歷程。教師所提供的教材內容需要讓學習者易於檢索大腦內的先備知識進行對照比較，進而理解。如果是學生自行閱讀，兩者差異應該不要過大；如果是透過教師講解，教師宜將教材內容的細節轉化為以先備知識為基礎的問題，提供學生先備知識與新知識對照比較的機會。另外，過於複雜的訊息也要分割成幾個比較簡單的訊息，教師逐一講解和學生理解後，再統合產生全面性的觀點。

　　編碼策略是將過於複雜訊息編碼成有意義組織，以利於留存在長期記憶中。教師可以在學生理解訊息之後，指導學生編碼策略，低層次的編碼策略有複誦；中層次的編碼策略則學習題材意義化（例如：八國聯軍，餓的話每日熬一鷹）；而高層次的編碼策略則可用心智圖，讓學生不僅長期記憶，也可以對學習知識有全面性的思維。部分教師經常忽略這些策略的指導，不僅影響知識的獲得，也會影響學生日後對該知識的回憶。

　　檢索策略之主要目的在於協助學生遇到新訊息時檢索大腦內的資訊，以利內外訊息比對，甚至在學生需要表現外在行為時，透過檢索讓大腦內的適當資訊能夠被應用。教師要經常提供操作練習或任務學習的機會，讓學習者透過問題解決的歷程檢索大腦內所學習過的知識。經常檢索的訊息就會在未來類似的情境中被檢索與應用。例如：一個數學教師經常以數學應用題為學習任務，並要求學生檢索運用所學的知識練習解決，當學生未來面對類似的題目時，便可能輕易地檢索所學的知能。

　　心智技能源自於訊息處理的「執行控制」概念，亦即個體能夠監控與修正訊息處理的流程，與做出自己認為最適當的行為表現。教導學生心智技能即是指導學生做某事的能力，教師提出學習任務，學生接收到任務訊息後，教師初步指導學生檢索跟任務相關的知能，也指導完成任務的程序，讓學生

藉由先前所學知能與自己安排的程序完成任務和解決問題，學生在處理任務時幾乎包含訊息處理流程內各細節內容。這種能力不同於教材知識、技能和情意，也不同於訊息編碼策略，是一種培養學生處理事情的能力。因為教科書不會提及，通常教師會忽略教導，但此心智技能卻影響著學生的高層次學習表現，當前十二年國教課綱的核心素養之型塑即是心智技能的應用。

　　期望是指學習者想要達成某種目標的一種特殊動機，學習者本身和他人均為影響自我「期望」的可能來源。自我動機的激發有助於訊息處理，教師需要在訊息處理各個流程中多加注意，盡可能在呈現教材訊息時引起學生接收訊息的動機，亦可以活化教材或貼近生活經驗讓學生容易進行訊息的對照比較，在編碼和檢索時，亦需要激發學生達到學習目標的自我期望。

認知主義學習理論的教學模式

　　訊息處理是一種學生從訊息的選擇、處理和適當反應的認知模式，重視個人的知識獲得和呈現過程，亦即從知識訊息的選擇注意、比較對照、複習檢索到問題解決的問題，都屬於訊息處理流程。根據上述訊息處理流程與應用策略，蓋聶（R. M. Gagné, 1916-2002）將個體的訊息處理之內在歷程，轉化發展成九個階段的「教學事件」之教學模式，如表3.1。

建構主義學習理論的發展

　　建構主義學習理論與認知主義學習理論最大的不同，在於「學習是學習者主動建構知識意義的過程」，強調知識只能由個體在自己的經驗基礎上建構，建構過程包含對原有經驗的重組或改造以及新舊經驗之間的交互作用。建構主義者認為知識是人類賦予意義且非一致性的表徵，知識學習就在個體自己賦予知識意義的結果，進而不斷去解釋和表徵意義，從而豐富和改造自己知識經驗的一種歷程，這過程即是「建構」。也因為知識是建構在個人的經驗上，因個人經驗不同，知識建構的歷程和結果也可能不同。

表3.1　訊息處理之內在學習歷程轉化為教學事件的對照表

內在學習歷程	蓋聶的教學事件	教學活動舉例
注意力警覺 （attention alertness）	引起注意	引起學生的學習動機
期望 （expectancy）	告知目標	說明此單元或此節課的教學目標
回憶至工作記憶 （retrieval to working memory）	先備知識回憶	提示先前所學習過的先備知識
選擇性知覺 （selective perception）	呈現刺激材料	逐一呈現教材內容並清楚講解
編碼貯存 （encoding: entry to LTM storage）	學習輔導	指導認知策略以組織所學訊息
行為反應 （responding）	引發表現	要求學生回應或操作練習
增強性回饋 （reinforcement）	提供回饋	給予學生訂正性回饋
線索恢復 （cueing retrieval）	評估表現	評量學生的學習表現
類化 （generalization）	促進保留與遷移	提供練習與新情境運用的機會

　　與先前認知主義之訊息處理學習觀點相比較，認知主義是學習（訊息處理）普遍存在於社會的知識訊息，而建構主義則是重組或調整自己已經存在知識的過程，亦即認知主義的學習觀點是吸收外在知識，建構主義的學習觀點則是重整自我知識。因此，建構主義的學習觀點不僅是簡單的訊息處理、貯存和提取的過程，而是形成新知識的自我建構歷程。

　　本章先前在皮亞傑的認知發展觀點中，提及學生的認知發展涉及了基模、衝突、平衡、同化、調適與適應等概念。建構主義學習觀的基礎理論即是「基模同化論」，亦即個體略微擴大自己的認知基模來解釋外在事物，也因此，了解學習者知識基礎是建構主義學習觀重要的論點。

此外，在既有知識基礎上，學習者必須要主動連結新舊知識的意義、可能也需要進行假設和推理，再透過自己既有知識和外在知識之間不斷互動、對照、試驗與比較，驗證心中的假設，而形成自己的知識。建構主義的學習觀要求學習需要有主動性、自主性、探索性和自我調整策略，保有學習者自己是學習中心的意識，因此，建構主義學習觀通常是一種「學習者為中心」的實踐觀。

例如：數學老師提出「38+24」的數學題，並提供花片讓學生操作。小明自己認為3個10和2個10可以湊在一起變成5個10，再把8個1和4個1合在一起變成12個1，再把其中10個1換成1個10，最後變成6個10和2個1，即是62；但小華認為可以先從24中拿出來2個1，使其和38合併成40，題目變成40+22，再從4個10加1個10，算5個10，再加1個10算6個10，最終答案是62。如此，說不定第三個學生小英也有不同的知識建構。上述這些計算方法都是學生從自己的經驗思考，擴大解釋了數學題二位數進位加法的知識意義。

特別注意的是，小明和小華的觀點都是合理的，學習應著重於啟發思考，教師切勿以最後的結果主觀判斷或以事實性知識標準評論對錯。如果教師認為學生還可以多思考更完整些，則可以運用學生分享討論的策略，補充觀點相互的不足，這即是本節後段要談及的社會建構學習觀。

建構主義學習理論的教學模式

建構主義是基於自己經驗去解釋外在事物，因此，教師在設計教學活動時，務必了解學生的先備知識，必要時提供先備知識或喚起先前的生活經驗作為知識學習的基礎。教學模式可參考下列參考步驟和實例，如表3.2：

1. 理解學習任務：教師講解學習任務的細節，確認學生已經理解。
2. 喚起先備知識：協助學生檢索與任務相關的先備知識。
3. 協助知識連結：指引先備知識與學習任務的關係，必要時可提供例子。
4. 嘗試新穎想法：提供學生思考或操作的環境，嘗試應用新想法。

5. 回顧想法改變：協助學生思考和察覺知識改變的歷程。

表3.2　建構主義學習理論的教學參考步驟與實例

教學步驟	數學題38+24	一個臺灣當前「社會階層的價值與衝突」的故事之因應報告
1.理解學習任務	教師發布數學題目，說明38和24的意義。	教師發布資料蒐集與報告的學習任務。
2.喚起先備知識	教師提示先前學過的加法、操作經驗。	教師提示先前在教科書上學過的社會階層定義。
3.協助知識連結	教師指出新任務和先前學過知識的不同處和相同處。	教師指出故事中的主角與面對的困難。
4.嘗試新穎想法	教師提供花片讓學生操作，鼓勵學生以自我語言放聲思考。	教師給予學生時間、資源，讓學生自己蒐集、整理報告。
5.回顧想法改變	教師請學生發表操作流程與各階段的思考。	教師請學生發表學習流程與各階段的思考。

社會建構主義學習理論的發展

社會建構主義基於先前「維高斯基的社會文化發展論」提及的論點，指出學習是透過語言符號與他人溝通，經過自己與不同來源訊息的對照、比較、調整或驗證，讓自己原有知識與思考進一步確認或調整。維高斯基認為人的思維和認知是在互動中發展起來的，是各種活動之社交作用不斷內化的結果，因此，學習的發展就是不斷地提供人與人互動的機會，才能產生知識結構的改變。除了先前提及學生可以透過成人在近側發展區所搭起的鷹架協助，以產生互動作用和獲得新知識建構的機會外，教師可以提供學生把已經初步建構的知識進行同儕相互分享、交換、對照、修改的機會，學生便可以在自己的心智中重新建構已經存在的知識。

舉一例說明，公民教師要求一班高中學生思考社會階層的價值與衝突，

大同找尋與分析當前臺灣社會現象後，提出社會階層雖然有所得分配不平等的缺失，但階層化的社會才可以讓不同能力的人擺在不同的位置；然而小英卻認為社會階層造成優勢階層剝奪弱勢階層的不平等現象，而且過度的限制已經造成弱勢階層難以向上流動。大同和小英各自從自己所獲得的訊息發展了自己的觀點。

　　其次，教師要求學生兩兩分享與討論，兩人相互分享後，各自會將對方的觀點和自己的觀點進行對照、比較，也可能產生局部認同或反駁的意圖。不管是認同、反駁，都已經將自己原有和他人的觀點重新思考過，而多數的學生在經過相互討論後，會修改或擴大自己對問題的思維，而發展出較新穎的觀點，這即是社會建構主義學習觀的價值所在。

　　不過，在社會建構主義學習觀點中有一個非常重要的關鍵所在，即是互動雙方要能分享自己觀點和聆聽別人觀點，再進行比較對照。如果單一方沒有先行產出想法，便與他人交流，可能導致只有聆聽，或甚至抄襲他人而已，這樣便失去社會建構是「藉由與他人互動重組自己知識」的意義。

社會建構主義學習理論的教學模式

　　許多教師經常運用小組討論、協同學習、合作學習等方法提供學生互動的機會，但如同上一段所言，許多教師忽略讓學生先對問題或教材產出自己的觀點。教師要掌握學生互動是基於「藉由與他人互動重組自己知識」，重組之意在於「原有的產生變化」，亦即教師需要讓學生先對問題或教材產出自己的觀點，再與他們互動交流。

　　教師在進行討論之前，務必讓學生產出自己的想法，部分教師會發下「每人」一張學習單或要求學生先寫「自己的習作」，待寫完後，再兩兩交換或分享，學生便可能將自己的和別人的答案進行比較對照，甚至可能進行辯護，如此進行心智思考，最終也可能「重組」了自己的答案，而這種答案多數將比原有的答案更廣泛、更周延。教學模式可參考下列步驟和實例：

　　1. **理解學習任務**：教師講解學習任務的細節，確認學生已經理解。

2. **喚起先備知識**：協助學生檢索與任務相關的先備知識。

3. **協助知識連結**：指引先備知識與學習任務的關係，必要時，可提供例子。

4. **建立自己想法**：要求學生在學習單上寫下自己的想法或先完成自己的學習報告。

5. **分享聆聽回應**：指引學生輪流分享自己的想法，在聆聽之後，鼓勵學生回應自己與他人不同或相同之處。

6. **重組後續想法**：要求學生不要塗改原有的內容，而是在其下方或右邊重新撰寫討論後的內容。

7. **回顧想法改變**：協助學生思考和察覺知識改變的歷程，包含自己原有的、他人發表的、自己與他人對照比較過的，以及自己後來重組改變的。

表3.3　社會建構主義學習理論的教學參考步驟與實例

教學步驟	數學題38+24	一個臺灣當前「社會階層的價值與衝突」的故事之因應報告
1.理解學習任務	教師發布數學題目，說明38和24的意義。	教師發布資料蒐集與報告的學習任務。
2.喚起先備知識	教師提示先前學過的加法、操作經驗。	教師提示先前在教科書上學過的社會階層定義。
3.協助知識連結	教師指出新任務與先前學過知識的不同處和相同處。	教師指出故事中的主角與面對的困難。
4.建置自己想法	教師提供花片讓學生操作，鼓勵學生以自我語言放聲思考或撰寫自己的答案。	教師給予學生時間、資源，讓學生自己蒐集、整理報告，學生一定要先產出自己的觀點。
5.分享聆聽回應	教師要求每一個學生輪流分享自己的解題過程。	教師要求每一個學生輪流分享自己的觀點。
6.重組後續想法	教師讓學生在聆聽他人和討論之後，重新操作或重寫在另一個空間位置。	教師讓學生在聆聽他人和討論之後，重新撰寫報告第二版或重寫在另一個空間位置。
7.回顧想法改變	教師請學生發表操作流程與各階段的思考。	教師請學生發表操作流程與各階段的思考。

第四節 教學策略的選擇與運用

　　本章先前提及的教學理論與教學模式具有教學步驟的指引作用，也可以讓教師在發覺學生學習困難後提出合宜的因應策略。不過，不同的教材內容應有不同的教學策略，學習要有效，教師必須妥善地運用教學策略。這些教學策略有時被稱為教學方法，是一種具有目的性的教學做法。教學策略是教師根據學生可以做到什麼以達到教學目標的流程思考與行動，因此，教學策略會顯示一些教學活動程序，理想上，學生經歷過這些教學程序與活動參與（包含行為上與心智上的參與），便可以達到教學目標的表現與內容上的程度。

　　沒有任何一種教學策略是最好的，教師在選擇教學策略時不應以自己的喜好，而要以學生學習需求為考慮核心。教師可以自己詢問自己「要提供什麼樣的經驗才可以讓學生達到教學目標或完成教師期待的學習結果」，如果教師想要學生透過仔細聆聽教師的教材內容之講解，一般講述之教學策略即可提供經驗；若想要提供某種學習經驗得以讓學生透過同儕相互對話以建構知識，那即可運用討論教學策略；如果教師想要學生藉由某種學習經驗獲得面對問題不放棄、勇於挑戰之態度以及自我導向產生解決策略的能力，那問題解決之教學策略可以被採用；如果教師想要提供不同學生有不同自我挑戰的學習經驗，差異化教學策略可以讓教師達到目的。不過，一節課或一個單元之教學過程內可以根據不同的教學目標和不同的學習內容屬性，運用不同的教學策略以提供給學生不同的學習經驗。部分教學策略也會有關聯性，例如：在進行討論教學策略之前，可能也需要運用講述教學策略提供學生思考與獲得討論問題所需要的基本知識。

　　另外，教學策略中也可以運用一些教學技巧（technique），教學策略在於提供學生學習經驗以達到教學目標，而教學技巧則是促進學生的學習投入與意義化的參與，前者是一種流程布局，後者是一種催化劑，舉例來說，教師運用合作學習的教學策略培養學生團隊合作的態度，而良善的分組技巧可以讓合作學習經驗更加意義化。一個教學活動要讓學生獲得學習成效，教學

策略的運用以及精緻化的教學技巧可以讓教學更具有成效。

　　無論是十二年國民基本教育課程之核心素養，或是21世紀的關鍵能力，大都強調教學需要培養學生高層次的能力，這些能力涉及「分析、綜合」層次以上的教學目標。而為了培養學生高層次能力，教師需要提供深度理解知識與實踐的學習經驗，因此，教師可能需要運用討論、合作學習、問題解決以及科技應用等教學策略。以下則分別指出各種教學策略的使用時機以及運用時該注意的事項，但本章不指出特定的教學步驟，原因在於這些教學策略並沒有一定的教學流程，讀者可以閱讀下列內容後，了解其核心理念，再參考本章第三節以及自己的教學經驗，發展自己的教學步驟。

討論教學策略

　　教師運用討論教學策略可以培養學生藉由對照比較不同資訊，進而思考較複雜知識的機會與認知高層次的能力，此策略也可以用來培養學生表達、傾聽、尊重他人的溝通技能。教師若需要提供如此的經驗給學生，便可以運用討論教學策略。

　　討論教學策略包含全班性討論以及小組討論。全班性討論是教師先運用問題刺激學生思考，讓學生產出自己的想法，再透過聆聽他人的想法，相互交換觀點。在運用上，教師必須要注意，討論問題不應是一種事實性的答案，也不是要學生回應課本或教材上的資訊，最好也不要有完全正確的標準答案，亦即教師常用的課堂問答不是討論。教師運用討論教學策略的目的是藉由問題刺激學生思考，學生再藉由先備知識和他人的多元資訊，進行分析、比較、綜合或評估，協助學生建構自己有價值性有意義的知識。而小組討論可以避免學生參與全班性討論卻因為時間不夠無法表達的困難，教師可以將學生分組多人為一組，依據討論形式有所不同，例如：同儕討論、咖啡館、腦力激盪、菲利浦六六法（Phillips 66）討論法等，人數安排各有不同，各組給予相同或不同的題目，其餘如同全般性討論的功能。在學生的認知改變上，本章先前已提及教師需要讓學生先組織自己的想法，再藉由討論相互分享，這些請讀者參閱本章內容。

除了討論的問題與學生的認知改變外，教師運用討論教學策略時必須要布建一個安全友善的討論環境。理想上，運用討論教學策略是期望每一位學生都能分享觀點，然而，可能因為學生認知程度不同、學習風格不同或者粗魯的言語，造成部分缺乏自信或認知程度較差的學生不願意開口表達自己的觀點。此外，人際關係較差的學生可能也缺乏參與討論的自信，教師需要多留意，必要時妥善分組外，也可以在討論前，運用一些教學技巧，例如：在缺乏自信的學生旁安排學習陪伴者，促進這些學生參與討論的動機。

教師在讓學生進行討論之前，需要確認學生對討論問題是否理解；若討論的題目對學生太難，建議教師發展階層性、題組式的討論題目；若學生缺乏討論的經驗，教師也要安排討論的程序。

合作學習教學策略

教師運用合作學習教學策略是基於學生合作學習比個別學習、競爭學習等可以獲得更多學習機會的觀點，在合作任務中，亦可以促進學生對團體貢獻學習責任，也可以藉由合作互動，可以觀察他人良善的特質與檢視自己能力的機會。另外，合作學習教學策略也可以用來培養學生領導、溝通與表達等社交技能。上述這些利益若能被充分發展，對學生未來投入社會生活與工作有極大的助益。教師若需要提供如此的經驗給學生，便可以運用合作學習教學策略。

不過，合作學習的利益無法立即發生，也難以藉由一兩個單元的合作學習活動進行能力評估，但許多研究早已顯示，經常參與合作學習的活動，除了在面對複雜問題能勇於嘗試外，也具有較佳的人際關係、較多社會正向行為，並可以減低反社會行為。

合作學習之任務設計是促進成效的關鍵因素，合作學習具有小組成員相互依賴、相互影響與相互協助的特色，因此，在任務設計上，就必須要注意小組成員在任務分工時，每個成員都需要扮演其中一個關鍵角色。這是一種典型的異質性分組，異質之意在於每個人均能分擔能相互依賴與相互影響的責任工作，而不是高成就、中成就和低成就學生一起混合編組之意。舉例來

說，一組成員內有人擔任配音、有人配樂、有人演戲，這些角色相互影響，也可以相互協助，最後共同完成一部影片的拍攝；而若只是一組數學小組內有高中低成就學生，僅有高成就影響低成就學生，低成就學生無法影響高成就學生，這即不是合作學習的分組。教師可以藉由任務細節的安排與個人責任的分工，進行異質性分組。再透過團體任務的進行，讓學生完成自己的責任，也能協助他人完成責任，最終學習團體任務。

在合作學習的教學應用中，教師需要充分解釋任務的內涵，並激發學生參與合作的動機。由於合作學習的任務都傾向複雜，教師需要分段指導和監控學生表現情形。

當前教師運用合作學習教學策略經常有些疏漏，例如：部分學生僅在合作學習中完成自己的任務，而不關心小組任務，教師需要指導學生，不僅要了解自己的責任，也要透過觀察他人或協助他人，學習整體的任務。亦即教師需要讓學生理解，小組任務才是學習的重點。其次，部分學生在分組合作中沒有投入參與，其他成員代為處理，教師可以要求不同組別中相同角色的成員一起討論，教師藉此觀察與了解個人投入學習的情形。另外，部分學生可能抗拒合作學習，教師可以了解學生先前的經驗與解釋合作學習的任務價值外，在成績評量上可以採行個人與團體分數。

問題解決教學策略

問題解決教學策略的應用是基於培養學生面對複雜問題難以用單一知識解決，而需要綜合思考各種知識與能力進而積極處理問題的態度，並在過程中獲得解決問題的整合性知識與技能。這種問題解決能力不同於在課堂中教師為了了解學生對問題資訊的理解程度，進而要求學生上臺解答一題問題的教學活動。前者的問題難有結構性的處理方式，處理的方法可能也不同；而後者的解決方式可能早有一、兩個固定的方法。問題解決教學策略可以促進學生關注某一特定的情境問題，應用所學知能投入高層次的問題思考中，並且有責任地發展解決問題之策略。由於問題解決教學策略所發展的問題都為情境式的問題，學生在學習過後，對於生活中面對的問題，可以具有自信地

改善問題。

問題解決教學策略可以運用在任何一個學科知識，也可以運用在跨領域或統整課程主題中。然而，一個單元教材內要設計問題解決的任務並不容易，有時得整合先前所學習的單元。情境式的問題要與所學習知識相關，學生才能轉化知識為策略，也要與生活情境相結合，學生才能引起學生興趣與遷移學習知能。如果教師的教材內容或教學目標傾向於多元複雜知識的運用與處理，或想要培養學生在生活中或未來工作中處理複雜問題的能力，在教學設計上可以運用問題解決教學策略。

運用問題解決教學策略比一般的教學策略需要更多的準備，與教學目標相關聯的情境式問題需要精心設計，教師也需要指導和了解學生解決問題所需要的基礎知能；其次，學生對於問題解決所需要具備的方法、原則或策略，也需要指導；第三，問題解決教學策略不僅可以讓學生擴大學習知識內容、發展思考技巧，也具有後設認知的作用。因此，教師要指導學生解決問題的知識與技能，再引導學生發展問題解決的策略，學生不僅要學習解決問題，當學生獲得成功經驗，教師也要喚起學生解決問題的歷程，察覺自己投入的經驗，問題解決不是要學生解決問題而已，而是透過後設認知的作用，學習解決問題的知能、原則與態度。

教師需要監控學生的解決問題歷程，學生可能會發展錯誤的策略、運用迷思概念或遭遇多次困難後失去信心，進而減低動機或放棄，教師的鼓勵與適時地提示是必要的。通常解決問題教學策略之情境式問題都是相當複雜，可能有不同的觀點，教師可以鼓勵學生小組合作思考、分析、討論與共同評估策略的合宜性。

科技應用教學策略

資訊科技在教學上的應用早已發展多年，從教師使用科技到學生操作科技，教學設計上有許多變化，包含教師應用軟體呈現教材（例如：簡報）、課堂中師生操作科技設備（例如：電子白板）、超越時空的非同步的學習（例如：網路教學平台的應用）以及成為一個教學主體（例如：磨課師），

這些應用方式從教師為中心轉變為學生為中心的教學理念，資訊科技也從資訊傳遞工具（learning from technology）轉變為學生學習工具（learning with technology），在教學上，也從科技融入教學發展成應用科技的學習素養。因此，如果教師想要透過資訊科技呈現學生平時較少經驗、較為抽象的教材內容，通常可以透過電腦、教室前面的螢幕與事先設計的數位媒體，進行教學活動；如果教師想要透過資訊科技提供學生更多與教材互動的機會，則可以提供學生課餘操作練習的機會，強化學習內容；而如果教師更希望學生透過資訊科技，擴大學習經驗，增加與他人互動學習的經驗，進一步培養學生在學習上的科技素養，教師便可以結合無線網路與智慧型科技設備，發展數位學習的教學設計，進一步培養學生應用科技進行學習的素養。

　　不過，除了教師的科技素養（科技應用於教學的理念與能力）需要自我檢視與培養外，提供學生操作資訊科技進行學習時，教師首先需要確認學生是否具備資訊科技操作能力以及學生是否有充分的機會接觸到科技設備，簡單來說，如果一個教師希望學生課前瀏覽影片，那至少需要知道學生是否有瀏覽影片可以使用的科技設備與軟體。

　　其次，許多教師設計資訊科技融入教學的活動，學生學習興趣高，不過，教師不能誤解學習興趣即是學習成效，資訊科技是學習工具，教材內容才是學習焦點，教師需要評量學生認知上的改變；再者，教師也不能以偏概全，僅以少數學生表現高程度的數位學習結果自我評估高度教學成效，資訊科技是學習工具，教師更需要了解這種吸引學生的學習工具是否促進低成就學生的學習增長。

　　當前的科技應用於教學的發展，多數文獻已經提及以培養學生應用科技進行學習的素養為核心，亦即學生可以藉由資訊科技與網路的應用，發展自主學習與高層次學習的能力。因此在進行教學設計時，教師可以結合本節前三項教學策略融合設計，亦即運用網路科技的功能，促進學生參與討論、合作學習和問題解決的能力。

本章小結

　　本章提及學習理論的作用，教師勿以為學習理論僅是教科書上文字或僅為教師檢定考試作用而已。學習理論的發展是基於學生的生心理發展與歷程，了解學生的發展和歷程，便可以設計符合發展與歷程的教學設計。這種教學設計雖不一定能完全適用於所有學生，但其合理性與邏輯性的思維得以讓教學產生一定程度的成效。教師可以在實踐過程中，蒐集與分析學生表現，進而調整教學流程的細節。再者，當教師遇到教學困難，察覺學生學習不佳，亦可以運用學習理論和教學原則檢視學生學習失敗的原因。學習理論可以指引教學實務，而教學實務可以透過學習理論進行檢核。

第四章

教研論文寫作的本質

　　教研論文是一種教師教學專業的自我論證，也彰顯教師的教學理念、實踐和省思的內涵。論證即是證據與觀點之間的邏輯連結，證據是外在的表現，包含教師教學行為和學生的學習行為，觀點即是對外在行為的評估、判斷和詮釋。因此，細節上，教研論文寫作不完全等同於教學實務研究的歷程紀錄，亦即教研論文寫作不是把整個教學實務實踐的過程逐字化，而是在證據和觀點間，需要選擇具有價值的要素進行邏輯整理，是一種重建的科學邏輯，但較無直接連結的價值資訊則不需要呈現。

　　教師的教學理念和先前經驗與學習理論之間要有合理的對照，在「教」和「學」之間也要有堅實的連結，並綜合邏輯論述。具體上來說，教學理念可以來自經驗、來自文獻、來自他人的教學模式，但說或寫出來後要能被某種程度的接受。教學理念轉化到教學設計是關聯的、合乎邏輯的。最後，要能指出學生實際表現與預期表現之差異。不管差異為何，要能合理地、邏輯地解釋這差異的原因。上述這些歷程的呈現，即是教研論文在教師教育工作上的專業體現。

　　透過教研論文寫作可以讓教師完整思考教學理念與理論基礎，透過教學實踐，也可以重新檢視和釐清教學事件的前因後果或整體脈絡，教師也可以透過論述尋找理論支持，並找尋有力的證據去證實具有教學價值的論點所在。不過，教研論文非高度科學性與標準化的報告，作者若在撰寫此類論文時不經意地遮蔽真實的教學情境，讀者無法體會教學意涵，甚至沒看見教學實務的證據與觀點之間的來回對話，將失去教研論文的目的——論證教師教

學專業。簡單來說，一篇教研論文內會有明顯的主題架構，在內涵上會隱含著實務體現、創意發想、微觀思維以及情感抒發，並且在證據和觀點的交流中，呈現一個教師應有的專業表現。

第一節　教研論文與教學實務的連結

教研論文寫作的本質之一是透過論文寫作呈現教學理念與教學實踐的具體價值，大致可區分為教學實踐前和教學實踐後。

教學實踐前

教學計畫階段是指教師建立教學理念和尋找學習理論支持教學活動設計的階段。一個無論多麼資深、多有教學經驗的教師，可能自己也感受到平時教學實務仍存著些許改進空間，積極的教師總會思考著如何改進，消極的教師可能會將教學失敗的原因歸咎於他人。另外，教師也可能接收外在新穎教學議題的訊息，開始對某個教學議題（例如：行動學習、合作學習）有了一些模糊的想法。

教師可以試著在筆記本上書寫，書寫可以讓自己思考，讓模糊想法趨近具體和條理。教師先寫下模糊想法後，再以回答「想要怎麼做？為何要這麼做？」等問題作為開頭，也藉此問題提醒自己教學理念並不是一念之間的建立。

有了「教學理念」的描述後，就要進行**學習評估**，亦即「想要讓學生學會什麼？學生的學習特質為何？教學大致要如何進行？如何確認學生投入學習？」等問題的思考與產出。這些即是考慮教材內容、學生特質，並進一步轉化為教學活動與教學評量。

一篇教研論文可以引起其他教師的共鳴，是因為此論文陳述著大家共同的經驗——「教學活動」，教研論文的作者可以引領讀者進入作者精心設計的教學脈絡情境。精心設計意涵著一些教學要素經過有理論根據、有系統

的組織，亦即教研論文的教學活動設計是比一般教案更具有理論性和情感性基礎。

　　好的教研論文可以彰顯教師教學專業，在教學實務研究計畫階段與教研論文寫作上，要呈現獨特教學理念與學習脈絡，也提出具有理論基礎的教學活動設計。這種教學實務計畫就呈現著一種教學專業思維，所提出的教學知識也正切實地反應一個教師應有專業能力與專業價值。

教學實踐後

　　教研論文不僅是一個教學理念與教學實務的描述，在寫作上更要讓讀者有所「感受」、有所「關注」、有所「省思」，甚至被文章「勸服」、被作者熱情「感染」。

　　在感受上，教研論文豐富地描述與教學理念相關的情境，帶領讀者沉浸於教學情境中，讓讀者教師們在閱讀論文時，如同就在教學情境內、教學者身旁，感受到情境中的人、事、物。例如：一位教師這樣寫著：

> 　　我發下學習單，每人一張，我請各組討論學習單上關於「贊」
> 和「傳」的差異……五分鐘內，我看到大約三分之一的學生只專心
> 寫自己的答案，但似乎寫不出來；也有三分之一的學生寫完後東張
> 西望，想要看別人的答案卻又羞澀不敢提；另有三分之一的學生會
> 左右交談，這些大概都是平時比較有互動的學生……

　　以上述的例子來說，「我發下學習單，每人一張，我請各組討論學習單上關於『贊』和『傳』的差異……」是教學活動的描述，「大約三分之一的學生只專心寫自己的答案」和「三分之一的學生寫完後東張西望」是學生學習表現，而「但似乎寫不出來」、「想要看別人的答案卻又羞澀不敢提」是教師對學生表現的詮釋。這種描述與詮釋正表達一般教師的類似經驗，帶領讀者沉浸於教學情境中。

　　在關注與省思上，教研論文透過描述與詮釋，帶領讀者體會教學事件的

真正含意。論文作者儘量能夠藉由上述的詮釋引領讀者關注重要的議題，引導讀者省思重要問題。關注即是藉由作者提出事件因果、歷程之統整後的觀點，讓讀者知覺到重要的教學議題；而省思是作者藉由一些學習理論與教學經驗，帶領讀者一起思考教學事件的優與憂。下面的實例中，呈現教師藉由自我省思試圖引導讀者思考重要問題。

> 　　每次要求學生討論總是這種情景，願意說的就是願意說，不願意的就是發愣。學生之間的友誼或人際關係好像是促成討論的因素。不過，學習中的討論，不應只是建立在學生的社交關係上……我一直思考那些學生不想去討論到底是何原因？是他們沒話說？但我看到那些已經寫了的學生也不會說。真的是社交關係？倒也不是如此，有些人緣好的也不見得討論。是他們缺乏自信，擔心說了被人家質疑？……

論文作者引領讀者省思議題後，再將這些問題的實踐過程與結果描述出來，撰寫中也提及教學理論或教學經驗，有責任地帶領讀者一起思考事件的問題和實踐的結果。例如：

> 　　在第二節課，我在學生討論前多舉了一些例子。另外，根據社會建構論的觀點，討論前需要先邏輯整理自己的思考，再透過語言相互刺激思考與內化心智的歷程……因此，我想是不是在討論前要求每一個人都靜默，先寫自己學習單再討論……
> 　　……我讓學生先寫自己學習單，當我檢視全班大部分學生都寫得差不多時，再讓他們向旁邊的同學分享報告自己的答案……我相當驚訝，全班幾乎都在講話，講關於他們心中答案的話。更高興的是，我看到他們聽到別人的答案和自己相同時的臉上表情，似乎對自己的答案顯得比較有自信……也發現當他們的答案不一樣，有些人會立即質疑……

　　在勸服與感染上，教研論文藉由上述的證據和教學理念的實踐結果之論述，提出有價值的論點。例如：

　　　　……我終於體會到應用「討論」的價值，討論的活動是需要學生先建立自己的想法，再與他人分享，也因為每個學生心中的想法不一定相同，可能就此產生陳述或辯論的歷程……這不就是真正的「討論」嗎？……

　　論文作者所呈現的表現證據以及引用的經驗觀點都需要詳加敘述，再比較分析。論文所表現出來的是教師對教學實務的發展、體會與創意，透過教學實務試圖勸服讀者，原有的理念如何被證實以及提出的新觀點有何根據。讓讀者也知覺到一個教師教學專業成長歷程，也有可能讓讀者閱讀之後，體驗作者對教學工作的熱情，進而被作者感染。

　　教研論文的價值在於藉由具有條理分明和主題論點的豐富敘述，也讓教師自己的教學思維更具有邏輯，也重新釐清自己教學實務的專業價值所在。不過，在教研論文內，一個好的論點是在寫作中逐漸發展，而不是、也無法預先設置。換句話說，有力的論點無法一次寫作到位，需要在撰寫過程中不斷深度思考、擴散思考、調整與重新定義，也意涵著藉由證據和思維不斷地淬鍊，使得論點更加精緻與紮實。教師需要在論文中系統化地描述、詮釋與解釋，指出學生學習表現與教學目標之間的關聯；也需要描述、比較與產出，以驗證原有教學理念在教學實務的可行性或產出新的專業價值。

　　讓讀者閱讀時能知覺到一個教師對教學工作的投入是相當重要的，這包含教學理念的自我知覺、轉化教學行動與實踐歷程，過程中不斷的詮釋與省思，最後驗證與建立教學觀點。在文章中，讀者會有所思，閱讀後也會遷移到自己的教學環境，可能也會想著不是每一位教師都願意如此做，這是一個熱情的教師才會有的專業表現。

第二節　創意教學的體現

　　一般教學策略不外乎為講述、練習、討論、發表等，而一個學習領域教材所應用的教學策略雖然不是只有一種，不過，當前許多教師所應用的教學方法一定包含講述教學法，亦即教師為知識的主體，講授給學生聆聽。這樣的教學難以說成不好，若以教師的專業提升而言，教師可多嘗試其他方法，並試著建立能再提升學生學習成效的教學模式。

　　教師的教學思維通常會不自覺地受限於自己的教學習慣，早先一些教學理念、策略和所應用的資源，經過一些時日的反覆，就可能固著成某種教學模式。通常教師應用這種長久以來所建立的教學習慣時，不會有太多的混亂；學生也可能早就接受這種教學方法。再者，這種長久以來實施都相安無事的教學，還是會教出一些成績高的學生（但不一定純是教師的影響），導致教師不太會去思考要如何改變或去創新自己的教學。而這種教師、學生、行政主管和家長都不反對的教學方法早已實施多年，即使學習成效略微不佳，也多認為是學生程度、環境資源、教材進度壓力的問題。

　　然而，人類智慧發展需要不斷地質疑舊有習慣、挑戰既有模式、嘗試較新思維以及建立新穎範式。在教學工作中，教師得要經常質疑自己、挑戰新穎，以讓自己的專業更成長。何況社會轉變和科技發展之快速難以想像，教師教學不可能五年、十年都不變，教師需要不斷地創新自己的教學思維才行。

　　教師的教學需要改變，教學實務研究與教研論文寫作可以協助教師透過對自己教學實務的關注與寫作思考的歷程改變自己的教學，使其更有教學品質和正向的效果。

　　另外，每一位教師的教學專業程度不同，教學實務研究是在昇華教師「自己」的專業，無需要與其他教師比較。因此，只要教師質疑自己、挑戰自己，進而設計與自己傳統教學不同的方法，這些教師的創新意圖都需要被肯定。教師透過教學實務研究的歷程，建立自己的教學理念、啟發自己的教學想像力與實際有意義的教學活動；再藉由教研論文寫作條理分明、去蕪存

菁地展現自己有意義、有價值的教學改變，不斷地、逐漸地、專業地論證自己的教學專業品質。

教學創新源自於好奇與困惑

　　教學創新並非無中生有，也不是完全顛覆傳統。一個數學教師如果在數學課拿著吉他帶領學生唱流行歌曲一整節課，這不是創新，而是不專業，原因在於數學領域的教學有數學教材概念的分析與轉化後的教學目標、得以讓學生理解數學的教學策略之運用以及針對學生在數學相關知能的學習成效之評估，這三項的教學規準：目的性、釋明性和覺知性，是基本的教學要求，若有任何一項未達成，均可稱為不好的教學品質。

　　教學創新絕對不是一夜之間突然爆發出來，也不是靈光乍現的一道閃電，那是基於長期的知識與經驗，在覺知自己的心智活動，思考事件要素改變的可能性，創意有時被問題激發，有時也需要熱情灌溉。創新是基於既有的生活模式，一個人具有熱情地思考某些屬性改變的可能性，教學創新即是在既有的教學模式上（包含教學目標、教學過程、教學評量）針對還不夠好或還想要更好之處，嘗試應用新的屬性去試驗教學成效的教學作為。教師要能知覺自己的教學工作，自我省思，再勇於嘗試新的理念或解決自己教學問題，這是一個專業教師的重要條件。

　　教學實務研究與教研論文寫作起自於教師自己對教學的好奇或困惑，再試著尋求答案的歷程與結果。一位教師若經常關注當前新興教學議題的發展，一定會產生一些好奇；再者，一位教師若積極投入自己的教學，也對學生的學習表現具有些許敏感度，一定會知覺教學不順之處，甚至發現嚴重的學生學習問題。對新興教學議題的好奇以及對學生學習問題的困惑，都可以成為創新教學的思考起點。

　　教師對新興議題的好奇或想要釐清困惑要有強烈的知覺，熱情是漸次發展的，其中包含探求新知的渴望、情感的投射，以及教學行為的衝動。不只是「我想要怎麼樣……」，而是我「已經知道什麼或我遇到什麼、我基於什麼理由想要做些什麼、我已經找了一些什麼準備去做……」。以下舉了兩個

例子，第一個例子勉強來說僅略有探求新知的渴望，但沒有情感投射和教學行為的衝動。

　　差異化教學可以讓不同程度的孩子學習得更好，當前已有許多教師在教學過程中嘗試運用。這對我來說是一個新穎的議題，我願意在我的班級教學中嘗試看看。

　　第二個例子則有強烈的好奇或困惑的意識，也夾雜著探求新知之情感與行為實踐的面向。

　　每次上完課後，我總是發現有些孩子無法跟上進度，我嘗試多講兩次，孩子好像聽懂了，結果出了作業還是不會寫或亂寫，我這麼努力地教，難道無法改變那些孩子的學習嗎？……
　　……差異化教學是基於學生不同特質，進而發展不同的內容……涉及到不同程度的學習任務……
　　……我打算教完之後，先檢測學生學習……我提出三種難度不同的問題，讓學生挑一題來寫，只要寫對一題就一百分，我想要試試看……

　　教研論文雖然不需要嚴謹文獻探討，但在教學理念的意識上仍需要具備完整的情境描述與探求新知的渴望，此渴望也可能來自於教學問題（非學術研究的研究問題）、再加上教學設計的理論基礎以及實踐過程和學生學習表現結果，這即是基於教學實務探究的「教研論文」之本質。即使教研論文不一定需要像行動研究那樣以問題為起點，但具有教學邏輯性和前後結構關聯性，以貫穿整篇論文和引領讀者思路的寫作相當重要。教師需要將教學理念細膩化，在既有的教學模式基礎上，積極思索教學過程中的各種教學活動情節、深入探究教學理念的知能，進而提煉成一個理念與實踐的脈絡。

創新教學理念來自於觀察與聯想

　　教師對教學情境感到困惑，也有創新教學的動機，卻可能在創意思維上遇到困難。教學思維通常會不自覺地受限於自己的教學習慣，即使再怎麼被鼓勵，往往還是腸枯思竭，難以突破傳統思考的困境。除了動機因素外，這是因為教師腦中存有素材庫的內容不足和缺乏聯想轉化的能力，如同撰寫一篇作文，當語彙量不足和不知如何運用在句子內時，該段落便無法引領讀者進入甘美且意義深長的雋永境界。懂得聯想的人一定具備開闊的視野、廣博的視野，例如：不知道無線網路功能的人，可能就無法聯想到不需要花傳統電話費用也可以和他人通話的聯絡方式。

　　要充實創意的素材庫得要教師平時多閱讀、多觀察以及將觀察之事務以教育之眼看待之，亦即將所獲得的知識和經驗轉化為自己教學情境的要素，試著解釋自己教學工作可以如何進行。本書作者舉自身經驗為例：幾年前，於一次出國機會，在本地機場免稅書店閱讀《物聯網革命》一書，書內提到「企業共享協同聯盟」的概念，指出企業間藉由各自既有價值的分享，相互受利，這並非分工合作，我對這個概念的解讀是：每一個人若可以將他的價值、優點或經驗分享出來，每一個人都這樣做，就可以獲得其他人分享的價值和經驗。我因此把這些觀點轉化為「如果每一個實習學生都可以將自己在實習機構的經驗分享出來，那一百個實習學生之每一個人都可以同時獲得九十九個其他實習機構的經驗。這不是互相教導，而是相互分享後，自己獲得其他人的替代經驗，再自己判斷並調整自己實習學習的方法，這對於實習學生的學習具有相當高的價值」，後來我發展成「實習學生的互學社群」之教學模式。這個例子即說明了「平時多閱讀、多觀察以及將觀察之事物以教育之眼看待之」的作用。

　　任何閱讀、任何經驗和任何思緒，都可能是創意資料庫的來源。再舉例而言，當我們在超市看到一位顧客詢問店員某個手上物品還有多少庫存量時，店員立即以手中的手機QRCode掃描物品條碼，再用App查詢該公司庫存網站，顯示訊息後立即告訴顧客庫存量，這個動作可讓教師聯想手機、平板、網路、QRCode、App等對學習資訊的應用。或者當觀課時，觀察到

一組學生內某位高成就學生轉身告訴身旁學習分心的學生關於學習任務的細節，這個現象可能促使教師思考「學習陪伴者」的角色應用，亦即在每一組內均安排一位「學習陪伴者」，隨時提醒小組成員學習進度與細節。如此，教師可以將觀察的經驗多加思考，即使一開始跟隨別人的路走，閱讀別人的經驗，但走著走著，就會走出自己的道路來、發展出自己的創新教學模式。

　　教師多閱讀、多觀察和多思考而有了發想的素材庫後，在聯想力上，教師要能要求自己的思維具有遷移性地轉化為教學工作。情境遷移與擴散思考很重要，教師可以平時多嘗試練習，這樣才可以在適當的時機將看起來無相關的事情建立連結，教學創意就來自創意素材庫和聯想的基礎上。

第三節　細微思維的深究

　　教學實務研究和教研論文寫作之目的並非產生學術貢獻，而是教師探究自己的教學實務、改善教學品質和論證自己教學專業。一個教師的教學品質和教學專業不可能僅用一個教學實務研究或一篇教研論文即可彰顯，而是透過無數個教學實務研究和教研論文寫作逐漸累積。「逐漸」之意在於經歷過一個接著一個教學實務的創新理念、活動實踐和證據論證的歷程。在歷程中，教師細微地處理教材內容、教學方法與學生學習的每一個環節點，逐步地增長教學專業。因此，教學實務研究的探討不一定需要廣大到一個學期或一整本教材，只要針對一個細微的教學理念進行即可；而教研論文寫作絕對不是長篇大論，只關心教學理念與特點，也只要求邏輯與條理分明地說明。

　　國內許多教師已運用在職進修方式獲得碩士、博士學位，對寫研究論文並不陌生，若進行教研論文寫作，教師雖然可以參考先前寫作學位論文的邏輯性（非章節名稱），但不需要在論文的貢獻上多做假想。教研論文是彰顯教師專業、論證自己的教學專業價值。即使教師有個創新想法，那也是在教學理念上的創新，並不是在學術寫作和學術貢獻上創新。

　　細微教學理念的實踐對教師教學專業成長極具有價值，教師是教育專

家、也是學習專家，可在自己的專業領域投入、並覺知細節以及知道如何改善。教師的專業工作即是建立某個教學理念或對某一個教學問題深入探究，研究深入且邏輯清楚明白地指出探究的歷程與結果。舉例而言，除了研究範圍是聚焦在自己的教學實務上外，教學實務研究和教研論文題目不應該是「學生數學學習成效的提升」或「讀者劇場本位課程策略在英語領域的教學應用」，這些題目看起來很大，也可能運用行動研究的計畫、行動、反思等循環歷程才能有具體的答案。教師可以再細微一些，教師可以從「如何讓學生進行有意義的討論」（一種學習策略的探討）或是「畢式定理的創新教學」（一個教材概念的充分理解）等細微議題開始。

　　不過，教師若對某些主題好奇，但該主題範圍過大，本書作者建議教師可以細分成幾個次主題分別探討，如此長期累積，不僅呈現一個教師教學專業，也可以讓教師成為對某個議題之專家教師的角色。如果教師願意在自己的學科領域逐學期、逐年規劃，預估五至十年，此教師便可能擁有專業者的一席之地。

　　教學實務研究和教研論文寫作即是教學細微思維的探討，有兩個方向可以引起教師對細微問題的知覺與啟發。

一個教學議題不斷地向下提煉和聚焦

　　當前許多新興教學議題，例如：翻轉教室、分組合作學習、行動學習等，這些涉及的範圍太大，不適合當作教學實務研究和教研寫作的題目。教師可以先以這些議題作為教學思維的起點，再分析這些議題的細節，並且考慮教材單元和學生學習的特質，不斷地提煉、重複思考，最後聚焦在一點議題上，並且運用幾節課的時間即可論證自己的教學理念。

　　例如：了解翻轉教室的理念和相關細節後，再思考於自己教學領域和學生學習上實施的可能性，之後再把最好奇、最有興趣或最困惑的細節提煉出來，可能是學生會課前自學嗎？某一種教材單元或教材屬性適合運用翻轉教學？討論問題該怎麼設計？學生會參與和投入討論嗎？會合作嗎？會不會有學生討論或合作時搭便車？討論或合作對低成就學生有幫助嗎？教師可以寫

下無數個好奇、有興趣或困惑的細節，最後挑出一個包含教材單元、教學活動和學生學習等面向的議題進行教學實務探究，這個過程即是教學議題的提煉與聚焦。

　　教學議題的提煉是教師實踐教學實務研究和教研論文寫作重要功夫之一，從大面向往細節思考，切勿好高騖遠。教師要能體會，深厚紮實的理念與實踐才是教師教學的基本功，也是有別於其他非教育專業人士之處。教學實務探究與教研論文寫作是教師一輩子工作生涯的事，不必要、也不可能在短時間之內完全掌握教學工作價值，教師教學專業永遠是個成長的過程，不是一種結果。

發展一套教學模式但逐一探討

　　不過，教師專業不能永遠只是枝節片段，當教師逐漸熟練教學實務研究和教研論文寫作，可以開始思考建立自己的教學模式、發揮自己的教學魅力以及發展自己的教學特色。無論教師先從觀察他人改進自己或是透過閱讀啟發教學實務探究的理念，教師都可以長期針對一個面向深入探討，不過，教師還是需要比較前一項的提煉與聚焦之功夫寫出每個關聯性的細節，再逐一以教學實務研究和教研論文寫作探討之。

　　例如：教師認為翻轉教學可以培養學生自主學習的能力，而在閱讀和觀察別人之後，認為細節步驟通常是「教師先將自己課堂上的教學拍攝下來、或先找尋均一平臺等與教材相關的影片，先讓學生課前瀏覽，或先提供學生課前閱讀某些文章讓學生可以在課前預習，教師在於課堂中提出教材相關問題讓學生討論，再於課程結束前評量學生所獲得的知識、學習技能與態度。」教師因此可以開始規劃一系列的細節，包含課前影片如何錄製？如何引導學生課前瀏覽？如何提出討論問題？討論問題是否需要具有層次？什麼樣的學生會有什麼學習困難？是否需要將學生分組、如何分組？如何評量學生所學？除了知識外，學習技能如何評量？以此類推，還有許多可以提出的細節。如果教師可以將此些細節思維，透過教學實務研究與教研論文寫作逐一探討，最後便可以在翻轉教學的議題上發展出自己的教學模式或是創新一

套屬於自己的教學模式。

　　這種由大模式逐一探討的功夫如同蓋房子，先畫出設計藍圖，再一塊一塊、一層一層施作起，有了深度、也逐漸有了高度，最後形成基礎紮實的完美大樓。每一個教師都有心中的那棟教學大樓，自己逐一深入探討自己建構的教學大樓。

　　整體來說，教師剛開始接觸教學實務研究和教研論文寫作，主題範圍過於寬廣將涉及太多因素，在實踐時需要考慮的因素也太多，包含不同的教材細節可能有不同的方法、過多的教學策略應用難以判斷何者有效，以及蒐集過多學生在不同教材或不同策略的學習表現，難以形成有論點的學習證據（除非針對一個細節的不同表現）。另外，教師在教研論文寫作上也可能找不到焦點，甚至在發表時將會受到更大、更多的挑戰或質疑。

　　教師要提升自己的專業品質非一朝一夕之事，教學實務研究和教研論文寫作的本質，就是希望教師從小細節思維開始探究、從善於自己的教學實踐出發，以論述明確、條理分明和具體的方式，將教學細節逐一呈現出來，最終再把有關聯的細節串聯與發展出來。

第四節　令人感動與讚美的教育故事

　　教師進行教學實務研究透過教研論文寫作，可以揭露自己在教育場域的積極努力、教育熱情、獻身教育以及不斷自我專業成長的感人故事，但這感人故事不是用寫作語文去令人感動，而是教師在實務中讓讀者對其肯定、對其敬佩與對其景仰。教師在教研論文寫作時可以不需要華麗文藻和感人肺腑的文詞，卻需要呈現一個教師如何觀察到教育現象、對教學議題如何感到興趣、實踐過程如何投入、面對問題如何解決以及如何讓學生獲得更高學習成效，藉由這些去論述教師教育專業和教學品質，也透過教研論文寫作去呈現令人感動與令人讚美的教育故事，去感染同儕一起改變教育、改變社會，為

了學生的學習不斷地淬鍊自己。

呈現教師對學生的關愛

　　教師教學專業是建立在學生學習表現與成效上，教師務必要了解學生的學習絕對不僅是教師設計好行為動作，再去要求學生操作練習，也不純是提出冷冰冰的計算題試卷並要求學生計算，而是以整個班級學生的表現做思考，讓每一個學生的學習都可被包含在教學過程、被教師關愛著。

　　教師需要從學生學習動機、行為和各種表現開始觀察，學生學習專注力、專注時間、練習寫作的字跡，都可能隱含多重意義。一個上課時觀看窗外的神情，可能透露了對教材毫無興趣，也可能是早已失去學習的信心。當一個學生口頭說著「我懂」，教師也要從學生表情、臉色、眼神去初步判斷，或許再進行簡單評量才能確認。當另一個學生鉛筆盒內的鉛筆每日短少或經常消失時，背後可能是一種細微的霸凌事件，教師要從經驗、觀察和多做一些了解後去察覺，展現對學生的關愛。

　　而教學實務研究與教研論文寫作的本質，便內含著一種教師對學生關愛的展現，也因為教師對學生多所關愛，教師才會更積極去發現問題、發展新興教學法以及實際去實踐，讓每一個學生都可能在學習中獲得學習和成就感。

　　教研論文寫作需要條理分明和具備邏輯性，教師對學生的關愛也會不自覺地在教研論文中出現，例如：有位教師的論文寫到

　　　　我嘗試著在差異化教學理念中發展同質性分組的討論策略……我以上學期的成績做個簡單分組，我不告訴學生哪一組是高成就、哪一組是低成就，我就是幫他們分好組別……

　　　　我講完颱風的生成原因後，就宣布分組名單，學生也聽我的話到了應該去的位置……之後我發下不同難度的討論問題給各組……

　　　　……張小明突然站起來大聲喊：「老師，我不要在這一組，我們這組都是笨蛋的……」天啊！我突然驚覺，我竟是如此粗糙地處

理學生分組的事……

　　……我開始思考如何彌補我曾犯下的錯誤，我真對不起學生，我應該好好地了解什麼叫做差異化教學……

　　教師對學生的關愛至關重要，教師要以愛出發、營造友善學習環境，任何不當語言、動作，甚至嚴肅表情都可能對學生產生傷害。特別是在教學策略的應用上，教師過去的習慣總是思考如何轉化教材內容知識為教學活動，也認為學生應該跟隨教師教學活動進行學習，以求教師心中預期的學習成果。教學實務研究要改變教師如此的思維，重新理解教學是「學生如何學習」，而不是「教師如何教學」，亦即即使教師有非常完美的教學設計和教學活動，學生不一定會那樣學，也不一定會有預期的成效。

　　另外，學習是一種啟發，不是灌輸，教師不應該把自己的意識灌輸給學生，要能多提供各種不同的論述，啟發學生思考，若非有標準答案，則更應多包容學生不同的想法，並給予機會請其說明，甚至保留多元價值。只有理解學生學習表現的原因，才能對症下藥加以教導和協助。

　　簡單而言，教學實務研究和教研論文寫作就是一種教師對學生關愛的表現，從學生的學習出發，關注每一個學生的學習情形，從中發現、思考、實踐以及找出幫助學生學習更好的方法。

呈現教師對教育投入的美學

　　一個好老師不是天生的，也不是單靠師資培育之大學的教育學程或師培活動就可以培養最佳的教學品質。缺乏教學專業能力的老師會阻礙學生的學習興趣、態度和成就，美國前總統歐巴馬曾表示：「孩子從踏入教室那一刻起，決定他們未來的不是戶籍、膚色、人種或財富，而是他們的老師。」亦即學生的未來與教師教學品質息息相關，教師要提升自己的教學專業，要積極投入教育事業，改變學生的未來。

　　教師無論畢業於哪一所師資培育之大學，教學年資多少，無論得過多少獎勵，只要還是擔任教師工作一天，就需要專業成長，而專業成長的方式就

是在教育領域內專研教學方法以提升學生學習成效。單一學術理論和研究成果不一定適用於自己的教學場域，只有教師自己轉化學習理論和學術觀點在實際教學的那些應用方式，再透過驗證與可能的修正，才能創造出好的教學品質。教學實務研究的目的即是如此，而教師的教研論文寫作是一種教學省思的工具，透過寫作中的自我省思，不斷地發展自己教學專業與建構良好教學品質。

　　在教研論文寫作中，教師不僅要把教學理念和教學歷程呈現出來，更要提到教師如何看待問題、如何積極找尋方法、如何在乎學生學習行為以及如何協助學生進行更好的學習等教學實務描述出來，這種目的不是在於顯示教師多麼有能力寫作，而是呈現教師多麼有能力改變學生學習困難、創新教學實務以及建構優質的教學歷程。例如：有位教師的論文寫到

　　　　在上課中，我不斷提醒我自己給學生學習成就感，因為只有他們自己有成就感可以驅使他們的學習動力……我甚至告訴學生黑板上的那一題在月考時會考出來，我打算用這種方法讓那些低成就學生可以考個八十分……

　　　　……想不到學生竟然不在乎，我已經說了這題會出題，他們還是不想學習……

　　　　……我求助於彰師大劉教授，教授提到那是因為那些學生對八十分沒有知覺、沒有產生價值感，認為即使考個八十分、一百分又怎麼樣……

　　　　……我頓悟了，我開始跟學生說「如果把這幾題寫對，拿到八十分，我們到合作社隨你拿一瓶飲料，我請客」……想不到學生眼睛亮了，那些學生真的比較認真聽我講課……

　　上述這個例子呈現教師原本對部分學生的學習態度掌握不夠充分，姑且不論請學生喝飲料是否是一個毫無問題的方法，但最後教師投入教學問題的觀察與省思以及為求改善方法的過程。更細微的是，教師原本以為「告訴學生這題會出題，學生就會注意聽」，但這可能是教師年輕時的自我經驗或自

己曾有的學習態度，並不一定適用於現在社會的每一個學生，教師不應該對學生生氣，或許先溫柔地看待這件事。當教師開始關心那些幾乎放棄自己的學生，改變教學思維，試著找尋讓學生願意學習的方法時，最後體會到「先讓學生對於分數產生價值感，而學生在乎後也獲得高分後，逐漸對自己有信心」，這整個歷程呈現教育之美。

　　沒有單一教學方法適用於所有的教學情境，也沒有哪一個教師的教學策略可以在一次時間內教會所有的學生，所有學生更不可能產出相同的學習進度與學習成果。教學情境相當複雜，學生的學習也不容易掌握，唯一可以做到的是「教師不斷地找出策略幫助學生學習」。

　　教學實務研究就是要教師用這種積極的態度投入教育工作，而教研論文寫作就是要呈現教學的情景，把教師投入教育之中的美學、溫柔和友善彰顯出來。

本章小結

　　整體而言，教師可以透過教學實務研究去規劃與實踐自己的教學理念，並透過教研論文寫作呈現教育專業的發展過程與令人感動的故事。不過，教學歷程的紀錄相當重要，那是教師自我省思相當重要的素材，教師若不善於記錄自己的教學歷程，便無法充分思考自己的理念與實務間之關係。再者，即使教師記錄了、也自我省思了教學歷程，卻有可能僅是提及無關緊要的細微末節。本章提及教學實務研究和教研論文寫作，是一種「計畫與實踐的連結」、是一種「創意教學的體現」、是一種「細微思維的深究」以及是一種「令人感動與讚美的教育故事」，即是在提醒教師透過教研論文寫作把具有教學專業的細節描述出來，這種教學歷程包含原有的理念計畫和教師實踐的歷程，需要謹慎且避免提及無關的資訊細節；也可以描述教師對教學情境以及對教學問題的思考與早先不同的經驗；也是一個針對細微思維的探究歷程，更是一個令人感動並看得出教師積極投入教育工作的歷程。教師可以先行理解這些大方向，下一章起，本書將以教研論文寫作的各章說明比較具體的寫作指引以及教學實務研究的探究歷程。

第五章

建立教學理念與目標設計

　　一個適任的教師一定會思考教學要如何進行，比較普遍的思考是教材內容如何講述、評量怎麼設計。若想要培養學生能力，則需要設計學習任務，再引導學生操作。這種存在心智中的思維，就是一種教學理念。教學理念不同於教育理念，教學理念是指教師對「教學」工作所持有的觀點，聚焦在領域知識、教材、教法、學生、環境資源等教學因素範疇中。教學理念會受到許多因素與經驗影響，也因此每個教師的教學理念可能有所不同。

　　教師的教學理念之型塑，可追溯到早先學生時代對其教師的觀察與體會；之後，在師資培育階段受到教育專業知識課程或師培活動的影響；在成為教師後，教師個人的觀察、閱讀省思以及任教經驗再度注入教學理念的型塑中。

　　不過，沒有學生就沒有教師這個工作，教師的工作是為了讓學生學習、學習更好。因此，教師建立教學理念以及根據教學理念所設計的教學活動需要充分考慮學生的特質，也需要根據學習表現進行確認或調整教學理念和教學活動。教師若缺乏如此的教學理念，教學設計就可能會以教科書內容為中心，忽略學生學習需求，甚至只是照著教科書內容念稿，完全沒有教學專業可言。因此，教師教學理念非常重要，教學理念影響教學活動設計，教師進行教學實務探究時，教學理念的建立就是教學的重要起點。

第一節　教學理念的建立與精緻化

　　無論初任教師或是資深教師，實際教學工作的體驗就是教學實務研究的重要主題來源，隨著越來越多真實經驗的觀察、思考與體會，都可以激發教學者的理念。亦有部分教師對校內外研習或觀課主題有了敏銳的知覺，也產生興趣，便思考著如何在自己的班級試驗。

　　一般教師對自己的教學成效都會有所期待，即使觀察別人的經驗也可能會在心中形成一種突發性的想法，這些想法稍縱即逝，教師務必寫下來。例如：看著某一教師運用平板電腦融入教學時發現孩子的學習興趣，自己也想試試看；當參加研習了解某種教學策略可以讓孩子在學習過程中與同儕互動討論得更好，自己也想把那個教學模式拿來用用看。這些都是教學理念的啟發點，教師可能想要做的事——「寫下來」。

　　不過，教師的教學理念不能只是「我推崇建構主義教學」，這是教師的教學哲學觀；「我希望學生明日比今天好」也不是教學理念，這是教育期望；也不是模仿而來，例如：其他教師運用翻轉教室的理念進行教學，自己就跟隨。

　　教學理念的定義是教師對教學工作與歷程所持有的觀點，教學理念需要具體化，不能只有寫「我想要用翻轉教室」這麼簡單，要型塑自己的教學理念，得要好好地思考自己的任教領域學科、任教的學生特質以及所處的教學環境資源，建立具體的教學理念；之後，再選取某一特定教材單元、班級學生以及教學情境，建立一個教學實務研究的主題，實踐與驗證教學理念。教學理念建立與實踐流程，如圖5.1說明。

思考學科知識屬性

　　即使同一學習領域的教材，也有不同的教材知識屬性，教師的教學理念會隨著教材屬性有所不同。一個教師在技術練習教材類的教學理念和對探究思考類知識之教學理念不可能相同，因此，教師可能同時存有「對籃球的運球技術要充分練習、過度練習才有效」、「要了解生物現象就是要讓學生動

手做實驗」等兩種具體的教學理念。

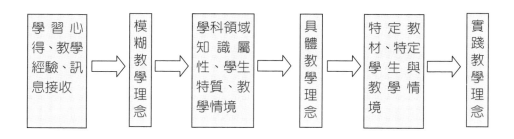

圖5.1　教學理念建立與實踐流程圖

　　教材除了教科書和課綱內容外，也包含教師補充的知識、技能、情意以及各種關鍵能力的培養，教師要思考自己在不同教材上持有什麼樣的教學理念。教材內容大致可歸類為抽象內容類、示範操作類、啟發思考類以及能力型塑類。若以上一段的教學理念而言，教師可能對下列四種類型教材有不同的教學理念。

　　抽象內容類的教材是因為學生較少生活經驗，例如：物理化學現象、年代久遠之事實等，此類教材通常運用擬真的電腦媒體或操作具體物，透過具體操作或擬真視覺，協助學生將教材內容轉化為抽象思考。教師對此類型教材所持有的教學觀點（教學理念），就可能是「運用數位媒體讓學生了解抽象教材」。

　　屬於**示範操作類**的教材，通常是指需要透過不斷練習或操作才能真正獲得的技能，例如：體育技能的訓練、學習工具操作技巧等，這類教材需要提供學生可以操作練習的設備和情境。因此，多數教師對示範操作類的教學理念就可能是「過度練習才能使學生具備此種技能」。

　　啟發思考類通常來自於教師個人對知識獲得之哲學思維，亦即教師認為學生應該自己思考和建構知識，而不是由教師灌輸。教師需要對此類教材結構相當了解，藉由先備知識的喚起和設計鷹架性的問題，逐步引導學生思考而獲得知識。例如：在計算「N邊形的內角和」時，教師不直接寫出(N − 2)×180的公式，而是藉由三角形的內角和、四邊形的內角和……找出

規則，引導學生思考N邊形的內角和之計算方法。藉此，教師的教學理念就可能是「可運用多層次問題去指導學生在這類教材的思考能力」。

關鍵能力型塑類之教材主軸並非是知識，而是能力，亦即應用知識的能力，是以知識為基礎，但以知識的應用為核心。通常教師會先指導學生核心知識，再設計可以運用這些知識的任務，引導學生在學習任務中選擇所學過的知識並應用之，逐漸培養學生在生活情境中應用所學知識的能力。例如：教師在指導過臺灣的交通運輸工具之內容後，要求學生規劃一個三天兩夜的旅遊行程，學生就需要先了解臺鐵、高鐵、捷運、公路等交通運輸工具的優缺點，以及了解如何運用這些交通運輸工具和時間安排，最後規劃一個得以順利進行的旅程。因此，教師對培養學生關鍵能力的教學理念便可能是「知識是能力的基礎，先指導學生學會知識，再提供任務讓他們去設計與探究」。

任何教學理念的建立一定要與學科教材屬性內容有關，教師不可能對該任教學科僅持有一種教學理念。即使教師的教材是自編，或要指導學生的內容是跨越或整合多種類型的教材，教師也可以思考自己對教導這些內容所持有的教學觀點。了解教材屬性可以協助教師確認自己的教學理念，也可以讓教師的教學理念得以充分發揮。

思考學生能力

考慮過教材類型後，教師要知道不是每一個學生都可以達到教師原本的預期，也不是每一個學生一開始都可以進行高層次能力的培養。教師首先要思考班級學生在教材的先備知識和能力起點、學習態度和學習風格。教師對不同能力學生可能會有不同教學理念，指引著教學工作的進行。

1.學生對教材內容的學習能力

考慮教材內容對學生是否具有難度是教師經常思考的事，學生平時認知能力的表現就可能會改變教師的教學理念。教科書或課綱內容具有結構性，亦即會有容易到困難、具體到抽象、簡單到複雜，又配合學生認知發展的

螺旋式組織之課程內容設計，這些結構內容大都以垂直邏輯發展，每個重要內容要素也會有其他內容要素的水平關聯。教師要知道所任教教材內容之先後內容要素。例如：學生在學習平行四邊形之前，需要具備長方形的先備知識，而平行四邊形和菱形是兩個具有水平關聯的教材內容要素。從先備知識教起，再擴大學習關聯性，學習效果會更好。

　　部分教師會跳脫教科書內容思考教學活動設計，也會補充其他知識、技能、情意或關鍵能力一起設計。特別是情意和關鍵能力，多為教師對教育理念的擴展，從社會發展的角度思考孩子需要適應當代或未來社會所需。

　　有經驗的教師會先想過教材內容對學生是否難度過高？是否需要因為學生的能力而降低或改變教材？他們會以調整教材難度、多引導一些以及放慢教學速度，來思考教學活動的進行。當無數的經驗被回憶起，教師教學理念可能需要做調整。

2. 學生的學習態度

　　態度是指一個人對某件事情的認知、情感以及行為意向，其主導著自己的行為實踐，而學習態度是指學生對於學習（某個教材內容）這件事的看法、學習興趣、學習動機以及可能表現於外的學習意向。如果學生認為學習某教材是有意義的，且具有興趣學習，便可能投入學習中而呈現諸多積極的學習行為。教師在教學上需要考慮學生的學習態度，但一個有教學理念的教師不會完全順從學生先前的學習態度，亦即不會因為學生不想學就不去教學，反而是從先前的學習態度去思考如何讓學生了解學習此教材對自己具有意義、激發學生學習興趣，以及運用一些獎勵措施鼓勵投入學習的學生。

　　簡單來說，教師教學理念不會跟隨學生的學習態度，而是融入學習態度思考，因此教師得要先了解學生學習態度，再思考建立教學理念。例如：學生對於數學文字題感到困難，導致他們在考試時「完全放棄思考」。教師便可以建立「設計題組型題目，讓學生從簡單的小題逐漸思考」等教學理念。

3. 學生的學習風格

以學生投入學習行為而言，學習風格包含個別型、競爭型和合作（協同）型。個別型是指學生喜歡依照自己的學習理解情形、學習進度進行學習，對於教師統一安排的學習任務有些許不適應，也不喜歡受其他同學的影響；競爭型的學生則喜歡教師安排學習競爭的活動，只要學校有排名排序、教師有安排常模參照式（前幾名得獎勵）和僧多粥少式的獎勵措施，或所處環境中的學生之間本就喜歡相互比較，競爭型學習風格的學生便樂於學習；合作或協同型學習風格的學生則喜歡和同學一起學習，這並不表示毫無條件地接受小組所指派的任務，他們喜歡透過同學間的相互協助、共同努力和體驗互動價值，進而發現這種同儕學習的方式比個別學習可以獲得更多，最後認同這種學習方式。

從另外一個角度而言，個別型學習活動適用於具有結構順序性的學習任務，教師逐步提供學生進階性學習活動，讓學生依據自己進度學習；競爭型學習活動適用於學生學會重要的知識技能後，讓學生檢索回憶和操作練習所學知能，以達到熟練的效果；合作型學習活動特別適用於複雜任務中，教師需要指導學生分工、相互協同以及完成小組任務；在協同學習活動中學生不分工，各自有學習任務（初期盡可能相同任務，例如：每人一張學習單），學生完成自己的任務後，相互分享、相互對照、刺激思考與自我調整，進而獲得個人更有成效的學習。

理論上，符合學生學習風格的教學對學生個人最有效益，然而，教師也會思考社會工作環境都需要與他人協調合作，個別型、競爭型學習風格的學生也需要嘗試與他人建立工作關係。因此，教師教學理念可能考慮學生在未來社會生活情境，進而建立「想要培養學生什麼樣學習習慣」的教學理念，例如：引導競爭型學習風格學生參與小組合作學習活動。

另外，當前有些教師在採用小組合作學習時，往往忽略小組成員任務之「相互」學習，僅有各自成員完成自己早被切割的任務，每個成員學習都僅是小組任務的一部分，亦即只有分工，沒有合作。其次，部分教師讓學生進行協同學習時，鼓勵學生相互討論、相互分享，但是由於未考慮到學生學習

程度以及未給予學生「先完成自己任務」的要求，部分學生在分享討論前未充分思考和未完成任務，導致協同學習變成一種相互抄襲的活動。教師原有的教學理念可能會受到先前實施合作或討論教學時失敗經驗的影響，部分教師會放棄這種教學理念，但另外一些教師會深入探究原因，發展教學工作更為周延的教學理念。

　　學生的起點知能、學習態度和學習風格是教師在建立教學理念時必須要謹慎考慮的要素，教學理念也可能受到影響，部分放棄、部分調整與部分強化。教師不能僅是依據自己的想法要求學生照著做，當學生做不好時又怪罪學生不努力。一個有經驗的教師接收來自研習、專家教師或閱讀書籍之新穎理念訊息後，還需要思考自己學生的能力與風格。若能在建立教學理念並轉化教學活動時仔細了解，就可以避免學習失敗與教學挫折。

思考教學環境資源

　　「巧婦難為無米之炊」正形容著一個有理念、有想法的熱忱教師，面對著資源充分不足的窘境。面對正處於具體操作期的學生欠缺大量教具、面對科學思考性的課程需要大量實驗器材、以及面對網路科技正顛覆傳統教學型態，教師若無教具、器材或科技產品等媒體資源，可能造成原有建立的教學理念難以實踐。

　　針對學生可能沒有經驗、學校內又沒有學習資源，教師需要尋求外部的協助，常見的是，數位圖像或影片可以協助學生思考與理解，例如：一部植物維管束的影片可以讓學生了解「莖內有許多管子，輸送水分的管子稱為導管；輸送養分的管子稱為篩管，這些管子都稱為『維管束』。維管束可以讓水分和養分從根，經由莖部，輸送到枝條和葉。」教師可以上網尋找教學媒體，檢視合宜性後下載，並在教學時呈現。這些媒體資源可以使那些抽象教材概念擬真或具體化，學生觀看之後便可以理解。

　　不過，教師也不能受限於教學環境資源不足而降低教學品質，因此教師可以調整教學活動設計，也可以思考學習資源的替代物。例如：一個教師可能因為數學花片教具不足，而改用在文具行購置的塑膠錢幣；一個教師思考

學生家庭沒有個人電腦可用，而去借用學校電腦教室讓學生完成任務。

　　教師在建立具體的教學理念前，教學環境資源的使用除了影響學生理解教材內容外，也會影響教學活動的型態，更會影響教學時間，教師需要在既有的教學環境和時間內統合思考，而教學資源的豐富性與否也影響教師教學理念的建立。

知覺自己的教學理念

　　教師對教學有了突發想法，拿著一本空白筆記本開始寫下來；其次，在所寫下的想法旁邊，再寫下學科教材屬性、學生特質、教學環境資源等三個詞。看著教材屬性，思考自己的任教學科領域可以分成哪幾類屬性的教材？不同屬性的教材應該要有什麼方法？再者，看著「學生特質」四個字，思考學生平時的學習表現與學習成效，再考慮學生學習態度，平常學習投入參與程度，是否需要加入其他的方式促進學生學習動機和興趣？這些都需要寫下來；學生學習風格的差異也值得寫下來思考，是否可以明顯區分學生是哪幾類個別型、競爭型或合作協同型等學習風格？最後考慮到教學環境資源，學校已有哪些教學資源？包含實體或網路，也包含場地與環境。

　　教師需要將上述三點的思考結果寫下來，透過寫作，將會湧現思緒。之後，教師開始思考與寫出幾個不同的教學理念，例如：「面對偏鄉地區的孩子，翻轉教室的應用中，教師得要充分讓孩子具備討論的知識基礎，再進行討論」、「個別化的課前學習、協同型的課堂討論、競爭式的課後競賽」等，都是思考學科教材屬性、學生特質或教學環境資源（儘量包含這三項，若無一、二亦可）後所建立具體化的教學理念，教師善用草稿書寫可以促進教師的思考。

　　基本上，教學實務研究和教研論文寫作就是透過寫作幫助教師知覺自己的教學理念，並進一步思考教學策略，而寫作就從一張白紙、一本筆記本、一個「開新檔案」、搖動紙筆或敲打鍵盤開始，不要擔心寫不好或做不好，任何理念一開始都是模糊的、都可能存在問題，但也都可能是個創意的起點。

第二節　教學目標設計

　　或許此時，教師的筆記本上已有密密麻麻的文字和線條，也可能有著不同顏色文字和立可白或擦拭痕跡。這時的理念不再是原本那些模糊的概念，是經過一個教師專業思考，考慮過學科教材屬性、學生特質和教學環境資源後的產物，雖然仍是未驗證的理念，但早已經不是模仿他人，也不是刻意標新立異的思維。

　　教學理念要在教學中「實踐」與「驗證」，需要選擇一個教材主題、教材內容，也需要選擇在哪一個班級實施，並思考學生的能力、態度與風格。換句話說，教學理念要實踐，就得選擇單一或局部教材內容、學生和環境，不可能在所有教材內容、對所有學生和所有環境資源條件下實施與驗證理念。

　　確定教材單元、班級學生和教學環境後，教師開始要思考「學生在此單元要學到什麼」、「教師要如何教」以及「學生需要做什麼」，這三句話即有教學目標、教學活動與教學評量的意涵。好的教學目標設計，就可以導引出教學活動與教學評量的作為。當教師的教學理念已有初步架構，教師就要開始設計教學目標。

　　在教學生涯中，教師一定曾有自己省思過「有時不知道在教什麼」，也有時候會發現一節課後學生只有快樂學習而沒有學會任何內容，這即是教師在發想教學內容後沒有確定教學目標，導致教學活動缺乏方向性，教學評量也失去參考準則。更甚的是，教師若教學時缺乏教學目標的意識，就可能一頁一頁教、一題一題教，直到下課鐘聲響起為止，忽略了去了解學生是否掌握教材的核心知識，進而忘了評量學生學習成效。

　　教學目標對教師教學和學生學習相當重要，這可以讓教師教學活動有個發展方向，也可以讓學生的評量有個對照，更可以讓其他觀課者了解教學是否具有成效。雖然有些學者或教師認為教學目標不需要死板地對照著教學活動，教學過程可以再視學生表現增加或調整教學目標，不過，這並不表示，教師建立教學理念後完全不需要教學目標。在教學前，教學目標的設計仍是

需要的，當然可以在教學過程中依據當時的學生學習表現略微調整。

📘 教學目標的分類與層次

「學生在此單元要學到什麼」是教學目標的含糊定義，具體的定義是教師教學完畢後（可以在某部分教學後，不一定是一個單元後），「學生要能表現出什麼內容」，是一種歷程的結果。這其中包含兩個要素：表現、內容，亦即「表現行為」和「表現內容」，在寫作上，基於表現內容來自於所學習的教材，教學目標便轉為「表現動詞」和「學習內容」。教學目標的寫法就是由這兩個要素構成。教學目標的分類與層次之細節，可以查看本書作者另一本專書《教育實習與教師之路：成為教師的十四堂課》之第三章。本章僅摘要和略微提及部分細節。

上一段所提，教學目標包含表現動詞和學習內容。表現內容涉及教材內容，而表現行為即是對教材內容呈現什麼樣的動態歷程。對教材內容表現出什麼行為包含認知、技能、情意三類，這即一般人所稱「教學目標包含認知、技能與情意三個領域」。

每一個教學單元或教學理念所轉化的教學目標不限於認知、技能與情意其中任一領域，同一教材也可能會有兩、三個領域的教學目標。然而，教師也要了解設計太多教學目標需要更多檢核機制，也可能需要設計多一點的教學活動，時間、資源和教學進度的因素也需要考慮才行。

以認知領域而言，布魯姆（B. S. Bloom, 1913-1999）於1956年發表認知領域教育目標分類手冊（Taxonomy of Educational Objective, Handbook 1: Cognitive Domain），將認知領域教育目標分為知識（Knowledge）、理解（Comprehension）、應用（Application）、分析（Analysis）、綜合（Synthesis）、評鑑（Evaluation）六個主要類目，絕大部分的教師之教學設計都採用這些教育目標。不過，近年來，學習上強調學生能具有主動（active）、認知（cognitive）和建構歷程（constructive processes）的能力，不只強調學習者的知識（know），也強調學生的思考（how they think），前者指的是知識，後者指的是歷程。經由多年的討論，在2001

年由L. W. Anderson和D. R. Krathwohl出刊修訂版。修訂版將教育目標分成兩個維度，原有的認知歷程向度改變成：記憶（Remember）、了解（Understand）、應用（Apply）、分析（Analyze）、評鑑（Evaluate）、創造（Create），刪除「綜合」層次，新增「創造」為最高層次。而為了強調教學目標是認知歷程的結果，將原本各層次的關鍵行為也從名詞轉為動詞。這也是先前所提教學目標是「表現動詞」和「學習內容」的來源。

認知領域之目標層次再說明如下，數字越多，層次越高。另外，**一般動詞用語只是一種參考，仍需要和知識內容連結後判斷適合與否才行**，往往知識內容若趨於複雜，表現動詞可能會較為高層次。

1. 記憶：從長期記憶中提取相關知識。一般動詞用語有：知道、列舉、描述、命名、認明。

2. 了解：從教師教學訊息中（包含口語、書面與圖形訊息）建構知識的意義。一般動詞用語有：解釋、說明、舉例摘要、歸類（事物）、歸納（要點）、指出（關係）。

3. 應用：執行或使用一個程序在另一個情境。一般動詞用語有：應用、證明、解決。

4. 分析：分解教材資訊成幾個組成要素，並且確認各要素之間與整體結構的關聯。一般動詞用語有：分析（流程）、判斷（各細節）、區別（異同）、指出（因果）。

5. 評鑑：根據規準（criteria）與標準（standards）作判斷。一般動詞用語有：評估、判斷、評論、比較（價值）、批判。

6. 創造：將各個元素組裝在一起去形成一個完整且具功能的整體，或重組各要素成一個新的組型或結構。一般動詞用語有：設計、規劃、創造、產出、改寫。

技能領域之目標層次說明如下，再提醒，**一般動詞用語只是一種參考，仍需要和知識內容連結後判斷適合與否才行**。

1. 感知（Perception）：感官察覺、注意或感應到外界之物體、性質或關係的歷程，這符合技能的心理因素。一般動詞用語有：描述、說明、指認、發現等。

2. 趨向（Set）：感官接收刺激、產生感覺或感應後，開始要進行某種動作或意向之心智與肢體的準備狀態，亦有「預備」和「預勢」的意思。一般動詞用語有：選用、回應、表現、嘗試等。

3. 引導反應（Guided Response）：學生在教學者的教學指導示範下，或類似操作手冊、作業範例、標準程序單等書面文件或視聽媒材的導引下，所明顯跟隨經引導後做出的動作與行為，亦有模仿之意。一般動詞用語有：模仿、複製、依從、跟隨等。

4. 機械化（Mechanism）：動作技能可成為習慣性、反射性的連續順暢動作反應，有動作熟練之意。一般動詞用語有：操作、裝卸、熟練、校驗等。

5. 複合明顯反應（Complex Overt Response）：含有綜合複雜動作內容所表現明確有效率的動作技能。複合明顯反應超越機械化的反應動作，能最有效融合多種動作或行為的技能反應。一般動詞用語有：組合、修繕、統整、混合等。

6. 適應（Adaptation）：亦即面對內容不明或初次嘗試的事項，重組、調整或修正動作行為，以因應新問題情境或解決的技能能力。一般動詞用語有：調整、修正、改變、改組等。

7. 創新（Innovation）：依據既有的知識與技能為基礎，加入個體的創意，建構新的動作、行為、處理方式或程序。一般動詞用語有：設計、規劃、編輯、製作等。

情意領域之目標層次說明如下：

1. （願意）接受（Receiving Phenomena）：是指知覺或意識到現象或事物的存在、有意願接受特定刺激並不作判斷、或選擇注意，將特定的現象或事物區分成形象與背景，並只注意其喜愛的部分。一般動詞用語有：詢

問、選擇、傾聽、注意、尊重、指認等。

2. （積極）回應（Responds to Phenomena）：是指參與學習對特定現象回應，亦有學習結果獲得滿意之意，包含被動的或順從的反應、出於自願自動的反應。一般動詞用語有：回答、協助、順從、表現、練習等。

3. 價值化（Valuing）：是指一個人賦予一個特定的個體、現象或行為的價值，包含對現象事物或行為產生一致的價值反應，以及認同和肯定某種價值並表現於行為或進一步說服他人接受。一般動詞用語有：解釋、闡述、認同、啟動、分享、規劃、探討等。

4. （價值）組織（Organization）：是指一個人將諸多價值組成一體系、區別價值的意義、確定價值的關係，包含將價值概括化，或將複雜的價值組成一個有順序且內部一致的體系。一般動詞用語有：建立、安排、組織、歸納、形成、綜合等。

5. 內化價值（Internalizes Values）或品格形成（Characterization）：是指一個人依據價值體系表現前後一致且趨近長久的行為，包含依據價值體系進而表現一致而有效的行為、對事物或事務具有內在一致的態度和信念。一般動詞用語有：信守、實踐、呈現、影響、型塑、表現、改造等。

技能領域目標和情意領域目標的撰寫如同認知領域教學目標撰寫格式，也是「表現動詞」和「學習內容」，只是表現動詞上要調整成屬於該領域目標的動詞用語或意涵即可。再提醒，**上述提及的動詞用語仍需要和知識內容連結後，才能判斷在哪個目標領域和哪個層次。**

寫出教學目標

當產出教學理念之後，就要開始思考要實踐什麼教學活動，更重要的是，教師要很明確地知道「透過這種教學理念與教學活動後，學生要學會什麼或要表現什麼」。任何教學活動都是以促進學生學習成效為目的，學習成效範圍涉及學生的知識、技能、情意和關鍵能力，而不是以教師展現教學活動或表演某些教學行為即可。

　　教師在寫教學目標時特別注意，教學目標即是學生在教師教學設計與活動實踐後的學習「結果」，如前所述，學習結果包含兩個部分──「表現動詞」和「學習內容」，表現動詞是指學生表現學習結果的行為，而學習內容即是表現的內容。例如：理解颱風的生成原因，「理解」是表現動詞，而「颱風的生成原因」即是學習內容。不過，表現動詞並非狹隘到教師視覺可及之處而已，只要教師能夠藉由評量活動測量出來，都可以包含之。以「理解颱風的生成原因」為例，教師可以發展學習單、問答口說等方式，讓學生將颱風的生成原因寫出來、說出來或以其他方式表示，藉此判斷是否理解、也便可知道學習表現是否達到教學目標。

　　教師千萬不要以「用看的就知道」、「經驗上讓我可以知道學生是否學會」這些詞語取代教學評量、判斷教學成效。雖然部分教師的教學經驗豐富，得以讓自己透過觀看學生表情便知覺學習結果，但畢竟教學實務研究與教研論文寫作是一種教師教學專業表現，提出有力的學習證據而不要只是自己覺知，教師需要蒐集學生學習表現證據，以對照教學目標的達成度。

　　表現「動詞」可以分類為動態動詞和動作動詞，動態動詞是指可以維持一段時間的狀態，在學生離開學習情境後仍會存在，例如：「理解」即是動態動詞，學生若理解了，他離開教室後仍是屬於理解的狀態；而動作動詞是指在表現動作的那一時間出現，動作表現後該動作即消失，例如：「說出」顯微鏡各部位名稱，當學生說出且說完後，「說出」的動作即消失，這即是動作動詞。教學目標宜用動態動詞，而行為目標則用動作動詞。因此，教師在發展教學目標時要用動態動詞，若要察看學生在學習過程或學習後的表現情形，才將教學目標轉化為行為目標，藉此察覺學生的學習情形。亦即透過評量學生在所有行為目標的表現，推論學生是否具備教學目標內動態動詞之表現。

　　當前許多教師已經不再將教學目標轉化為行為目標，因為行為目標過度侷限學生的表現行為，這倒無妨。但是，教師仍然要發展評量工具（包含紙筆測驗、觀察紀錄或檢核表）以確定學生是否已經具備教學目標的動詞表現和學習內容。

　　再以上述所提教學理念轉化為教學目標而言，教師就要思考學生學習過

後，對學習內容表現出哪些動態動詞。部分教師的教學理念很大、很廣，本章已經提醒教師宜聚焦在某個教材內容（不一定課本，教師自編也可）、某個班級學生以及其教學環境資源，這種教學理念便具體，具體到可以發展教學活動設計與轉化教學目標。

再舉一例，一位自然領域教師正準備「熱對流」的課程，他原有的教學理念是「讓學生做實驗去了解熱對流現象」，他考慮到這班學生學習態度積極，喜歡做實驗，另外，學校所有的設備資源教室也都可以充分支持實驗課程。不過，這位教師思考著可以培養探究的能力，亦即讓學生主動發現熱對流現象。因此，這個教師在考慮過教材、學生和資源後，逐漸形成「學生可以透過實驗主動去發現熱對流現象」之教學理念。教師有這種教學理念，可以想像在他的教學過程中，教師不要直接告訴學生熱對流的相關知識，而可能不斷提出問題，讓學生動手實驗、操作與觀察，並「主動」說出熱對流的現象。。

從教學理念判斷，這位教師希望學生「主動發現」+「熱對流現象」，這即是教學目標的兩個關鍵句：「表現動詞」和「學習內容」。教學目標便是「學生能主動發現熱對流現象」。

值得一提的是，強調學術貢獻的教育科學研究需要陳述研究目的，其研究設計與資料蒐集需要以研究目的作為基礎。再者，研究發現與研究結論也需要回應研究目的，最後提出有價值的觀點作為學術貢獻；而教學實務研究是以實踐與論證教學理念為核心，需要陳述教學理念所轉化的教學目標，教學目標除了可以指引教學活動設計外，學生學習成效也需要回應至教學目標，並以此提出教學理念的驗證落實程度，論證教學成效與品質。簡單來說，教育科學研究和教學實務研究有類似的發展邏輯，其寫作可以整理為：

- 教育科學研究：研究背景→研究目的→研究設計與資料蒐集→研究結論回應研究目的→貢獻學術領域
- 教學實務研究：教學理念→教學目標→教學設計與活動實踐→學習結果回應教學目標→論證教學品質

　　部分教師在教學完畢後宣稱其教學具有成效，卻僅以舉出學生快樂學習為證據或提出部分優良學生的學習成果而已。本書作者偶爾會審查大學教師以「教學研究」升等方式提出的「教學研究升等著作」，在其學生成效表現上，申請者多會描述學生的績優事蹟，卻都僅是少數學生的表現；另外，本書作者也常到那些參與國家型計畫的中小學參觀，學校進行簡報常會報告學生參加什麼比賽和獲得多少獎項。上述這些績優事蹟都是少數學生的表現，不能成為教學成效，或者至少還需要提出其他未有這些績優事蹟的學生表現結果以及面對這些現象的後續教學策略才行。

　　教學活動要有目的性、也要有成效的覺知性，更重要的，是以全部受教者的學習表現作為評估教學品質的來源，亦即要能提出受教者在教學目標上的評量結果。教師教學與評量之後，不一定所有學生都達到教學目標，這是合理現象，教師若不了解，可能就會僅以部分學生的好表現作為論述專業之唯一內容，反而會忽略那些未達教學目標學生的改善策略之思考。教師教學專業不在於教出多少績優學生，而是在於如何提升每一個學生之學習成效，即使部分學生沒有達到教學目標，能分析原因與提出改善策略比僅提出績優學生表現更具有教學專業性。

　　一個教師對不同教材、學生或情境可能存有不同的教學理念，教學理念要實踐或驗證，至少需要加入教材和學生這兩個要素。也因為選定教材和學生，才可以發展成教學目標，進而設計教學活動。如果教師沒有去釐清自己的教學理念，也沒有藉由建立教學理念去提出教學目標，則教學活動將毫無根據。

第三節　寫下教學理念與教學目標的發展脈絡

　　先前提及，任何教學理念一開始都是模糊的、都可能存在問題，但也都可以是個創意。思考過教材屬性、學生特質和教學資源的契合程度後，模糊想法逐漸清晰，也逐漸發展出引導教學活動和評量的教學目標。然而，在寫

作上，得需要讓讀者了解教學理念的建立與教學目標的發展脈絡，這是一個教師之教學專業體現，也是教師自我建構教學知識的重要方法。

另外，要論述自己具有教學專業，就必須設法釐清自己的教學理念，漸進式地陳述教學目標的發展脈絡。教學目標的定位，決定了教學實務研究的重要內涵與歷程。因此，在進行教學實務研究和教研論文寫作時，教師在綜合思考教材屬性、學生特質和教學資源後，先陳述具體教學理念；之後，再提出教學目標，以便讓讀者清楚明白教學理念的發展以及告訴讀者教學實務研究的焦點與目的。

先從教學情境寫起

教師可以從說自己的故事開始，談談自己的教學經驗，包含以前的教學活動設計、學習表現、創新教學經驗以及參與過的教師成長活動。不過，因為文字篇幅有限，教師不能長篇大論，最好聚焦在與所要進行的教學實務研究相關情境上。如果教師要進行科技相關的教學，那麼教師使用資訊科技、融入教學和先前接觸過的經驗以及學生曾有的表現就是關鍵重點；如果教師要進行差異化教學的實務研究，可以談談自己學生在平時學習表現上的差異以及自己對差異化教學的知覺程度。如果教師在某些經驗上充分不足，建議教師可以先閱讀相關書籍或了解其他學校或教師曾參與過的事。如果教師對他人的經驗有所質疑，也可以描述出來，成為自己教學理念發展的一部分情境因素。

教學情境是自己所處的情境，要撰寫不難，不過要條理分明地敘說就得要有脈絡。教師可以列出幾個焦點，例如：先前或參與學習的經驗（包含聽聞過）、自己學生的表現、教學資源、學校情境、家長態度……，這些不一定全部都要包含，教師可先列出幾個撰寫的面向，有助於寫作。教師不要擔心寫不好，先寫再修是寫作的重要方法與態度。而寫作至此，模糊的教學理念就可以產出。

導引出教學理念

　　教學情境與模糊教學理念描述後，教師需要評估教材內容屬性、學生特質和教學環境資源描述出來，藉此建立一個可實踐或驗證的、具體的教學理念，亦即導引出一個比較具體、範圍比較小的教學觀點。教師可以有許多教學理念，但一篇論文僅就一個具體的教學理念即可。教師可以先畫出一個結構圖，有助於教師確認教學情境和建立教學理念的關係。例如：圖5.2即是一個學校教師參與行動學習計畫時共同發展行動學習策略的教學理念之情境因素架構圖。圖5.2左邊即是教師先前所見與所思的經驗，右邊則是這位教師思考過教材屬性、學生與資源後所建立的教學理念，從此教學理念不難發覺其未來可能發展的教學目標、教學活動以及學生會產生的表現。

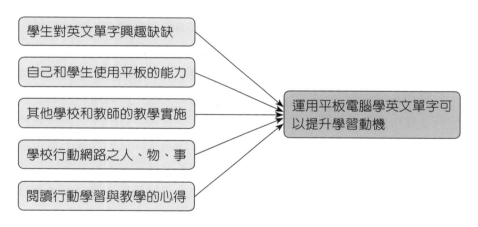

圖5.2　行動學習策略的教學理念之架構圖

　　當教師在紙上畫出架構圖後，便可以逐段地說故事，把每一個情境因素用一段或兩段文字敘說。藉著寫作，教師逐漸產出頗為合理的推導；也藉著寫作，將內心不確定的概念定義透過閱讀相關書籍更為明確；更藉由寫作，讓讀者跟隨著作者的思緒和情感去認識一個教師以及去了解這位教師的教學理念。

　　教學理念不一定是教學問題（更不是研究問題），它可以是省思學生問題之後一種新作為的思考，也可以是個可以驗證的創意發想。教學理念是綜合教師所見、所聞、所思之後，對自己教學和學生表現的一種期許，也隱約地指引著教學活動的發展。教學理念不是憑空想像，是諸多種情境因素加上自己的思考所型塑，雖未及教學信念那樣的堅牢，也可能隨著情境和自身因素改變，不過，教學理念足以讓一位教師在某一段時間內的教學有所根據。

吸引閱讀的教學理念

　　建立教學理念是教研論文的起點，閱讀論文的教學理念可以大略預期教師會進行什麼樣的教學活動，也可以猜想學生將會有什麼樣行為表現。本章早先提及教學理念的型塑來自教師早期學生時代對教師的知覺、師資課程的影響以及成為教師後的各種經驗與體會，若要實踐和驗證教學理念，就必須在教材內容和對學生進行教學。整體而言，教學理念要一開始就給讀者一個印象，導引讀者將進入一段教學歷程。

　　在寫作上，作者需要營造氣氛，從經驗開始述說，讓同為教師的讀者很容易地感覺到好像是發生在身邊的事。例如：一個教學理念第一段內寫著「……我不知道為什麼學生總是認為0.25大於0.5……」、「……學生總是希望趕緊把習作寫完出去玩，明明知道亂寫會被我打錯、還得訂正……」或「這些大學生交了一份東西給我，問我這樣好不好，卻不願意自己看看哪裡沒把握，自己都不知道自己的問題在哪裡……」，這些情節宛如發生在多數教師的身上。有些教師可能有類似經驗但已遺忘，在閱讀教研論文的教學理念時，就會被燃起記憶，甚至大聲喊出「對！就是這樣，我的學生也是這樣……」。

　　這種引起讀者情感的寫作方法就會讓讀者願意閱讀下去，因為他們也想要知道作者之後做了哪些事、發生什麼事，甚至產生「我倒要看看你有何法寶」的想法，若能如此引起讀者的情感反應，教研論文便讓人知覺具有可看性了。

　　當作者提出所建立的教學理念時，讀者便會開始思考一個專業教師怎麼

看待他的教學工作，在此時，讀者已經進入作者的思維中，並且打開自己的心房，跟著作者前進。不過，作者當然也要注意後面的教學活動、學生表現分析以及論述的觀點，以免帶領讀者進入教學情境，最後卻讓多數具有類似情境的讀者認為「沒有什麼特別」，那教師專業表現的目的就會失去許多。

描述與解釋教學目標

具體的教學理念是指教師對某個教材和對學生的教學歷程所持有的觀點，藉此寫下教學目標，當確定教學目標，教研論文的作者不能僅寫著「教學目標……第一是什麼、第二是什麼」，作者還要解釋才行。作者除了論文第一章第一節撰寫教學理念外，在第一章第二個標題「教學目標」內需要描述教學目標，以及解釋教學目標的領域與層次。教學目標包含表現動詞的領域層次和教材內容，作者需要分開解釋以便讓讀者更輕易了解教學目標的發展脈絡。

例如：一個教師寫著「我的學生經常對事件或故事抓不到重點……我希望透過我的教學，讓學生能夠閱讀社會課本內提及的事件後找到關鍵因素，並且能對這些關鍵要素建立組織關聯性……」，這段話是教學情境描述，藉此他建立了「協助學生分析社會事件的內容要素，有助於釐清事件的因果關係」的教學理念。他開始挑選一個教材內容「清末戰爭」進行設計，並提出教學目標，其一的目標是「學生能分析鴉片戰爭的起因」。

此時，教師需要解釋為何要採用「清末戰爭」這個社會科教材單元驗證教學理念，解釋寫在教學目標前或教學目標後均可，以文章邏輯通順為原則。教師可以寫出「清朝末年有許多的戰爭，每個戰爭都有一些起因……」，簡單地描述這些戰爭的共同屬性、發生脈絡和結果，這可以顯示教師對教材的充分理解。

另外，教師也需要解釋教學目標中的「分析」為何被採用做表現動詞，教師可以說明「分析」的定義是「分解教材資訊成幾個組成要素，並且確認各要素之間與整體結構的關聯」。教師可參考本章第二節的教學目標之表現動詞的定義進行書寫，這個目的主要希望教師透過書寫與思考，真正了解學生在教學後的表現要達到什麼程度，而採用「分析」正能符合教師的教學

理念。

　　最後，再說明「讓學生澈底了解清末戰爭的細節要素，找出發生的關鍵因素」可以達到教學目標，也預期可以驗證「協助學生分析社會事件的內容要素，有助於釐清事件的因果關係」。

　　簡單來說，教研論文第一章即在於呈現教師的教學理念與教學目標。在寫作中，教師需要敘述和解釋教學理念如何形成，也需要設計教學目標與解釋如此設計的原因。當教師在描述與解釋寫作時，教師便在進行專業思考。不過，教師仍不需要擔心，先寫初稿，以後再字字斟酌。

本章小結

　　本書提及一個教師的教學理念是個人經驗的交織，以及融合教材屬性、學生特質和教學環境資源共同思考，不過，教師可以透過寫作讓自己的教學理念更能清晰、具體和條理分明。當形成較為具體教學理念之後，再設計有「表現動詞」和「學習內容」的教學目標。再者，教學目標有領域和層次之分，要選擇哪些領域和哪些層次也會受到教師教學理念的影響，教師也需要解釋。

　　不管如何，教師教學理念若考慮過教材屬性、學生特質和教學環境資源，應該具有一定的邏輯和合理性，藉此設計教學目標。教師也需要將此思考歷程書寫下來，寫作可以幫助思考，思考有助於連結各種教學脈絡因素。

第六章

開展教學活動與理論解析

　　當教師產生具體教學理念並形成教學目標後，要驗證理念與目標的可行性，就需要再進行教學活動設計，亦即提出具有系統性、流程性的教學活動方案。

　　教學活動設計是教師進行教學前的思考，預先思考要有哪些教學活動、教學活動如何安排、每個教學活動如何進行。不管教學經驗多麼豐富的教師，由於每年所教導的學生不同，教學前都需要備課，教師可以透過教學活動的設計、安排和細節規劃，自己釐清教學過程中需要講解、說明與示範什麼、學生又需要做什麼，最後要評量學生什麼，以便了解學生學習的成效。

　　用學習理論解析教學活動設計至為重要。學習理論是基於學生心生理發展，所發展在學習上可應用的論點；教學原則是根據學習理論融入教學定義思考，對某類教學活動所訂出來的準則，呈現某類教學的共通性；而教學模式呈現教學活動步驟化的指引。另外，教學策略源自於學習理論與教學原則，是指在教學活動中為了讓活動得以順利進行以及具有成效所採行的方法，它具有具體明確的細節，具有可操作性。以教學設計的流程來看，呈現一個個教學活動，但為了讓學習有效，教學活動需要有教學策略，例如：討論的教學活動中會有討論教學策略的應用。

　　教師需要透過學習理論或教學原則的陳述與對照，讓自己的教學理念、教學目標和教學活動具有確定感和論證性。具有理論解析的教學活動設計可以增加教師在教學上的自信心，也可以受到讀者的肯定；其次，具有教學模式指引的教學流程，可以讓教師的教學活動前後具有連貫性；第三，可以讓

教師在既有的理論結構下，思考自己先前教學活動缺漏的填補以及選取適當的教學策略；第四，在教學活動之後，亦可以透過理論和實務的對照，發覺既有理論在教學情境中的適用程度與不足之處。

不過，本書並非學習理論專書，僅在第三章簡略提出重要的學習理論與教學實務的整合，讀者可再自行查閱學習理論、教學模式等其他書籍。本章之目的在於指出教師在設計教學活動時，宜對照學習理論、教學原則、教學模式以及教學策略，讓自己的教學活動設計更合宜。

第一節　教學活動設計

本書第五章指出教學目標包含「表現動詞」和「學習內容」，教學目標又是教學後學生要具備的行為表現，因此，教學目標可以協助教師思考在教學過後學生在該「學習內容」上要有什麼樣的「表現動詞」。以第五章一個教學目標「學生能主動發現熱對流現象」為例，教師教學過後，學生需要表現「主動發現熱對流現象」。教師可能讓學生舉手說、寫在報告中以及同儕分享中，自己提出所觀察到的熱對流現象，而不是教師教學中灌輸的知識。那教師要思考的是：如何教學才會有這種結果，再往前推想，教師要安排什麼、講什麼、再講什麼以及學生要做什麼。這些想法都是教學活動設計的要素。因此，教學活動設計也涉及到教材的知識結構和教學策略的引導，而學生特質和教學資源雖然已在教學理念型塑中思考過，也可以在此階段再檢視一次。

以下提出教師在設計教學活動時，可以參考指引的理論、策略、原則之細節，本章也舉出一些具有理論解析、合宜可參考運用的教學活動實例。

從教材結構理論指出先備知識和生活經驗

本書無法指導教學者檢視各領域學科的教材結構，況且各領域學科知識不同，教材結構的邏輯也可能不同，這得要教學者針對自己任教學科找尋合

宜的教材分析之書籍才行。

　　本書意圖提醒教師思考先備知識和新教材知識的關聯性，有些知識還得需要從學生的生活經驗講起，不管先備知識或生活經驗，都可以協助學生理解新知識，教師在教學實務研究中，必須要將新舊知識或生活經驗建立起來，而在教研論文寫作中便需要去描述和解釋新舊知識以及生活經驗與教材內容的關係。以「平行四邊形的面積」為例，長方形面積是重要的先備知識，教師在進行教學實務研究並設計教學活動時，便可以先喚起學生在長方形面積的先備知識，再藉此講解平行四邊形的面積，這也即是先前所提「教師講什麼、再講什麼」的意義；而在教研論文寫作時，教師就可以解釋「長方形的長和寬即是平行四邊形的底和高，在不滅定律的基礎下，兩者的面積計算原理是相同的」。

　　這樣做，不僅可以讓教師重新思考教材知識之間的關係，這也是教師專業的一種表現，更透過寫作讓社會大眾了解教師對教材知識結構的充分掌握情形，確認教師專業之所在。教師若無法立即寫出這種連結關係，就需要尋找學科教材分析的書籍，千萬不要放棄，為了進行教學實務研究和教研論文寫作，迫使教師思考教材結構關係，這即是教研論文寫作的目的之一，透過寫作讓教師重新檢視自己的教材知識結構。

　　另外，教師先前建立教學理念時曾思考過學生特質，這也包含學生的生活經驗，從生活經驗引導思考新知識也有極大成效，這是基於一種學習本是經驗不斷重組的歷程之理念，亦是一種藉由具體經驗思考抽象知識的歷程，更可以藉由先前經驗引發學習興趣與增強學習動機。不過，教師在喚起學生先前經驗時，除了需要注意每一位學生都有類似經驗外，最重要的是要能夠分析經驗的細節屬性與所要教學的教材屬性之關聯性。例如：一個教師想要提出搭乘高鐵的生活經驗來指導學生安排旅遊行程，教師就必須要提及高鐵的「速度快、時間短」和「是否便利」的屬性；若教師想要藉由學生野外玩耍的經驗教導學生「兒時記趣」的課文理解時，需要針對觀察細小之物多做引導說明，以便連結課文本身的內容意涵。如同上一段所提，這是教師的專業表現，亦是讓社會大眾肯定教師專業之處。

採用與理解教學策略

　　教學策略很多元，講述、示範、實驗、討論、探究、合作、問題解決等，均是教師常用的教學策略。這些教學策略各有功能，也有應注意的細節，教師若能注意，教學活動就會順暢。在選用教學策略時，教師要思考「要提供什麼樣的經驗才可以讓學生達到教學目標或完成教師期待的學習結果」，讀者可再參閱本書第三章第四節所提及的內容。

　　多數學科領域的教學活動均可以從教師先講述、解釋重要知識概念或示範思考技能，再提出問題、習題或任務讓學生書寫練習、討論或探究。知識概念的指導是必要的教學活動，即使教師已有「以學生為中心」的教學理念，學生若沒有具備先備知識、核心知識，學習能力難以型塑。知識是能力的基礎，不是正反相對，能力是知識的高層次應用，沒有學好知識，就難以進行高層次任務的學習。在要求學生進行小組討論前，如果學生欠缺討論問題的知識基礎，而直接讓學生討論，就會發現有些低成就學生只是小組討論的「陪客」，細微地觀察可以知道他們根本沒有思考，只是坐在一起看起來像是在學習的樣子。因此，不管教學目標為何，先指導學生具備基礎知識相當重要，即使是輔導活動，教師也需要在活動進行前或進行後，指出知識的定義和內涵。這種「先確認基礎知識、再分享」即是教師在進行關於討論的教學活動時，相當重要的「教學策略」。

　　再者，有些知識不需要花太多時間講解，特別是學生自己可以閱讀理解的內容，例如：一個國中二年級教師就不需要花太多時間解釋清朝時期的八國聯軍是哪八個國家，這些可以鼓勵學生課前閱讀或自學，但是在進行高層次任務前，教師一定要確認學生是否具備基礎知識。

　　當學生具備基礎知識與思考技能後，教師便可以設計高層次學習任務。高層次學習任務不宜僅以講述或示範，需要運用質問、討論、實驗、探究與問題解決等教學策略。

　　基本上，教師的教學策略可以分成兩類：直接教學和間接教學。直接教學是指教師直接傳達教材知識，教學策略包含講述、示範等；而間接教學則是以教師不直接傳達教材知識，而是透過情境安排、問題引導和討論以及提

供學生探究與問題解決的歷程，讓學生自己獲得知識、自己講出知識的細節和緣由。

　　再以先前的教學目標「學生能主動發現熱對流現象」而言，學生要能表現「主動發現」，教師若用講述的方式描述熱對流現象，即使學生最後講得出來，那也是複製教師講述的知識，並非「主動發現」。教師倒可以先「講述」生活中關於冷熱空氣的經驗，再「講述」實驗與觀察的方法，再讓學生「實驗操作」與「觀察」，最後再提出問題讓學生思考與相互討論，最後提出答案。因此，教學策略便包含「講述」、「操作」和「討論」。簡單來說，教學策略與教學目標的「表現動詞」有極大的關聯，教學策略即是在為「表現動詞」的「表現」鋪路，而通常教師會從「講述」策略開始運用。

　　教師需要理解各種教學策略的運用方式，但若僅以教材屬性思考，會發現每一種教學策略都可以運用在每一種教材上，只是時間和資源不同而已，例如：教師也可以運用探究策略讓學生自己發現八國聯軍是哪八個國家，不過，這非常浪費學習時間。如果教師不謹慎思考教學策略應該運用在適當的教材知識上，將會造成教材進度落後，甚至教學成效不佳的後果。

　　教師應該把寶貴時間放在學生理解核心知識和核心能力的培養上，先確認知識的理解再要求任務的操作，這是讓學生得以獲得核心能力的教學設計理念。另外，教師應該在教學策略與教學目標的「學生表現」上做緊密的關聯，如果教學目標的「表現動詞」是「分析」，那教學策略就要促進學生分析的表現。具體上，教師在教學過程中，可能舉出一些具有細節要素的事件，先示範細節的分析，再以另一個事件鼓勵學生尋找關鍵細節，最後表現「分析」的行為。而教師採用的教學策略是先講解、示範，再讓學生進行任務練習，亦即先選用直接教學策略，再運用間接教學策略。

教學活動的組織原則

　　上述提到一系列關聯性的教學策略運用，教師再把教學策略的運用情境（包含教材知識、學生、資源、時間和評量）說清楚，亦即教師要做什麼、學生做什麼、教師又做什麼、學生又做什麼……，這即是教學活動的組織原

則。一個單元或一節課的教學活動儘量能多變化，以避免學生對同一種教學活動專注力不足。教師講述、問答、教師示範、學生練習、小組討論等，這些是經常出現在課堂中的教學活動，教師要能安排先後順序，達到學習的最大效果。而安排這些教學活動的先後順序是以簡單到複雜為原則，前面的教學活動可以成為後面教學活動的基礎，若要學生進行小組討論，則先前的講述和示範活動是免不了的。

例如：一個教學目標是「學生主動發現平行四邊形的底高和長方形的長寬之關係」，教師一開始時「講解」長方形面積的計算，喚起學生的先備知識；其次，讓學生左右「討論」平行四邊形和長方形的異同；第三，提出「探究」任務，讓學生用剪刀剪平行四邊形的紙張是否可以組合成長方形；第四，讓學生「討論」平行四邊形的底和長方形的長以及平行四邊形的高和長方形的寬的關係；最後，學生（主動發現）提出自己的看法與評量學生的答案。這種「講解」、「討論」、「探究」、「討論」的一系列教學策略，即是學生「主動發現」表現能力的鋪陳，也是達到教學目標「學生能主動發現平行四邊形的底高和長方形的長寬的關係」的教學活動。

教學活動的先後順序安排，可以看出一個教師的專業之處。缺乏教學經驗的教師會一下子進入主要的教學活動，運用高層次的教學策略，導致教學挫折不斷，少數教師甚至還怪罪學生不努力，其實這是教師缺乏一系列教學活動的教學思考。

反觀具有教學經驗的教師，開始引導學生學習時會讓人家直覺不是在進行教材知識的學習或讓人家覺得浪費時間，不過這是重要的打底功夫，也可以說是一種搭鷹架的系列性教學活動。

學生的學習思考無法跳躍太高，教師得要知道學生認知結構與教材結構落差若太大，只是讓學生以強迫記憶的方式學習而已，甚至這種情況多了，學生便產生學習挫折感，這也即是專業教師與非專業教師的不同。

促進高層次思考的教學策略之運用

越來越多的教師開始對新興教學議題有興趣，例如：翻轉教室、桌遊融

入教學、行動學習等，這些教學議題所運用的教學策略包含討論、探究、問題解決等，它們均有一個共同特色，即是知識不是來自教師傳達，而是學生透過思考，也可能需要與他人互動、分享和討論，並從中培養自己能分析、綜合和判斷等高層次的認知能力，再自我建構而來的。簡單來說，這些新興教學策略的運用隱含著學生透過高層次思考進行學習，而在教學上，教師要採用可促進學生高層次思考的教學策略。

　　不過，本書再提醒教師，學生的學習思考是漸進的，並不是所有學生都可以跳躍思考，讓學生進行分析、綜合和判斷前，也要想想學生是否具備足夠的基礎知能。例如：讓學生分析颱風的生成原因時，教師得要先確認學生是否了解高低氣壓；或是當教師運用翻轉教室教學策略時，也得要事先提示學生課前閱讀或瀏覽的知識重點；當教師要求學生小組討論貨幣政策相關問題時，教師除了先確認學生是否具有討論所需的知識基礎外，學生並非天生就會討論，討論的程序也要指導。

　　部分欠缺教學經驗的教師設計了高層次問題後，便要學生開始思考，低程度學生看過題目後立即放棄思考，即使教師要求學生或拿獎勵品鼓勵學生，學生仍然無法表現良好。原因在於學生的認知思考無法跳躍，教師使用獎勵刺激學生思考動機，只是再度讓低程度學生感覺到「很想要卻做不到」的挫折而已。

　　另有些教師在指導基礎知識後便發下幾個討論問題，就要學生兩兩或分組討論，多數結果是學生不講話或是亂講話，講出一些跟討論議題無關的話語。有時表面上看起來熱鬧，實際上只有部分學生真正參與。除了學生的社交關係可能影響外，學生是否具備討論必備的知識基礎，進而對自己的答案是否具有信心，這都會影響學生在小組討論中的發言。

　　教師要能理解任何高層次的思考都是奠基於基礎知識上，再運用漸進思考的流程，促進學生將知識訊息做歸類、比較、對照、轉化、推導等，最後提出合宜的結果。因此，確認學生具備基礎知識和思考技能是教師運用高層次教學策略過程中必須去關注的，也需要安排漸進式教學活動，讓學生的思考逐一爬升至高層次。

　　另外，教師也要了解高層次思考的教學活動不容易掌握，也不容易評

量，教師得要細心謹慎觀察學生在每一個認知活動的表現。當未確認學生掌握討論問題所需要的基礎知識時，就不要貿然進行討論；當學生不了解實驗步驟，也不知道要觀察記錄什麼時，就先不要進行實驗。教師一步一步紮實地確認學生的思考能力，才不會產生教學挫折。若教師教學失敗，學生不僅浪費時間，也可能對學習失去信心。

合作學習教學活動的運用思維

上一段提及教師運用高層次教學策略需要從基礎到進階活動的鋪陳，本段提及教師經常運用的小組合作學習教學策略可能產生的問題。合作學習之目的在於提供學生藉由分工與合作的歷程共同學習教師指定的小組任務，也在合作學習中，學習解決衝突、培養溝通領導以及培養團隊合作之個人特質。在合作學習中，小組成員應該各負責一部分的工作，不一定每個成員做相同的事，但彼此的影響力是平等且相互依賴。如果任務分工時，高成就學生負擔責任重（例如：找資料、寫報告），低成就學生負擔責任輕（影印資料、剪裁紙張），這樣就失去合作學習的意義。有時候這樣的工作分配會讓高成就學生一手包辦完成，低成就學生僅搭便車。教師為了避免這樣的事發生，設計的合作學習任務要略微複雜，要了解學生的能力，並指導學生分工與監控合作學習歷程。

學習任務的分工要有相互依賴性，相互依賴的意義在於每個人的工作都需要了解其他人的工作以及相互協調與配合。例如：本書作者曾於大學上課中要求學生以小組合作方式完成教學影片的拍攝，這過程中需要寫劇本、畫分鏡表、演戲、拍攝、道具、剪輯、配音配樂與字幕，分工後每個人都需要了解他人的工作以及思考如何相互配合，才有相互依賴的意涵。

如果小組學習任務過於簡單，教師務必監控學生的分工與責任，過程中需要檢視學生的合作任務之進度完成情形，並且了解小組中每一個成員是否具有貢獻性。

還有一種狀況是，學生是否僅分工但沒合作，合作學習任務是小組成員各有貢獻，但不應只是貢獻，而應有從任務中完整學習的機會。亦即，小

組成員不僅需要完成自己的任務，也需要知道其他成員的任務，如此相互學習，最後也要知覺整個學習任務的歷程與結果，並且從中學會任務知識。教師採用此種教學策略時宜關注這三個面向的學習，否則，合作學習之後，每個成員只學會自己的那一部分知識，甚至小組任務分工不當，相互抱怨。

　　設計高層次思考的教學活動，可以促進學生認知、技能與情意等多方面的學習。對於培養學生各種學習能力相當有助益，只是教師得要注意學生「從做中學」的時候是否真正投入思考、在討論時是否相互分享、在合作學習時是否相互學習與合作貢獻，教師務必在設計此類教學活動時要謹慎安排。

教學活動與輔助活動勿本末倒置

　　許多教師設計教學活動時會加入趣味遊戲、分組競賽活動，以激勵學生學習動機，不過教師要了解這些趣味或競賽活動只是學生學習的配套措施，學習的本意乃在於學生思考、理解與獲得，而不是有趣學習或者是在競賽中獲勝即有學習效果。

　　趣味活動可以引起學生的學習興趣，但年紀越小的學生越容易迷失，他們會沉浸在遊戲的玩樂中。不管教師設計趣味遊戲之目的是促進學生在認知、技能或是情意領域的學習，教師要在進行遊戲前提醒學生注意這些領域的表現。

　　再者，競爭活動不宜運用在高層次思考的學習任務中，最適宜的時機是當學生學會某個知識或某項技能後，教師設計分組或個人競賽活動，以刺激學生充分練習與快速檢索學會的知識。如果還沒有教學，部分學生還沒有學會，教師即採用競賽活動，這樣那些還沒有學會的學生永遠沒有機會贏，而且看見其他學生一一得分，他們的學習挫折感更大。

　　本書作者曾於一次觀課中發現低成就學生沒有思考的競賽活動，教師將學生異質性分組，為了鼓勵小組相互協助以及高成就學生主動協助低成就學生，教師設計一個分組加分的活動，亦即小組學習後，若由低成就學生上臺報告加五分，若由高成就學生報告則僅加兩分，各組為了拿高分，均安排低

成就學生上臺報告。我在旁觀察發現，高成就學生沒有教導低成就學生，而是把報告的內容寫給低成就學生，要求他上臺報告，如此發現，低成就學生只是成為「工具」，而沒有學習思考。

不過，教師願意嘗試新的教學策略應該被肯定，只是教師需要再度省思分組競賽活動之教學策略是否真正促進學生學習，教師勿本末倒置教學活動的本意。

教師要能厚實描述教學活動的合宜性

教學活動設計源自於教師的教學理念與所轉化後的教學目標，教學目標中的學生表現動詞關係著一系列教學活動的鋪陳與進行，教師在提出一系列教學活動時，需要清楚地呈現教學活動的前後脈絡，此脈絡亦需要有情境性、具體性和詮釋性。教學活動設計也傳達了一個教師的教學理念，而不只是教學步驟而已，這種教學活動設計容許他人間接地體會到一個具有專業的教學者對於教學情境的掌握、如何在複雜的教學情境中釐清學生知識的發展歷程以及潛藏於教學者內心的價值信念。簡單來說，教學者必須要非常清楚為何要這樣設計教學活動。

在自我解釋教學活動的合宜性時，教師需要自我懷疑或自我省思採用教學策略的理由，每個教學活動所採用的教學策略都有其理念價值性，教學理論原則可以提供教師教學策略知識的發想與開展，教師務必深入了解價值，不要被其表面的意義所迷失，例如：「討論」是相互分享與刺激思考，不是學生講話而已；「合作學習」是分工且合作地學習，有「相互學習」的內涵，不是只有「分工」而已；而「翻轉教室」是學生先自學、教師確認學生可自學的知識，確認學生已自學後，在於課堂中編擬比所學知識稍微高一點難度的討論題目或任務，自學前可能還得提示自學重點，課堂討論時也要注意學生是否相互刺激思考以及學習成長。

教學活動設計是一種教師自己對某個教學過程的厚實描述，這不僅包含表格式的簡易教案，也需要用清楚與可讓人信服的方式傳達教學活動內容，宛如在大眾面前公開關於自己教學活動的想法，並說服別人相信這樣的教學

活動設計是值得實踐教學一樣。

第二節　理論解析教學活動與寫作技巧

　　教師需要解釋自己的教學活動設計，包含學習理論與教學實務的整合，本節提及寫作技巧。

學習理論原則需要轉化為教學原則

　　教學活動設計離不開一些普遍的「教學原則」（例如：藉由先備知識學習新知識），教學原則源自於學習理論（例如：藉由先備知識學習新知識，來自於皮亞傑的基模同化論之轉化應用）；此外，在一個領域的諸多原則經過系統化、歸類化與經過驗證，進行合乎邏輯的推論性總結，便可以稱之為「理論」（關於理論的建構，讀者可以翻閱本書第三章）。教師為了論述自己的教學專業，需要說服他人關於自己教學活動設計的合宜性，使用理論性或原則性語言是一種不錯的方法。不過，如果教師只是抄襲學習理論或教學原則，未讀通學習理論或教學原則的意涵，可能帶給他人含糊未明的引述，讓讀者覺得不知所云或認為作者不甚了解，反而對自己的專業有所傷害。

　　運用學習理論論述教學活動設計並非僅是採用教科書上的字句，而是需要經過教師閱讀和理解，再以教學情境轉化後的語言呈現之。例如：

　　　　維高斯基的社會建構理論提及「個體的學習強調社會文化對於認知發展的影響，亦即跳脫個體生物學的感覺、知覺、記憶和個人情緒，而增加在社會文化中與他人互動的語言、產生的思維、對外在事物的推理以及外在事物對內在情感的影響，藉由這些社會文化的作用來獲得認知發展的過程。」

　　不過，上述這段文字是無法直接與教學活動設計做連結。如果教師能理解上述這段話，再以教學情境為基礎轉化成教學原則的語言，例如：教師可以這樣說：「根據維高斯基的觀點，學生可以藉由與他人對話，比較他人與自己的觀點，進而獲得認知上的改變。」有了這段話之後，教師教學活動設計之論述時再寫成「因此，此節的討論活動中，我期望透過學生相互分享自己的想法，再思考自己的觀點」。

　　然而，這樣學習理論應用和寫作對教師來說可能有些困難，畢竟教師對於學習理論的原始論述不是很熟悉。不過，教師只要願意思考，多讀幾次，再以自己的教學情境詮釋學習理論的意涵，並發展與寫出教學應用原則，這更能顯示教師的教學專業。

　　教師可以尋求他人對學習理論轉化過的教學策略或教學原則，再融合自己的教學情境，最後再提出自己的教學活動設計。例如：教師可以這樣寫：

　　　　教師應用討論教學策略時，學生的心智程序是「停、說、聽、看」，停是組織、說是表達、聽是聆聽、看是比較，亦即學生在討論前需要先組織自己的想法，再相互分享與聆聽，最後相互比較。因此，我在第三個教學活動中，讓學生相互討論前，先要求他們先寫下自己的答案在學習單上，之後，請他們左右兩兩相互分享報告，等一些時間後，我給他們修改自己學習單的機會。我這樣做的原因，是想要他們思考自己的答案和他人的答案有何不同……

　　上述的「停、說、聽、看」是書籍上提及關於討論教學策略的步驟，教師在發展教學活動設計時，儘量找尋相關學習理論或教學原則對照自己的教學活動，原因在於透過理論解析的過程，使得自己的教學活動更有論證性，而在尋找與對照的過程中，教師可能得強迫自己閱讀理論原則與思考其內涵，藉此活動教師就會不斷地獲得理論原則轉化為教學活動的能力。在未來遇到教學活動未具成效時便可立即思考問題所在，甚至在觀課時，也可以立即了解教學者的疏忽，提供符合理論原則的教學建議。

教學策略知識與教學活動設計要緊密連結

在寫作時，教師需把所參考的學習理論、教學原則等教學策略相關知識提出，再不斷與教學活動設計相互對照。

教師在寫作與解釋教學活動時，便可釐清自己的教學思維，確認自己使用的教學策略都很清楚，亦可能在尋求解釋中需要不斷蒐集教學策略知識相關資料，進而獲得更多的專業知識與專業成長。

教師尋找教學策略知識時，不是把不相干的資料勉強湊在一起，慎選學習理論或教學原則等知識，從中找出與自己教學活動設計的各種關聯。教學策略知識的應用不難，教學原理、教學模式和教學策略相關的書籍一定會有可以參考之處，那些書籍提及許多教學步驟，也解釋原因；另外，其他經過多人採用的教學模式亦可拿來運用，只是在寫作時必須要解釋「為什麼要這樣設計」的理由。教師不要怕麻煩，只要多加思考、多找一下資料，一定可以在教學活動設計或步驟上更周延。

教師要以教學活動為一個論述點（一個次標題），而不是以教師一句話或一個行為。例如：「實驗」就是一個教學活動，而「教師發下實驗器材」是一個教學行為。一節課通常一或兩個教學活動，可能包含「直接」和「間接」教學，最多可能三個教學活動。例如：解釋為何要設計實驗活動？為何要學生上臺報告？不過，以一個教學活動為一個論述點，這並不表示教師在寫作時不可以連結到其他教學活動一起說明。兩個教學活動若有關聯，一起說明解釋亦可，或是解釋一個教學活動時，也可以從上一個教學活動的設計理念說起。簡單來說，教學活動要以教學策略知識解釋，以解釋到「為什麼要這樣設計」即可。

然而，當教師在寫作時還是無法解釋教學活動設計的原因時（找不到學習理論、教學原則、教學策略知識），不要放棄，先把教研論文擺在一邊，去外面走走，做點不一樣的事。理由是一個人太過度專注於某個事情上，就會失去廣泛的思緒，太長時間進行聚斂思考，就會減少擴散思考的心智能力。到外面走走或做點其他的事，讓自己的心神暫時遠離先前工作，有時候靈感就是這樣產生。

　　教學策略知識和教學活動設計一定要緊密關聯，教師在應用教學策略知識時，可先閱讀相關文獻書籍，不需要急著抄寫，而是閱讀至可以遷移到自己的教學情境，進而產生自己的教學活動設計理念，此時便是最佳的寫作時機。教師可以先寫下某種教學策略知識的細節內容，對照教材單元後，再提出哪些的教學活動要怎麼進行。例如：先前的例子在寫出來之前的思考輪廓，可能會是這個樣子：

討論教學策略：學生的心智程序是「停、說、聽、看」，停是組
　　　　　　　織、說是表達、聽是聆聽、看是比較，亦即學生在
　　　　　　　討論前需要先組織自己的想法，再相互分享與聆
　　　　　　　聽，最後相互比較。
教學活動流程：先讓學生寫、再說、也在聽、再比較和修改……
教學活動解釋：先讓學生寫下自己的答案，可以讓學生先思考問
　　　　　　　題邏輯並整理自己的思緒。相互討論即是表達和聆
　　　　　　　聽，最後學生聽了別人的答案會和自己比較，這也
　　　　　　　是一種思考……

　　教師產生上述教學活動設計與解釋輪廓之後，便可以開始邊寫下教學活動、邊解釋原因，呈現出來的文字順序就會有「一段寫教學活動、一段解釋，在整個寫作中就是不斷地書寫教學活動和解釋」的樣子，**這就是理論解析的教學活動設計**。在寫作上，沒有論述規則，只要教師能夠駕馭那些學習理論原則去彰顯自己教學活動設計的價值，在適當的時機選用必要的教學策略知識或教學模式來闡明教學活動設計即可。

　　有些教師會描述一段教學策略知識與它的價值性，並指出在某個教材內容屬性中應該要怎麼設計，再寫出自己教學活動設計。另一些教師會先提出一部分學習理論所發展出來的教學理念，再寫出那部分的教學活動設計，之後再提出另一個教學理念與教學活動設計，以此類推。另外，有些教師在寫下所應用的教學模式和其應用細節後，自己提出質疑，懷疑這種教學模式在自己教學情境的可行性。這種寫法是呈現教學者想要對既有教學模式或其細

節進行驗證，而採用扣人心弦的寫作方法吸引讀者注意。不過，最後要驗證自己所提出的問題，以免帶給讀者戲弄的感覺。

　　簡單來說，教學活動設計需要有理論解析，至於描述和解釋誰先行，均可。

教學策略知識的應用可以保留彈性或多元

　　教師的專業成長不能僅仰賴教師在教學過程中的嘗試錯誤，或以先前的教學成效論定當前教學方法亦有效，即使應用先前具有正面效果的教學策略，學生不同，教學成效便可能不同。若先有一些學習理論或教學策略知識作為基礎再來發展教學活動，會減少錯誤的機率。然而，教學活動設計雖然需要與學習理論原則連結，但教學情境相當複雜，會受到諸多因素的影響，教師的教學經驗扮演重要的角色，亦即學習理論原則在教學應用上一定有調整的空間。任何學習理論或教學原則等策略知識，不可能適用於所有的教學情境，也並非完全採用某一種教學策略知識不可，教師可以參考多種教學策略知識之後，釐清或發展符合自己教學情境的教學活動設計，再加上詳細解釋如此設計的原因，甚至在教學過後以學生學習表現為主的證據進行論述，這可以讓讀者見識到教學者教學專業能力所在，有能力驗證教學策略知識在某特定教學情境應用時需要補充與調整之處。

　　即使相同一個教材內容，不同教師所採用的教學策略知識可能有些許不同，原因在於教師教學理念本來就有差異，而所任教學生也不同，基於教學實務研究和教研論文寫作是促進教師個人教學專業成長，每一個教學實務研究和每一篇教研論文都是獨一無二，教師們在參考教學策略知識時存有差異是理所當然。另外，教學策略知識，甚至學習理論，千萬不可無限上綱地採用，否則將嚇跑一些有熱忱的教師。讀者在閱讀教師的教研論文宜以論文的前後邏輯思考，而不要單純以教學策略知識的規準評判。

　　簡單而言，雖然教學策略知識不是教研論文的門面，而是需要發揮它在教學活動設計的功能，引導教學活動設計的鋪陳，但過度高深的學習理論和教學策略知識可能會讓教學者或讀者造成驚嚇，教師只是先借用教學策

知識或參考他人的教學模式，不需要模仿或跟隨。但從另一方面而言，教師也可以從參考採用教學策略知識，進而調整、修改或創建教學策略知識。因此，教師參考採用教學策略知識時宜保持著彈性和多元的原則。

教學活動設計兼顧精簡與完整性

不管教學者的寫作風格是先寫策略知識再寫教學活動、融合一起寫或採質疑為先驗證為後之扣人心弦等方式，教學者在論文中必須以捍衛自己教學活動設計的方式寫作，呈現自己在教學活動設計上的專業。透過這種捍衛自己寫作的要求，教學者就必須要去思考和釐清自己想做什麼以及為何要這樣做，這即是本書所提的理念之一：透過教研論文寫作提升教師的教學專業。

然而，多數教師一開始參與教研論文寫作，了解教學策略導引教學活動設計的寫作內容後，開始會文思泉湧。在自我敘述教學活動設計時不小心過於冗長，導致讀者閱讀之後無法清楚教學活動設計背後的理念。其實，這現象不僅出現在教學活動設計的寫作上，在教學實踐過後的論述也可能會如此，本小節緊縮精簡的建議也可以運用在其他章節中。

論文中教學活動設計的寫作要精簡聚焦、考慮必要性的內容以及前後連貫性，以不超過需要組織和敘說教學活動設計為原則。讓讀者知道教學者採用哪些教學策略知識在其教學活動設計中，引導讀者進入一個有根據的教學情境中。

不過寫少不一定是精簡聚焦的替代詞，教師閱讀本書至此應該至少有「就是解釋教學活動設計的內容」之體會，但是要解釋到什麼程度是教師經常發問的問題。有些教師會先問要多少字？一篇教研論文大約3000到5000字，又可以分為五個章節，本書讀者可以略知教學活動設計和解釋文字該有的分量，但那不是唯一的標準。另有些教師會提出是否每一個教學活動解釋完畢即可？這只是基本內容，教師還要提出教學活動的連結歷程以及整體性的架構。

如同先前所述，教師可以有自己的寫作風格，若初學者仍找不到寫作的起點，本書建議教師可以運用「標題思考」，標題思考有助於教學活動的寫

作，亦即一個教學活動有一個標題，每個標題又可以包含教學策略知識和實際教學活動的次標題。其次，在第一標題前最好要有個引言或輪廓，解釋發展整個教學活動的架構，例如：

> ……依據我先前提出的教學目標，我打算在教學之後，讓學生在教學過程中做實驗並觀察數據，再提出問題讓他們主動發現數據間的關係。基本上，學生能夠透過動手實驗操作、觀察記錄以及探討實驗數據間的關係……即是我心中所嚮往的探究式教學。

一、講述核心知識

學生若沒有基礎知識，即使動手做實驗發現數據，亦無法提出數據間的關係（教學原則），因此，我第一個教學活動是……（教學活動）

二、分組實驗操作

分組合作學習的目的在於除了讓學生得以分工外，也需要相互學習（教學原則）……因此，我的第二個教學活動是……（教學活動）

另外，部分教學者可以在教學活動設計之後寫個小節的結語，結語是摘述前面內容，簡潔扼要地回顧先前呈現的內容，切勿出現新的想法。如果結語如同先前的引言架構，那倒可不必重複。令人讚賞的結語寫作方式會讓讀者有一種「把書蓋起來還能知道這個教學者想要做什麼」的感覺，幫助讀者抓住教學活動設計的核心。例如：上一段的例子可以寫結語「這個教學活動是基於知識是學生自我建構的理念，我希望透過學生動手做實驗和相互討論，主動發現……」。

本章小結

　　教師可以想想，平時是如何設計教學活動以及是基於什麼樣的教學理念和教學目標，這可以更清楚了解自己在教學工作上的思考歷程。多數教師的思考受限於教學經驗，不過這些經驗如果沒有學習理論、教學原則等教學策略知識的引導，教學歷程和成效可能都會產生問題。如果教師要提升更高品質的教學活動，就要以教學理念和目標為起點，再以教學策略知識為工具，開展教學活動設計。

　　如此，教學活動設計相當明確合理，再透過教研論文寫作的思考，條理分明地呈現一個專業教師的教學理念，即使遇到教學問題，也可以藉由教學策略知識和教學活動相對照，指出缺口或定義不清的教學活動。雖然剛開始時，教師得要花點心思了解教學策略知識和教學活動之間的關聯，但這會確保後續教學實踐的起點與歷程之品質，亦即評估過的教學活動設計會遭遇到較少的問題，也能促進學生更高的學習成效。

第七章

實踐教學活動與資料蒐集

　　教師經過謹慎設計的教學活動，只有經過實踐才知道原有的教學理念與教學活動的可行性，也可以讓教師自我知覺需要調整之處。教學實務研究強調一般教學歷程與結果，教師需要蒐集學生表現資料以了解學生的學習情形，教師可先以教學評量方法蒐集學生表現資料。一般而言，觀察紀錄、學習單或測驗卷都是有用的學習表現證據，教師若發現學生學習有困難，再於課後訪談學生更可以獲得充分的學習表現資料。不過，為了論證教學品質，蒐集學習表現資料時要確認是否能對應教學目標，以便解釋教學目標的達成程度。

第一節　實踐教學活動

　　在教學過程中，有些教師經常一頁一頁教、一題一題教，忽略核心知能與教學目標，並常以為「教師那樣的教學，學生就會如教師預期般的學習」。教師要有核心知能的意識，也需關注學生在教學目標所提之行為與教材內容上的表現情形，學生表現不如教師教學目標之預期是常有的事，但教師要能分析學生表現，並解釋學生表現符合預期與非預期的原因。

教學要有教學目標的意識

本書第五章提及，教學目標是教師教學完畢後（包含教學過程中某個教材內容要素教學完畢後），學生應該學會的知識、習得的技能和具備的情意，即使教學過程中可能因為教學環境、學生學習進度而對教學目標進行微調，例如：降低教學目標的層次、調整部分教材內容、甚至減少一或兩個教學目標，但是只要教學目標的方向是確立的，教師應該把教學目標掛在心上。

舉例而言，如果一個教學目標是「學生學會操作顯微鏡」，其可再細分為兩個細部的教學目標或行為目標：學生能說出顯微鏡各部位名稱以及學生能操作顯微鏡；而教學過程至少包含顯微鏡各部位名稱的知識和操作技能，教師教學中所說出的話也一定和顯微鏡有關聯，對學生的觀察也需要聚焦在學生與顯微鏡操作之間的關聯，最後教師的評量也可能包含顯微鏡相關知識以及實際練習與操作顯微鏡。上述這些內容完全聚焦在教學目標的範圍內，這樣的教學即可被認可符合教學規範。

但教師可能面臨一個情況，亦即部分顯微鏡或其零件臨時缺少或故障，教師可能完成「學生能說出顯微鏡各部分名稱」的教學目標後，卻無法在既定時間內達到每個「學生都能操作顯微鏡」，而需要延至下一次的課程時間，這可以理解，只是教師需要在課後省思自己在準備教具上疏漏之處。

如果教師缺乏教學目標的意識，教學中所說出的話語會失去焦點，學生無法知覺自己學會了什麼。舉一個反例，有一個自然領域的課程單元，名為「做果凍」，而其教學目標即是「學生能理解溫度與溶解的關係」。教科書內容以活潑趣味和引起學生學習興趣的風格編擬，單元內的教學活動指引是以分組做果凍來設計。某一位教師開始上課時，便告訴學生活動內容，學生興趣高昂。之後，教師發下實驗器材，並引導學生將酒精燈點火，將果凍粉到入已經裝水的燒杯內，再指導學生攪拌。學生關注的焦點是果凍是否形成，也好奇所做出來的果凍可不可以吃，教師可能也會以這個教學活動引起學生學習興趣而認為教學成功，卻忽略了此單元是要教導學生理解溫度與溶解的關係。

　　上述這個反例應該不會發生在經過師資專業訓練的教師上，但教師教學時未能掌握核心知識和關注教學目標的情形略有所聞。教師要能知覺教學成效，最關鍵的方式是觀察學生在教學目標上的表現（如下一段說明），在這之前，教師必須要掌握教學目標的意涵，每一段話和每一個教學活動細節均要以教學目標為方向。

　　大學課堂亦是如此，如果一堂課的教學目標是「學生能分析（某個）案例」，那教師就需要掌握所提供案例的細節，並引導學生發現這些細節以及細節之間的關聯（包含因果關係）。教師在上課時可能讓學生閱讀該案例，並以層次問題引導學生發現各個細節。如果這個案例過於複雜，超過一個學生的認知能力，教師可以將學生分組，運用討論策略讓學生相互分享、相互刺激思考。而最終教師需要提供機會讓學生表現「分析案例」的行為，例如：繳交報告或上臺發表。

　　聚焦教學目標是一個教師的課堂教學本能，部分教師上課照書唸，沒有核心重點與缺乏教學目標意識，以為自己唸完學生便可學習，這已經失去一個教師應有的教學專業。

關注學生在教學目標上的表現

　　先前提到，教師怎麼教，學生不一定那樣學，教師「教」的行為無法單獨評估，任何教學活動都是為了讓學生學習有效。許多教師一定有以下教學經驗：要求學生討論，部分學生就是不說話；指導學生觀察實驗數據，還是有學生只在乎所看到的實驗過程而忽略數據背後的意義。教師教學活動與學生學習表現是緊密關聯的，學生學習表現經常不如教師預期，教師得要思考如何調整教學活動。即使一個有經驗的教師，也不一定能夠掌握所有學生的所有學習表現；又即使教師在上一年度教授相同單元時具有高度成效，也不見得在次年仍可教學成功，畢竟學生不同，學生表現也可能不同。因此，教學中隨時觀察學生學習表現藉以調整教學活動是相當重要的事。

　　但是，學生學習表現相當多元，具體可見的是學習活動中的行為表現以及學習評量的書面與動作歷程，然而，學生上課聽講時的表情，甚至學生

接收訊息後的思緒，也可能透露一些資訊，教師要儘量掌握才行。不過，在教學中，教師大腦正隨時組織教學訊息，需要不斷透過語言和肢體動作表現出來，又得注意教學時間、教學資源，甚至教學環境變化，到底要關注到學生哪些層次的學習表現呢？本書建議，教學活動之目的在於讓學生完成教學目標的表現，因此，與教學目標相關聯的表現都要觀察或課後簡短記錄。不過，這不表示其他的學習表現就應該忽略，而是主要和次要的程度而已。

以先前操作顯微鏡的例子而言，學生在學習單上關於顯微鏡各部位名稱的填答情形以及學生實際操作顯微鏡的過程都是主要觀察焦點，但是學生聽講表情和操作顯微鏡時的態度，也可能是影響學生主要學習表現是否得宜的因素。有時候，學生主要學習表現不佳，也可能是因為聽不懂或操作練習時過於草率輕忽，教師若有時間仍須加以注意。倒是學生使用什麼筆記本、文具或上課喝水的動作，與教學目標沒有直接關係，這即可忽略。

不過，教學工作相當複雜，教學歷程也不是那麼順利，過程中可能還得要管理常規或處理學生情緒。教師在教學過程中，需要先關注學生在教學目標所轉化的教學活動中將會有什麼樣的學生學習表現情形。本書建議教師在上課前提醒自己「這（單元）節課要讓學生學會什麼」，並在教學歷程中隨時注意這件事，其餘就因應情境變化處理，而教師累積的教學經驗會讓教師知覺更多的訊息。

蒐集學生在教學目標上的表現資料

教學實務研究源自於教師的教學理念，並將教學理念轉化為教學目標以及教學活動設計，透過教學實踐與資料蒐集和分析，確認教學目標之達成程度，最後藉此驗證其教學理念，論述教師教學專業。除了教學目標具有引領教學活動的功能外，教學結果也要回應到教學目標，因此，教師也要設法蒐集學生在教學目標內涵上的表現之資料。

本書第五章已提及，教學目標可分為認知、情意和技能三個領域。在蒐集資料上，認知性目標通常可以用圖文表現資料，如學習單、測驗卷、書面報告以及口頭簡報蒐集學生表現資料；情意則需知道學生對於產生情意

的事件之理解情形，並進一步觀察學生的學習表現，以推論是否具備情意目標的內涵；而技能則是提供學生操作練習、執行任務的機會，教師觀察或運用同儕觀察技術了解學生的表現情形。教師在蒐集這些資料時，務必檢視教學目標的內涵。教學目標包含表現動詞和學習內容，學習內容是學生需要具備的知識、技能和情意，而表現動詞是需要學生表現出來。例如：「理解畢氏定理」，學生就必須要說或寫畢氏定理相關的題目，從中確認學生的理解情形；若是情意領域的教學目標，例如：「認同資源回收的重要性」，因為情意目標難以直接觀察，都是透過外在行為表現進行推論，因此，學生必須要在資源回收議題上能夠「做」出正確的資源回收，也需要「說或寫」出具有論述重要性觀點的內容；若是技能領域的教學目標，例如：「學生能熟練運球動作」，教師需要提供機會讓學生實際運球，並從中觀察學生的運球動作，而以多次不失誤的熟練標準評審之。

1.認知目標的表現資料

　　以蒐集學生在認知目標內涵的表現而言，習作、學習單、試卷、報告等書面以及口頭簡報是免不了的方法，但教師務必注意測驗上的試題與認知教學目標的契合度。

　　本書第五章亦提及教學目標包含表現動詞和學習內容，一般教師都會用雙向細目分析表設計表現動詞的層次（請參考第五章或本書第135頁的說明）以及學習內容（問題、試題或任務）。不過，如果教學目標聚焦於某個層次（例如：分析），那問題、試題或任務就務必要達到可表現到那個層次的內容，例如：如果要學生分析，學習內容就要有多種細節以及足夠的複雜度。但是本書建議，教師可以編擬多層次的任務題組，或將高層次認知的題目分解編寫成多題低至高層次的題目，教師便可以藉由學生的學習表現發覺學生的不理解之處，而最後一題即是高層次的題目。

　　在題目的編擬上，以教學目標的「理解」層次而言，教師可以抽取或調整知識概念的某個屬性細節，轉變成誘答題目，如此便可知道學生對學習內容是否學習紮實。舉例而言，教師可把正方形的屬性細節（四個邊、四

個角、四個邊等長、四個角都是直角）之其一屬性調整，亦即可能把四個邊等長改變，畫出一個「長方形」，要求學生判斷，學生若選擇長方形為正方形，那教師就可以藉由這種誘答題目知道學生的迷思概念，亦即忽略正方形四個邊等長的屬性。

在「分析」、「評鑑」等高層次目標上，教師自己要能了解這些層次的定義外，需要透過複雜任務題組，從書面、口頭報告或任務表現上，了解學生是否表現那些目標層次定義的行為。例如：「分析」的定義是「分解教材資訊成幾個組成要素，並且確認各要素之間與整體結構的關聯」，因此教師就需要在學生的書面、口頭報告或任務表現上，判斷學生是否能將事件分解成諸多要素並建立這些要素的關聯性。

2. 技能目標的表現資料

技能目標內一樣會有表現動詞和學習內容。技能目標的表現動詞仍然有層次之分，最低層次的心理動作技能（非心智技能），亦即在操作之前要先能察覺、注意和感應操作的歷程；中等層次則是引導反應、機械化和複合反應，引導反應是指在教師的示範下跟隨教師操作、機械化是一種熟練的層次，而複合反應是對複雜性動作能夠連結與熟練；高層次則是適應與創新，適應是指適應環境的變化自己加以改變，而創新是具有技巧動作獨創之意，此強調動作之獨創，非認知之創造（雖內含對動作的理解，但強調動作或動作組合之創新）。教師需要檢視技能領域教學目標的表現動詞之層次，再編擬任務，並要求學生在學習過程中表現出來。

就技能目標之學習內容而言，教師需要提供設備、資源和情境，務必讓每一位學生均有操作的機會。教師可以透過許多工具進行觀察，例如：教師可以一個個觀察與判斷、可以訓練助教協助觀察，簡單的動作可以讓學生兩兩觀察。

若是高層次的動作技能表現，教師需要發展觀察向度表單，內容寫著學生做到什麼程度就可得到什麼標準分數，做到什麼程度算是適應與創新。這樣做即使沒有嚴謹的工具考驗，但每個學生都以觀察向度表單的標準判斷，

仍可評估學生的學習表現。

3.情意目標的表現資料

　　教師難以藉由直接觀察判斷學生是否具備情意目標的表現動詞與學習內容，將情意目標轉化為可觀察的行為和內容（再藉以推論學生情意表現）是教師在蒐集資料前必須要做的事。情意目標之表現動詞通常是價值、信念或品格型塑類的心理特質，因此教師在一個單元或一節課的教學目標不可能設定信念和品格型塑之層次。教師可以將情意目標的表現動詞做長時間的教學規劃或重複，以先前「認同資源回收的重要性」之情意目標為例，「認同」是需要認知目標中的「理解（可資源回收物的種類）」，也需要技能目標中的「機械化」（熟練依種類做資源回收），再透過觀察實際行為表現的積極度，統合推論學生是否具備這種情意目標。

　　在資料蒐集上，低層次的情意目標，例如：「接受」與「回應」，只要透過課堂觀察便可判斷，教師要注意的是全面性的觀察，了解多少學生達到此類教學目標。但是，高層次情意目標之表現需要結合認知、技能層次之行為目標以及藉由行為積極度觀察綜合判斷之，教師需要設計認知的題目提供學生作答，更需要設計類似情境，讓學生操作練習，教師並從中觀察學生在此行為表現的積極度，情意目標的觀點在於學習表現的積極度。以此目標為例，教師可以在教室內設計資源回收的活動情境，指導學生扮演家庭成員角色，並設計題目，讓學生自由想像，操作資源回收和論述其重要性。

　　教師也可以發展自我檢核表、學習興趣或態度量表。在設計上，教師可以將所要培養學生具備的學習態度，細分成幾個面向、主題（例如：參與討論的態度可以再細分為願意聆聽他人、願意說出自己、願意尊重他人……面向）。不過，教師沒有時間檢驗這些量表的信效度，建議教師可以參酌其他觀察資料綜合判斷。

4.核心素養的教學目標

　　臺灣早期九年一貫課程已改變傳統知識記憶的思維，不再只是要求學生

在知識上的學習，而是強調學生能力的培養。其所指稱的能力指標是一種心智能力，心智能力不只是內含知識的學習，也包含知識的應用，進而形成在適當時機運用適當知識的一種能力。這也表示能力指標不能直接成為教學目標，通常在蒐集學生心智能力的表現資料上，就可以分解轉化成認知、技能或情意上的學習表現。例如：社會領域之其一能力指標「調查家鄉人口的分布、組成和變遷狀況」，「調查」是一種高層次技能表現，而「家鄉人口的分布、組成和變遷狀況」為認知領域的內容。以此能力指標而言，教師需要先引導學生「了解」家鄉的人口、組成與變遷狀況之定義，再指導「調查」自己家鄉的方法，例如：資料蒐集、訪談等，最終學生能將所調查的內容表現出來。

當前臺灣十二年國教之課綱是以核心素養進行架構，核心素養在「知識」、「能力」之上，加上「態度」，亦即除了知識能力之外，教師還要培養學生面對任務和問題，勇於面對以及積極處理的態度。

就素養的字面意義而言，素養是指必須具備的能力，早期文盲年代所倡導的聽、說、讀、寫，就是人們必須具備的生活素養。但是以當前社會發展和科技進步的情境而言，素養不會僅是聽、說、讀、寫，而是人們在當代生活中必須具備的生活能力與做事的態度。

如同能力指標，核心素養不能直接成為教學目標，但它可以作為教學目標的「來源」。核心素養的內涵包含知識、能力和態度，知識即教學目標之認知領域、能力即教學目標之技能領域、態度即教學目標之情意領域，也就是說核心素養是學生在認知、技能和情意等教學目標的綜合表現。教師在設定核心素養的教學目標時，可以先分別設定認知、技能和情意等目標，作為引導學生核心素養的基礎（部分可以先單獨檢核是否具備），再設定綜合認知、技能和情意的核心素養之目標。

因此，教師蒐集學生核心素養的學習表現資料時，可以先分別蒐集學生認知、技能和情意等方面的表現資料，但最終要提出綜合認知、技能和情意目標之任務表現。教師的教學活動設計則是先把核心知識和技能教好，學生先具備這些知能，教師再發展應用這些知識技能的任務與激發學生完成任務的動機，讓學生在任務中積極主動地將所學知能應用出來，進而培養這些

知能在未來生活中應用或類似事件中遷移的能力。教師可以分段蒐集學生完成任務所需的「基本知能、完成任務的歷程和結果」，也包含主動積極的態度，再統整評估學生在核心素養的表現情形。

依據教學目標設計題目或任務

　　教師設定的教學目標可能多元，如同先前所述可能包含認知、技能、情意和心智技能，蒐集學生表現資料之目的在於檢視教師教學活動後，學生是否具備教學目標所指稱的表現動詞之行為與學習內容，而作業、測驗題目與任務的設計相當重要，如果設計不當，學生就難以呈現教學目標內的表現行為與表現內容。

1. 教師先要理解教學目標中表現動詞的定義

　　本書已於第五章說明認知、情意和技能領域的目標層次與各層次定義，本章在此再度說明，並舉例讓讀者可以了解其層次的運用。

　　以認知目標而言，行為表現由低到高層次，分別為記憶、了解、應用、分析、評鑑與創造。說明如下：

　　記憶：學生能回憶某個知識概念、或是從長期記憶中提取相關知識。例如：背出平行四面形的面積公式。

　　了解：學生能夠轉譯某個知識概念，或是從教師教學訊息中（包含口語、書面與圖形訊息）建構知識的意義。例如：說明甲午戰爭發生的原因。

　　應用：學生能將所學習的知能解決另一個情境問題，或是執行或使用一個程序在另一個情境。例如：應用心智圖繪製「恆久的美」的內容結構。

　　分析：學生能分析一個事件內的關鍵要素，或是分解教材資訊成幾個組成要素，並且確認各要素之間與整體結構的關聯。例如：指出一個數學應用題計算錯誤之處。

　　評鑑：學生能產出一個標準評估另一個事件，或是根據規準與標準對某一事件作判斷。例如：評估政府發放消費券的效益。

　　創造：學生能設計或重組某一個事務（物），或將各個元素組裝在一起

去形成一個完整且具功能的整體，或重組各要素成一個新的組型或結構。例如：改寫花木蘭的情節。

以**技能目標**而言，行為表現由低到高層次，分別為感知、趨向、引導反應、機械化、複合明顯反應、適應、創新。說明如下：

感知：感官察覺、注意或感應到外界之物體、性質或關係的歷程。例如：指出三個動作的順序。

趨向：感官接收刺激、產生感覺或感應後，開始要進行某種動作或意向之心智與肢體的準備狀態。例如：選用合適的肢體動作表現。

引導反應：在教學者的教學指導示範下，或類似操作手冊、作業範例、標準程序單等書面文件或視聽媒材的導引下，所明顯跟隨經引導後做出的動作與行為。例如：跟隨教師做出開合跳動作。

機械化：動作技能可成為習慣性、反射性的連續順暢動作反應。例如：熟練顯微鏡的操作動作。

複合明顯反應：綜合複雜動作內容之後，所表現明確有效率的動作技能。例如：完整做出跳箱的連貫動作。

適應：面對內容不明或初次嘗試的事項，重組、調整或修正動作行為，以因應新問題情境或解決的技能能力。例如：因應音樂的節奏而改變動作的速度。

創新：依據既有的知識與技能為基礎，加入個體的創意，建構新的動作、行為、處理方式或程序。例如：運用基本動作即興創作一分鐘的舞蹈表演。

以**情意目標**而言，行為表現由低到高層次，分別為接受、回應、價值化、價值組織、品格形成。說明如下：

接受：知覺或意識到現象或事物的存在。例如：能注意上課的內容。

回應：參與學習、對特定現象回應。例如：主動參與課堂討論。

價值化：賦予一個特定的個體、現象或行為的價值。例如：認同環境保護的重要。

　　價值組織：將價值組成一體系、區別價值的意義、確定價值的關係。例如：論述自由和責任的平衡需要。

　　品格形成：依據價值體系表現前後一致且趨近長久的行為。例如：實踐自己的專業責任。

　　教師設計好題目後，可以用學習單、作業、小組討論單、任務作業單等方式呈現。本書建議低層次的目標可以在課堂中隨時檢核，甚至僅用口頭問答或觀察即可，而高層次的問題則需要教師指導低層次能力後，給予學生時間、資源和提供情境表現。

2. 藉由教學目標表現內容之屬性設計誘答型題目

　　對於低層次的認知與技能目標，教師可以分析教材內容中核心知能（包含核心知識與核心技能）的屬性，並調整改變其一、二屬性，變成誘答型題目或錯誤連貫動作要求學生判斷，確認學生是否充分了解核心知能的定義或熟知操作步驟。每個教材的核心知能甚為重要，無論是學生在基礎知能的學習，或是藉以應用完成高層次的任務、能力指標和核心素養，都需要以核心知能作為基礎。教師在教學過程中需要檢核學生核心知能，學生要能轉譯核心知能的定義和步驟，以及反向指出非核心知能的例子，以反例強化正例。

　　教師需要先了解核心知能的屬性，學生若忽略核心知能的某一個屬性，就會產生迷思概念，先前提到一個核心知識「正方形」的例子，正方形的屬性有四個邊、四個角、四個邊等長、四個角直角，如果缺少一個，例如：缺少四個邊等長，就會把長方形誤認為正方形。如此類推，秋颱一定有其條件才叫秋颱，絕不是秋天的颱風就叫做秋颱。而核心技能若少了一個步驟，學生可能就無法完成或做不好動作，例如：當學生跳遠時，起跳時的力道腳步不對，就會跳得不夠遠。

　　因此，蒐集學生在核心知識上的表現即是利用知識的屬性設計誘答題目，可能是學習單、測驗卷。再舉一例，「颱風」有許多的內涵屬性，包含空氣質量、熱帶氣旋、低氣壓、風速17.2公尺／秒等屬性，教師只要將某個

或某些屬性改變,轉變成幾個題目選項,就可以測出學生是否完全了解核心知識,也可以藉此了解學生是否有迷思概念。

　　蒐集學生核心技能的表現如同核心知識,教師可以做出幾個錯誤的動作或連貫性不佳的複合動作,讓學生比較減少一個步驟或不同步驟所產生的動作完成度,讓學生知覺核心技能的全部屬性。其次,教師再要求學生做出動作,觀察學生是否完整做出技能,或在哪些細部動作上不夠熟練。

　　評量的目的不是在於給學生高低分,而是教師透過評量了解學生的學習結果,藉以改善教師的教學,提升學習品質。設計誘答題目便可以讓教師了解學生在核心知能的學習表現,特別適用於低層次的知識與技能上。

　　本書建議教師在進行教學活動時,特別是讓學生進行討論活動前,務必要檢核學生核心知識的理解情形。當學生理解核心知識,在誘答題目上選擇無誤,教師再藉以提出更高層次的任務,或讓學生參與同儕討論。如此,當教師發現學生無法完成高層次任務或不投入小組討論,便可以先確認不是核心知識不理解的問題,這對於未來教師分析學生學習表現上有很大的助益。

3. 設計核心素養的高層次任務與蒐集學生表現資料

　　教科書內會將該單元教材對應的核心素養舉列出來,教師亦可以參酌十二年國教課程綱要自行調整或補充。十二年國教課綱提及:各領域或各科目的核心素養應引導「學習重點」的「學習內容」與「學習表現」之設計。簡單來說,教師應以學生所學習的重要內容發展「學習任務」,讓學生在學習任務中表現。教師需要思考某個單元教材內容中有哪些核心知識、技能和情意(轉化為認知、技能與情意之教學目標),也可以再外加補充相關的知能,再藉此綜合思考編擬學習任務。

　　再者,先前所提,核心素養沒有自己獨特的目標層次,而是採用認知、技能和情意領域目標並綜合表現之,不過,核心素養涉及個人與內外情境互動所需要的能力,也隱含著道德與價值觀,因此,核心素養之教學目標應包含高層次目標的設計。換句話說,認知、技能和情意目標的整合前需要至少有一類目標是高層次設計才行,例如:「學生能主動積極地應用所學知識解

決問題」之核心素養，教師運用在某一單元教材、考慮學生特質後，發展成「學生能主動積極地應用臺灣交通運輸服務內容提出年假塞車問題的解決方案」之教學目標，其中「主動積極」是情意面向（回應層次）、「應用臺灣交通運輸服務內容」是認知面向（應用層次），而「設計」是技能（創新層次、高層次）。上述例子中的「應用臺灣交通運輸服務內容」可以在學生進行核心素養的任務前，先以學習單或測驗卷單獨檢核，作為完成任務與綜合表現的基礎，教師最終還是需要整體檢核學生在認知、技能和情意上的綜合表現。

核心素養既是採用認知、技能和情意等目標，且分別設計後再結合三個目標發展核心素養的高層次學習任務。因此，在學生核心素養的綜合表現資料蒐集上，便是設計高層次任務。高層次任務即是學生以什麼樣的態度應用什麼知識做什麼事，教師即在任務中觀察與檢核學生表現。

例如：先前的例子「學生能主動積極地應用臺灣交通運輸服務內容提出年假塞車問題的解決方案」，教師可以在指導學生臺灣的臺鐵、高鐵、捷運、公路網、空中和海上運輸以及Google的地圖檢索後，設計一個任務。任務內容為「小明是臺北某學校學生，年假回南部看爺爺、奶奶，但總是遇到塞車……請幫小明設計一個方法，讓小明一家可以在六小時內回到家」之情境，要求學生觀看地圖、檢索交通運輸時刻表、考慮時間要素，主動積極地設計方案。

再舉一例，一個單元教材內容是「我們的社區」，教師除了引導學生了解社區之美外，也希望學生能設計社區導覽圖，但又希望培養學生團隊合作的精神，因此，教師藉由核心素養發展一個教學目標，即是「能與他人合作共同設計社區導覽圖」。以此目標而言，教師必須要先介紹社區的知識概念，鼓勵學生蒐集有關社區景點的相關資料，再協助安排與監控學生的分組合作。教師雖然可以先分開檢核學生在認知、技能和情意的表現，不過，核心素養是整合呈現的，最終教師可以讓學生完成任務後，以學生所學習的知識、參與過程和完成的任務設計綜合檢核表，檢核學生核心素養的具備情形。

核心素養的任務設計需要包含知識、能力和態度，也就是認知、技能

和情意等目標的高層次表現。教師需要分析教材單元，找出學生可以應用的知識；教師需要分析教材可以如何被應用在實務上，找出學生可以應用的技能；教師需要檢視所教導的學生需要什麼樣的學習態度，找出學生可以表現的情意。根據上述三個層面，設計核心素養教學目標以及設計核心素養的任務。不過，最重要的是，教師需要提供資源或安排情境，讓學生表現任務，教師再從中觀察與檢核。

4. 設計觀察檢核表

　　學生的部分表現難以用學習單、習作或測驗卷得知，通常是情意領域的表現，即使運用自我檢核表，也不一定真實反應學生的學習表現。況且，在核心素養的任務中，高層次且複雜的學習表現更難以藉由教師隨機知覺進行檢核。因此，教師需要設計觀察學生表現的觀察表。觀察表應該要有觀察向度，但不排斥其他的現象觀察。

　　例如：先前例子「能與他人合作共同設計社區導覽圖」之教學目標，「能與他人合作」即是態度上的表現，教師可以藉由教學目標內的情意層面發展觀察表，但也可以設計一個開放式欄位，記錄學生其他行為。

　　教師可以在學生討論時進行觀察，但自己記錄可能不夠完整，教師可以邀請其他同事進班觀察，協助觀察學生的學習表現。在觀察前，教師務必要與觀察者溝通，讓觀察者知道要觀察的內容，觀察之後再相互討論。

　　觀察學生表現是教師重要的專業能力，教師若沒有採用觀察向度、項目或運用觀察檢核表，將會以隨機知覺蒐集學生學習表現，對學生學習表現的評估可能不會準確。

5. 設計評分規準表評量指標

　　學習任務表現包含學生的學習成果報告、表演、作品、小組合作報告、探究報告或其他動作技能的表現。這些學習表現可以是個人，也可以是小組完成。通常學生要完成這種任務需要一段時間，也需要接觸許多學習資源，可能也需要操作練習。教師的教學活動若是涉及綜合思考、能力培養或核心

素養，多會以學習任務評量學生的學習表現。不過，對於非有標準答案之觀察型與任務型的學習表現，特別是能力指標或核心素養上的表現，在分數評量上經常有爭議。

　　許多學校教師開始採用評分規準表（Rubrics）作為學習評量的評分規範，也有人稱為評分規範表、記分指標表、評價指標等。評分規準表和其他評量方法最大的不同在於運用「質」的評量，亦即以質性描述的指標對照學生的學習表現，這不僅可以幫助教師有效地了解學習者學習成效，學習者也可以藉由分數所指稱的表現內容，來發展自己的學習表現或修正自己的學習弱點。

　　評分規準表通常以表格呈現，除了各面向分類外，在每一類應有分數以及所對應的表現內容。而表現內容的撰寫應該包含教師所教導的知識以及學生在這些知識的表現情形。若要評量核心素養，教師可再加入學生表現這些內容的態度。

　　例如：國民中學學生基本學力測驗寫作測驗評分規準一覽表，左欄表示分數，右欄表示該分數所對照的學生表現，如表7.1。

　　運用評分規準表可以將學生的表現情形做等級的分類，教師可以參考表7.1自編評分規準。教師可以將學生最佳的表現結果寫成評分規準表中最高等級的內容，再遞減學生表現動詞層次（包含認知、情意和技能領域）以及學習內容的細節。表現動詞往低層次發展和學習內容不夠完整的描述，就是評分規準表較低等級的內容，教師依層次和內容細節建構觀察檢核表。

　　評分規準表通常依據學生能表現的情形區分為四級、五級或六級層次，每一個層次之間的差距儘量一致。每一層次都有學習表現有關的表現動詞標準與學習內容細節；之後，建立此評分規準的草稿，展示此評分規準給學生看或嘗試運用，視學生意見或運用結果進行修正。

表7.1　國民中學學生基本學力測驗寫作測驗評分規準一覽表

級　分	評分規準
六級分	六級分之文章十分優秀，此種文章明顯具有下列特點： （一）立意取材：能依據題目及主旨選取適當之材料，並能進一步闡述說明，以突顯文章之主旨。 （二）結構組織：文章結構完整，段落分明，內容前後連貫，並能運用適當之連接詞連貫全文。 （三）遣詞造句：能精確使用語詞，並有效運用各種句型，使文句流暢。 （四）錯別字、格式及標點符號：幾乎沒有錯別字及格式、標點符號運用上之錯誤。
五級分	五級分之文章在一般水準之上，此種文章明顯具有下列特點： （一）立意取材：能依據題目及主旨選取相關材料，並能闡述說明主旨。 （二）結構組織：文章結構大致完整，但偶有轉折不流暢之處。 （三）遣詞造句：能正確使用語詞，並運用各種句型，使文句通順。 （四）錯別字、格式及標點符號：少有錯別字及格式、標點符號運用上之錯誤，不影響文意表達。
四級分	四級分之文章已達一般水準，此種文章明顯具有下列特點： （一）立意取材：能依據題目及主旨選取材料，但不能有效地闡述說明主旨。 （二）結構組織：文章結構稍嫌鬆散，或偶有不連貫、轉折不清之處。 （三）遣詞造句：能正確使用語詞，文意表達尚稱清楚，但有時會出現冗詞贅句，句型較無變化。 （四）錯別字、格式及標點符號：有一些錯別字及格式、標點符號運用上之錯誤，但不至於造成理解上太大困難。
三級分	三級分之文章是不充分的，此種文章明顯具有下列缺點： （一）立意取材：嘗試依據題目及主旨選取材料，但選取之材料不夠適切或發展不夠充分。 （二）結構組織：文章結構鬆散，且前後不連貫。 （三）遣詞造句：用字遣詞不夠精確，或出現錯誤，或冗詞贅句過多。 （四）錯別字、格式及標點符號：有一些錯別字及格式、標點符號運用上之錯誤，以致於造成理解上之困難。

級　分	評分規準
二級分	二級分之文章在各方面表現都不夠好，在表達上呈現嚴重問題，除了有三級分文章之缺點，並有下列缺點： （一）立意取材：雖嘗試依據題目及主旨選取材料，但所選取之材料不足或未能加以發展。 （二）結構組織：結構本身不連貫，或僅有單一段落，但可區分出結構。 （三）遣詞造句：用字、遣詞、構句常有錯誤。 （四）錯別字、格式及標點符號：不太能掌握格式，不太會使用標點符號，且錯別字頗多。
一級分	一級分之文章顯現出嚴重缺點，雖提及文章主題，但無法選擇相關題材、組織內容，並且不能於文法、字詞及標點符號之使用上有基本之表現。此種文章具有下列缺點： （一）立意取材：僅解釋提示，或雖提及文章主題，但無法選取相關材料加以發展。 （二）結構組織：沒有明顯之文章結構，或僅有單一段落，且不能辨認出結構。 （三）遣詞造句：用字遣詞有很多錯誤或甚至完全不恰當，且文句支離破碎。 （四）錯別字、格式及標點符號：完全不能掌握格式，不會運用標點符號，且錯別字極多。
0級分	離題、重抄題目或缺考。

　　蒐集學生能力指標或核心素養的表現資料相當複雜，內容涉及學生在教材知識或動作技能的了解、知識或技巧的應用，亦可能需要包含學生對運用這些知識技能的態度。因此，當學生無法表現教師預期的表現時，教師便可以藉此了解，學生是否在知識技能、知識應用或態度之哪一方面表現不夠好。

　　另外，教師在使用評分規準表蒐集學生表現資料時，要注意學生是否了解評分規準表內各層次內容的定義，特別是高層次的表現，那可以指引學生表現更優質。如果學生不理解或忽略而表現不佳，便難以藉此判斷教學成效。

第二節　描述教學活動與學生表現

　　描述教學活動與學生表現歷程是教師再現教學情景，但絕對不僅是觀課記錄，也不是教學影片的轉譯，而是依據教學理念所轉化的教學設計與教學活動，做主題式的敘述，這其中包含教師做了什麼、說了什麼以及學生做了什麼、表現出什麼。

　　一個說歷史故事的人，不可能把當時發生的所有事情描繪完整，必定是挑選自己認為重要和可以吸引聽者興趣的事件來敘說。教學歷程的敘述亦是如此，教師進行教學歷程描述或回憶教學歷程時會涉及到教師對自己教學的知覺，不可能把所有的細節交代完整。描述是針對教學歷程中的重要事件進行詳細描寫，教師需要關注的是，如何藉由主題式教學歷程的深度描述，透過栩栩如生的動態描繪，勾引起讀者經驗，再透過分析、解釋和詮釋歷程（第八章說明），表現出一個教師是多麼理解教學事件與學生學習表現的意義，進而展現一個教師教學專業。

依原有的教學理念之主題進行描述

　　教師根據先前的教學理念與教學設計實踐教學活動，一節課或一個單元內會發生許多事，教師站在教室前方看著學生並說著話、拿粉筆書寫著黑板、操作科技設備講述數位螢幕上的內容、學生看著黑板寫著筆記、學生操作教具、學生左右或小組成員相互對話等。還有一些不在預期內的事情可能也會發生，例如：學生突然站起來或大聲叫、教室飛進一隻蝴蝶或麻雀、或是教務主任突然來訪、突然廣播急迫事件等。這些都是教學中經常發生的事，教師在撰寫教研論文時會面臨寫作素材取捨的問題。

　　教研論文是教師檢視與論證自己的教學專業，並以教師教學理念為起點，教學目標與教學設計為教學活動藍圖，即使實際教學活動中發生其他非預期的事，在進行教學歷程敘述上，要先關注與原有教學理念和教學設計相關的事件。

　　教師可能無法確認某些事件是否真正相關或認為許多事件總有些許關

聯，本書建議教師可以先寫出自己覺得直接相關的事件，等到需要詮釋與解釋時，再來思考是否加入其他事件作為詮釋與解釋的素材。

另一方面，教師在撰寫時也不要考慮過多，若覺得許多事件都相關，可以都先描述。當寫完一大段敘述後，自己閱讀幾遍，察覺是否該段落明顯揭示一個與教學理念或教學目標相關的重要事件，此時便可能會發現部分句子可能多餘，這些句子便可以調整或刪除。

本書再舉例說明，下面是一段關於行動學習的教學活動敘述：

> 我發下學習單，每一組四個人但有五張學習單，我的目的是希望讓每一個學生在討論前都先在自己的學習單上寫下問題的答案，這樣他們在討論時，就會有內容可以說。……但張小華今天身體不舒服，無法參與討論……。

撰寫這篇教研論文的教師其原有的教學理念是運用「四個人五張學習單，每人先寫，再統整全部觀點」的方法改善部分學生在討論時不發言的情形，並沒有涉及「學生生理因素對討論的影響」，教師原有的教學理念也未提及，在撰寫教學活動敘述時即可以忽略不寫「張小華今天身體不舒服，無法參與討論」那段話或那個現象可以刪除。

不過，如果是下列情形：

> 我發下學習單，每一組四個人但有五張學習單，我的目的是希望讓每一個學生在討論前都先在自己的學習單上寫下問題的答案，這樣他們在討論時，就會有內容可以說。……不過，想著平常學生討論的情形，有些學生可能人際關係不佳，沒有人願意跟這些學生討論，我可能就得想辦法才行。

如果教師認為「有些學生可能人際關係不佳，沒有人願意跟這些學生討論」這句話與「學生討論」有明顯的關聯性，亦即教師認為學生人際關係確實是影響學生參與討論的因素之一，這得加入敘述中。但是，當影響因素很

多，不只是人際關係，可能先備知識、討論技巧，甚至座位安排都是影響學生討論的因素，教師可以取捨，而取捨的參考規準是依據教師的教學經驗，選出些許影響討論較大的因素，其餘可以在未來再行處理，畢竟一篇教研論文無法呈現所有的教育脈絡。例如：當教師選擇先備知識和討論技巧是重要影響因素，教師可以暫時把座位安排先行擱置，可以留待下一篇教學實務研究和教研論文寫作時探討。不過，如果座位安排影響討論的情形在教學過程中不斷發生，教師還是可以決定在教學敘述中呈現出來。只是教師要有足夠的證據，提出與原有教學理念之關聯，這種寫作方法仍然是以原有的教學理念為撰寫核心。

加入蒐集學生表現的工具

　　教師在教學前會發展評量測驗、觀察紀錄表或評分規準表等評量工具，教師需要解釋或說明這些蒐集學生表現的評量工具之內容，包含說明這些評量工具與教學目標的關係，也要說明這些評量工具在什麼時候用。在寫作上，在「實踐教學活動與資料蒐集」章內獨立一節，再分評量工具標題說明，或是融入教學活動的描述中。

　　本章第一節提及許多蒐集學生表現工具的發展做法，教師可以將發展內容撰寫出來。例如：

第一節　差異化測驗卷的編擬

　　　　我想要學生「分析颱風的形成原因」（教學目標），但我想不是每個學生都能一下子就會分析，因此，我根據認知領域的層次編擬五題不同層次的題目，前面兩題理解型、中間兩題是應用型、最後一題是分析型。我希望每個學生從第一題最低層次開始寫，如果學生在第一題就不會寫，我可以知道學生還沒學會基本概念。如果到第三題還不會寫，我大略可以知道學生對颱風的屬性不是完全掌握。如果第五題不會寫，那我大約知道學生對於颱風的屬性沒有建立關係。

我會在講解完颱風的概念後，讓學生寫這個測驗題。（工具使用時機）

　　教師也可以融入教學活動中說明，本章舉先前的例子說明如下。只是這種描述可能會讓教學活動變成冗長，如果真的冗長，還是建議教師分標題撰寫。

　　我先設計一張學習單，這學習單只有一個題目，就是描述鴉片戰爭的所有歷程，我希望學生能藉由討論，進一步分析鴉片戰爭的原因（教學目標）。

　　我透過簡報圖片教學後，我發下學習單，每一組四個人但有五張學習單，我的目的是希望讓每一個學生在討論前都先在自己的學習單上寫下問題的答案，這樣他們在討論時，就會有內容可以說。……

針對教學活動中的教和學進行來回描述

　　教師的教和學不可能獨立描述，一定是教師做了什麼，學生表現回應什麼。但教學歷程描述是呈現每一個教師的多重經驗結構，每一位教師經驗不同，對教學歷程的描述也會不一樣。教師對教學歷程的描述沒有一套規準，就是要教師將所做的事、所看見與聽到的事件，加入其他情境因素，綜合描述出來。

　　不過，教師可以用教學歷程事件作為敘述基礎，再融合教師的理念、情感和經驗，在描述中來回地、互動地、交叉地呈現出來。教師可以簡述先前提過的教學理念，以便引出教學活動的合理性與邏輯性；再者，教師可以加入對事件的情感，將個人對教學活動的感受呈現出來，這具有吸引讀者閱讀的作用；教師也可以加入自己的教學經驗，讓整個教學活動具有教師專業的脈絡性。教師若能如此描述教學歷程事件的情景，便可能引領讀者走入情景

中，身臨其境地體會到教學歷程的意義。更重要的是，教師藉由這種描述，統合思考許多相關因素，讓自己更深度地、更精準地、更合宜地看待所發生的教育事件。這比籠統地、簡單地敘述教學歷程中所發生的事，對教師自己的專業成長更有幫助。

在撰寫上，教師可以依據教學活動的時間順序進行分段描述，以標題區分不同時間點的事件，並在其中穿插自己對教學事件的理念、情感與經驗。以下列的例子而言，教師先教導核心知識，之後再讓學生討論。因此，以兩個教學活動作為兩個標題，括號內說明了理念、情感與經驗。

一、核心知識的教學

……學生具備核心知識才能進行高層次的討論（理念），因此，我把昨天晚上先行看過的影片先記錄播放的時間點，我打算播完一段，提出問題問學生後，再播出另一段，以此類推。我的目的是除了解決學生認知負荷有限外，也希望透過問題讓學生對影片的內容能夠多加注意……學生的回答好到讓我很詫異（情感），這就是影片短的功效，這比起我以前一下子要學生看完二十分鐘的影響好多了（經驗）……

二、學生們的伸展跳躍

全部看完後，我發下我上週設計的學習單，每組一張，學習單上有三題討論題目。部分小組已經開始講話，但有兩組仍然安靜著（描述）。我走過去詢問「爲何不討論呀？」學生回答我「要分配嗎？」……另外一組爭吵著，我過去詢問原因，學生們爭執著要討論哪一個題目……。讓學生討論似乎沒有那麼容易，我似乎有點煩躁（情感），想不到我先前都已經考慮過學生是否具備討論的先備知識了（經驗），但卻還不夠……

所有的教學活動均描述後，即有整個教學歷程的架構。教師也可以將段落標題由關鍵詞改爲完整且具有意義的一句話，例如：將「學生們的伸展跳

躍」改為「討論活動沒有想像中的容易」，亦即藉由這樣的標題就是呈現該段落的意義，這也讓非常忙碌的讀者看見標題即可知道段落之大意。

　　教學活動的描述不應該是冷冰冰的紀錄，它應包含教學活動的歷程描述，並在每段細節中呈現教學活動的理念、過程與結果（學生反應），若再仔細品味，它呈現了一個教師對教學活動的經驗與情感。

本章小結

　　教師的教學不是自己講完就好，需要在過程中隨時注意學生的學習情形，也需要經常提出問題或安排書寫學習單的機會，藉此了解學生學習表現。要了解學生學習表現，需要設計合適題目或任務，題目或任務來自於教學目標的轉化，也有難度層次之分，亦即教學目標轉化為教學活動，學生在教學活動中或後進行學習表現，學習表現最後回饋到教學目標，確認教學目標的達成程度。教師應該具備學生學習表現資料蒐集的能力，這包含學生表現之書面資料和實作資料的設計以及行為觀察記錄，若學生學習表現的資料蒐集不當，便無法確認教學目標的達成與否。

　　在教學活動歷程寫作上，教師以教學理念與教學目標為基礎，依照教學活動流程進行描述，但描述教學活動需要包含基於什麼理念、教師教導了什麼、學生表現回應什麼等來回敘說，教師可以加入自己的理念、經驗和情感進行描述，引領讀者進入教師教學情境。

第八章

統整教學實務與成效分析

　　當教師描述所有教學歷程，需要知覺學生的學習表現情形，也要詮釋學習表現的意義以及解釋學生表現的原因，教師需要完全掌握教學脈絡以及各要素之間的關聯，進一步統整性地分析、論述教學品質與教學專業。如果教師只有教學，也觀察了學生表現，評量工具上也出現數字或記錄學生的文字，卻無法合宜地詮釋學生表現，進而對自己的教學脈絡難有統整性的理解，也就無法確認教學成效以及改善教學品質。教師需要統整教學實務經驗、學生先前的學習表現以及任何影響學習的因素，並對照學生學習表現，進而提出成效分析與學生各種學習表現的原因。

　　在此階段，教師統整分析學生表現與論述的做法包含三個步驟：

　　1. 教師在教學活動後，蒐集學生表現資料進一步與教學目標對照，提出預期與非預期的學習表現。

　　2. 教師對預期與非預期的學生表現之事件進行分析，透過教學先前經驗、教學情境以及學生背景因素，分別指出這些學習表現的真實意義。

　　3. 再統整教學歷程中的其他要素進行關聯性的思考，進而解釋學生不同學習表現的原因。

　　一個有責任、有效能的教師應具有教學專業能力為他的學生設定合宜的教學目標、分析教材內容、設計教學活動以及協助學生獲得學習成就。在這過程中，教師要能解讀學生學習表現的真實意義以及找出影響這些學習表現

的原因。簡單來說,教師必須要了解教學目標與其後續所產生的效應,再藉由統整性的分析與論文寫作,對教學成效做整體性理解。

第一節 學生學習表現資料的分析方法

教師教學要具有成效,學生學習表現是重要的**證據資料**,學生表現資料不限書面作業或測驗,上課回答教師的問題、參與同儕討論的情形、真實作品,甚至學生聆聽教學的表情都可以成為分析的內容。再者,教師蒐集這些資料後要能分析**這些學生表現是否符合教學目標的表現動詞與學習內容的要求,也要理解不同表現所代表的意義**。教師再藉由分析這些證據資料,評估自己的教學品質。然而,如何分析學生的學習表現並指出學習表現的真實意義,需要教師對學生表現資料進行更深入地、更統整性地了解與思考。

教師若對學生學習表現欠缺合宜的分析,可能就會以印象或直覺看法判斷之,如此很可能做出錯誤判斷,對教學品質的改善不僅沒有幫助,也會對學生產生誤解。例如:學生成績不好就是不努力,或是一個學生沒有參與討論,教師的直覺觀點便認為學生不願意學習;但若加入教師的經驗與考慮各種脈絡因素深入分析,可能就會發現學生缺乏討論的先備知識或社交關係影響其和同學間的互動,進而思考在教學活動設計上做些改變。因此,深入地、統整性地分析可以讓教師了解教育事件脈絡以及知道學生學習表現的細節,再透過解釋學生學習表現的因素,讓教師知道自己的教學品質以及需要保留、調整與刪除教學策略之處。

一般學術研究所採用的質性資料分析或量化資料分析技術雖然也可以拿來分析學生學習表現,但那些方法可能對教師過於艱難。況且,教師教學對象可能只有一班學生,有些可能僅是幾位學生,教師不需要執著於一般統計或資料分析技巧,再者,教師也不一定要發展質性訪談問題與運用分析技術,教師沒有許多時間做這些事。先前提到,教學實務研究不同於一般學術研究,教研論文也不同於科研論文,科研論文的質與量之高級分析技術不被

鼓勵運用於教研論文中（要使用亦可，但不鼓勵）。

　　教師可以呈現簡單的統計資料，例如：人數或百分比，也可以呈現學生學習歷程的表現資料，例如：學生學習單上的文字，也可以把上課或下課回答教師問題的內容呈現出來。教研論文中學生表現資料被描述之後，著重在後續，即是教師對學生學習表現的詮釋與解釋。

　　教師長期與學生接觸，也熟悉自己的教學情境，在分析資料時，除了呈現學生的簡單統計數字或學生表現內容外，宜加入教師先前經驗、學生背景和情境脈絡因素，進行統整性地思考，而不只是運用學術研究之分析方法，將學生背景因素和教學情境脈絡脫離於外。例如：學生在測驗成績表現好，但可能是參與課後補習或聘請家教；學生在學習單上表現不佳，但該生平時表現相當優秀，教師需要思考可能不是認知上的問題，而有其他因素影響，這些是一般學術研究之分析技術難以做到的事。

書面表現資料的分析

　　書面表現資料包含學生書寫於筆記、學習單、作業和測驗題目上的文字資料，這類型的資料是以文字和符號呈現學生的學習思考、歷程和結果，大部分書面資料都可以用參照標準呈現學生表現訊息之意義（例如：及格、答對、通過），如果沒有標準答案或參考答案，也可能需要依據檢核表和規準去判斷學生表現程度，不可能學生寫什麼都可以，即使是開放性問題，學生也要有邏輯呈現的標準。教師需要再進一步判斷是否符合教學目標中的表現動詞與表現內容，再進一步統整經驗去分析真實的意義。

1.筆記

　　部分教師會要求學生書寫筆記，另一部分是學生主動書寫，筆記內容多半是教師講述或書寫在黑板上的內容。若教師蒐集學生筆記作為教學成效的分析資料，則得要先確認那些內容是否是教師講述的焦點以及符合教學目標。

　　除了教學目標外，教師也要仔細判斷學生筆記文字表現的意義，例如：

學生筆記上抄滿了教師講述或書寫黑板上完全雷同的文字內容，可能呈現的是學生上課花許多時間抄寫，而較少時間進行運思和理解。不過，教師還得要加入其他要素統整分析，亦即除了判斷筆記上的圖文之外，先前所提，教師不要忽略學生平時表現的資料。如果學生的筆記與教師講述或書寫內容接近雷同，學生在學習成就測驗表現又很好，這可以推論學生抄寫筆記時可能在心智上已有思考的運作。除非教師的學習成就測驗都是筆記內容轉貼，否則若教師的學習成就測驗經過教學內容轉化，在教學中若無心智思考的學生，即使在課後努力記憶筆記內容，無法在學習成就測驗上表現良善。**換句話說，教師詮釋學生學習表現要以統整多方訊息綜合判斷。**

2. 習作與學習單

　　習作和學習單是被教師應用於教學活動中，通常不是課後作業，也不是學習成就測驗，教師在編寫和應用上宜對照著教學活動的需要進行。教師教導完某一個概念後，立即讓學生練習該概念在習作和學習單上的題目，這樣的效果最佳，教師可以立即知道學生對學習內容的理解情形，必要時重新教導或給予訂正性回饋。

　　在分析這些資料時，可以先用統計數字呈現大致的學習情形，例如：有多少人寫了正確答案，再檢視哪些題目寫了正確答案以便推論學生對教材知識的理解，並且再以學生平時的表現，綜合判斷學習的成效；學生若填寫錯誤，教師需要藉由學生書寫內容了解學生的認知思考之歷程，判斷學生是否存在迷思概念，也需要擴大思考學生平時表現的影響。

3. 課後作業

　　作業通常是教師教學活動後指派，除了抄寫練習外，多數用來檢核學生是否了解教材內容。課後作業與先前習作和學習單不同之處在於非在課堂中寫，學生即使寫滿了正確答案也不一定表示對教材內容完全理解，這讓教師判斷學生學習表現時多增加了一個因素。本書建議課後作業內容儘量是學習過後的練習，亦即學生已經在學校理解教材內容，課後作業純是練習目的，

以熟練知識和技巧而已。即使教師在課後作業上設計高層次的思考題目，這些思考也需要先在課堂中演練過才行。因此，課後作業也應該是課堂學習結果或思考技能的練習版本。

　　課後作業可以整合其他學生學習表現一起分析，例如：習作或學習單，如此判斷學生在學校已經理解教材內容後，課後練習的情形是否與學校表現一致。若不一致，教師得要進行檢核。

4. 測驗題目

　　測驗題目是教師在教導某一單元或某一個範圍內容後所編擬的題目，目的在於測驗學生對該教材內容的學習表現情形。教師依據教學內容編擬測驗題目，題目難度則來自於教學目標的行為表現動詞之層次。若教師確定每個測驗題目的難度層次，也蒐集學生測驗題目的表現資料，教師可先分析學生在測驗題目上的得分，甚至更細部地知道每一題和每個層次題目的答對人數。

　　先前提及，教師若要了解學生對教材知識概念的理解情形，可以利用概念的屬性編擬誘答題目，學生若完全了解教材概念，就會選擇正確的答案，若一知半解、似懂非懂，則可能選錯誘答的答案。教師知道學生在這些誘答題目上的表現情形，便可以輕易地知道學生哪些屬性細節不清楚。

　　若教師想要知道學生對教材概念的應用、分析與綜合判斷之能力，教師可以編擬高層次思考的題目（包含要求學生透過思考書寫一段文字），在題目中提供許多資訊，並要求學生選擇、組織、推論可能的答案，學生在此題目中便需要先閱讀題目和了解關鍵文字資訊、知道測驗題目的答案要求，再檢索所學過的教材知識，組織和綜合判斷，以書寫和填選正確的答案。若要分析學生在高層次題目上的學習表現情形並不容易，本書先前建議以題組的方式，由低層次往高層次編擬題目，若能如此，即可知道學生在不同層次題目的填答情形，便可以清楚地知道學生的學習表現程度。

　　簡單來說，教師以誘答題目了解學生是否存在迷思概念，以題組分析學生在高層次題目上的理解情形。不過，知道學生學習表現的真實意義後，再

如同先前提及，思考學生平時學習表現以及課後的家教和補習情形，藉以判斷學生的學習表現與教師教學活動的關係，找出各種表現的原因。

 ## 動態表現資料的分析

　　上一章提到對於非有標準答案的學習表現，在分數評量時可以用評分規準表。評分規準表不僅有數字得以統計，各層次等級內亦有依據教學目標設計的表現動詞層次和學習內容細節，從學生表現的等級內容可以判斷學生在教學目標或核心素養的表現情形。

　　教師可以先統計在每個等級表現的人數，再檢視不同等級表現的學生在哪些表現動詞和學習內容有不足之處，教師便可以知道學生在哪些方面表現不佳，進而進行教學省思。不過，教師在勾選評分規準表時可能受限於時間太短、資料不足或無法確認最合適的等級，因此，教師仍需要加入其他工具整合評估。

 ## 加入教師的經驗、情境因素進行統整分析

　　教師分析學生表現時，是以學生表現蒐集工具的資料為基礎，但為了真正判斷學生學習表現的意義，教師宜加入學生生活背景與先前教學時學生的表現、教學活動與情境脈絡，以及在不同的工具中不斷地來回思考。教學實務研究非學術研究，教師本身就是分析的工具，但教師不是根據自己的意識，而是統整先前經驗、學生生活背景與教學情境各因素，作為分析學生表現的根本。對學生而言，教師知道學生之前的表現，也粗略了解學生在家庭和學校的生活情形，這些豐富的教學經驗都可以成為分析學生表現的基礎。

　　上述各種學生學習表現資料不一定會有關聯，教師可以先拿局部的資料做暫且性地分析與詮釋，當後續的資料補入，再檢視、詮釋其合宜性。必要時，可以再蒐集其他資料，確認學生學習表現的真實意義。

第二節　分析學生學習表現的歷程

　　學生學習表現需要分析，除了前述提及教師需要加入各種因素、擴大思考與詮釋學生表現內容外，也需要有「比較、對照」的規準，藉以判斷學習成效。而此規準有三個層次之分：教學目標、教學脈絡、統整經驗。教師需要先對照學生表現與教學目標之符合程度；其次，教師以教學脈絡因素確認學生學習表現之意義與分析原因；第三，教師統整所有經驗，對學生學習表現提出解釋。

找出「點」：依據教學目標比較對照學生的學習表現情形

　　教學實務研究起自於教師的教學理念，並將教學理念轉化為教學目標以及教學活動設計，透過教學實踐與資料蒐集，分析資料確認教學目標之達成程度與解釋學生表現之原因，最後論述其教學理念。因此，學生學習表現分析便需要以教學目標或次目標作為學習表現分析的起點。

　　先前提到，教學目標可分為認知、技能、情意以及心智能力，教師蒐集學生在各教學目標內涵的表現資料後，便需要開始分類。分類的思考有兩個方向，亦即表現的深度和參與的廣度，表現的深度指的是學生在教學目標的動詞表現之層次，而參與廣度是指學生在教學目標之表現內容的延展。

　　在表現深度上，並不一定每一個學生所表現的目標程度均相同，有些學生可能充分理解教材，並能藉由師生互動、同儕互動發展出更高層次的表現，但也有部分學生在理解教材上便產生困難。教師的教學目標若是較高層次，學生的學習表現就會多元，且往往隱含不同的意義，例如：有些學生可以完成教師指示的任務並且上臺報告，達到認知領域目標之「綜合」層次，但有些學生可能只知道找書上的內容，試著寫到學習單上，僅有「理解」或「應用」的目標層次。這樣的分類便可以刺激教師思考不同學生有不同的學習表現。

　　在參與廣度上，教師可以藉由分析學生表現資料了解學生在教材內容的

理解廣度。部分學生可能完全了解教材內容，但部分學生可以懂得些許；或是部分學生投入小組任務討論中，卻有少數學生只做著自己的事；或是有些人積極練習、有些人聽從教師的指示，另有些人即使教師指示了也沒有任何動作表現。如同前段，教師將觀察資料進行分類後，歸類不同學生的不同學習表現。

　　一般學術質性研究的資料分析是由下而上，亦即從資料中歸類並建立概念，最後再將所有概念連結。而教學實務研究與教研論文寫作是基於教學目標的內涵，是由上和下的比較對照，但也不排斥教師分析與加入原有教學目標未提及的事。

由「點」延長為「線」：加入教學脈絡因素解釋學生學習表現

　　透過教學目標的對照比較，教師可以發覺許多預期發生的學習表現，也可以知道哪些學生表現不如預期。學生學習表現無法單獨理解，不僅與教師教學活動連結，也是置於教學脈絡中，因此，加入教學脈絡之各種關聯資訊，有助於教師分析教學事件以及解釋教學事件發生的原因、過程與結果。另外一方面，脈絡資訊（教師的教學經驗、學生先前表現、教學情境等各種內容）也是解釋教學事件時重要的訊息來源，例如：教師可藉由脈絡中的訊息分析推論出教學事件的因果。

　　一般學術研究的分析結果需要透過所探討的變項或因素綜合整理與論述，但教學實務研究需要的是整個教學脈絡因素，那是無法事先知道哪些脈絡因素將被考慮、將被統整性地思考，去解釋學生各種學習表現的原因。這即是上一段所提的「脈絡資訊是解釋教學事件時重要的訊息來源」。

　　教學脈絡因素涉及三個層面：認知層面、社交層面和物理層面。認知層面即是學生的認知發展、認知能力以及認知改變情形；社交因素是指學生同儕關係、師生互動等因素；物理層面是指教室空間、設備、時間規劃等因素。

　　在認知層面的脈絡因素上，教師在分析資料時，可以從學生的學習表現連結至學生的特質、過去的學習表現，如果有足夠的證據，也可以先提出上

課初期、中段時的表現，連結到課程最後的學習狀況，統整性地去解釋學生表現的原因，例如：學生在此單元的表現不佳，但在上一單元表現不錯，就不能判斷是學生的先天智能因素，可能是對此單元教材不了解。

　　其次，學生與同學以及課堂中與師生的互動資訊，也是分析學生學習表現之重要資料，這即是社交層面的脈絡因素。教師可以思考，但不一定要全部認定所有可能的訊息都是重要的關聯因素，例如：當教師發覺某個學生不參與討論，思考到平時此生的人際關係不佳，進而解釋人際關係是不參與討論的原因，而不是先備知識不足或對教材基礎知識不理解。

　　第三是物理層面的因素，這通常會涉及到學生的學習與練習資源，舉例而言，教師運用翻轉教室之策略在其教學中時，教師觀察某個學生不參與討論，再透過檢核表發現學生好多次無法回答出課前自學的內容，便判斷家裡可能缺乏電腦網路設備而影響自學，最終解釋學生不參與討論的原因是缺乏學習資源導致如此。

　　教師依據教學目標對照學生學習表現以及找出重要且關鍵的學習表現訊息後，再加入與那些表現訊息關聯的認知、社交和物理環境的資訊，統整性地解釋某些教學事件可能的原因，亦可詮釋那些教學事件的意義。以下有個實例：

　　　　……我讓兩位低成就學生討論他們自己在某個數學題目上的錯誤，發現兩個低成就學生在我鼓勵後，開始說話、討論、甚至有點爭辯。這樣的情形比起以前教師將高低成就分在一起討論而低成就學生不敢發言的情形好多了（加入社交層面因素）……我知道他們對這些題目是有點懂，就是理解不夠透澈……他們會去相互指責對方寫錯，其實，他們在指責對方寫錯時，自己正在把對方和自己的答案相互比較（加入認知層面因素）……

　　一般質性研究會從已經蒐集的資料去進行歸納統整和分析，但是教學實務研究與教研論文寫作涉及到教師教學歷程的建構，學生學習具有歷史性、社會性以及個人認知上的因素，這些因素不僅不能放棄，反而是教師解釋和

詮釋教育事件時非常重要的資訊。

將「線」構成「面」：擴大思考學生家庭生活背景與社區文化因素

資料分析是為了解釋教學事件的原因以及詮釋教學事件的意義，也為了讓教師透過這種統整性地分析與教學省思，提出具有教學專業品質的教學策略。加入學生的認知、社交和物理層面因素進行思考，是由點變成線。之後，教師再考慮學生的家庭生活背景、社區文化因素。例如：學生在學校上課不專心，可能為學生課外過度參與社區活動；或是學生過度在乎學習競爭與分數，可能源自於父母的壓力。

教師再把所有的分析結果關聯起來，就由點、線變成一個面。亦即學生學習表現是受到許多因素影響，而分析學生表現即是由觀察到的行為，綜合認知、社交和物理層面因素以及學生家庭生活背景等不同時空的因素，進行解釋和詮釋。

教師在連結教學事件時，可以用事件發展的方式連結，也可以用因果方式連結事件，這也提供教師撰寫教研論文之「統整教學實務與成效分析」章節時的寫作格式參考（如下一節說明）。

以事件的線性發展模式而言，例如：學生的討論能力在一開始時是什麼情形，經過什麼樣的教學和學習活動，轉變成什麼樣子，但記得盡可能在每個階段加入認知、社交或物理層面因素加以解釋和詮釋。

以事件的因果關聯模式而言，例如：學生能演出一齣英文舞臺劇了，原因有好多，先描述什麼事件，每個事件在解釋和詮釋時必須加入認知、社交或物理層面因素，最後這些事件共同形成一種「學生能演出一齣英文舞臺劇」的結果。

即使一堂課或一個單元的觀察，或請同事協助觀察學生的學習表現，對學生的學習發展歷程而言，那也只是片段資訊而已。教師分析學生學習表現時，宜加入全面性的資訊，才能貼切地了解學生表現的可能原因。

第三節　統整性地論述教學實務

統整性地論述是跳脫教學過程中，教師眼睛所看到的、學生所寫的、所說的等表現，擴大思考，加入教師先前經驗、學生背景和情境脈絡因素，論述與書寫整個教學實務內容。

這個部分是提供讀者對特定教學理念與其實踐過程的整體性理解，教師撰寫教研論文時需要將學生的學習表現分析結果回饋到教學活動中，包含學生呈現的資料以及教室的情境脈絡，進行統整性的書寫。

統整性教學實務宛如一棵大樹，而書寫方式像是樹狀圖形開展，最根基是教師的教學理念，這是大樹的主幹；依據此教學理念發展兩或三個教學目標與教學活動，這是大樹的枝幹；每個教學活動會有學生不同的學習表現資料，這些不同學習表現資料即是每個枝幹之樹葉的長相，有些長直、有些長歪，甚至有些就不長。從根基往樹葉發展，亦即教師的教學理念與教學活動，產生學生的學習表現；反過來說，學生的學習表現經過分析後，亦可回饋到教師的教學理念，確認或驗證主幹是否根基穩固，得以讓枝幹與樹葉生長和吸收養分。

教師在確認學生學習表現的真實意義後，可以參考本書168-169頁的三點書寫統整性的教學實務之成效。本書建議教師在教研論文第四個部分「統整教學實務與成效分析」中先簡述教學理念，形成大樹的主幹（通常大樹主幹只有一個），但非重複第一章，只是摘要簡述，為了喚起讀者記憶和讓讀者閱讀下文有個起點。之後，此節再分標題敘寫，必要時再分次標題說明。

以大樹的生長而言，每一標題像是大樹的枝幹，每個枝幹（教學目標）內又包含細枝幹（教學活動），細枝上長滿了樹葉（學生表現），每個枝幹、細枝和樹葉的描繪形成一個主題（非主幹），每個主題的描繪（包含一條枝幹、它的細枝幹和樹葉）讓讀者閱讀起來就是在敘說一個事件歷程。

作者針對每個主題以有意義的句子，呈現此主題的意義。例如：使用「教師先提示討論重點，引發學生更有效率的討論」會比「教師解釋和學生討論」好。在每個主題內可以運用以下三個次標題，記得先簡述一下教學理念。

1.第一個次標題內簡述教學目標與其對應的教學活動

即使在論文的前半段，作者已經清楚地提出教學目標，但是在此為了讓讀者可以通盤的理解，作者仍需要以一段文字簡述一個教學目標與其發展及實踐的教學活動。以大樹而言，先把一條枝幹和它的多枝細枝描繪出來，以

便後續介紹這個枝幹和這些枝幹的樹葉生長情形。

2. 第二個次標題內敘寫教學活動之摘要與學生學習表現分析結果

　　第二個次標題即在描繪每條細枝幹和細枝上的樹葉生長情形，如果只有一條細幹（一個教學活動），就不需要再分段。如果有兩條細枝幹（兩個教學活動），則再依教學活動分段。一個目標可能會有兩或三個教學活動，例如：可區分為講述、示範、練習、討論等教學活動，亦可以教室內和室外活動區分，或者是以學生課前自學、課中和課後複習來區分。每個教學活動一定有對照的學生學習表現，亦即大樹枝幹會延伸一些小枝幹，小枝幹會生長著樹葉，有些樹葉生長不良、有些茂盛。作者需要分段描述教學活動，以及所關聯的學生學習表現結果。

　　在描繪學生學習表現時，儘量不要呈現學生的照片，除了肖像權的問題外，讀者對照片的解讀不一。學生照片可於研討會發表時再用，那時發表者便有機會說明照片內景象的意義。

　　描繪學生學習表現後，教師要能解釋學生表現的原因以及詮釋學生表現的意義，解釋和詮釋無分前後，先解釋後詮釋、先詮釋後解釋均可，主要目的在於讓讀者了解教師對學生表現的知覺。詮釋是指教師對學生表現的看法，通常不會是表面上的意義，例如：學生在小組討論時，沒有開口說話，教師詮釋「學生不開口說話」為「不參與討論」；而解釋是指學生有這樣表現的原因，例如：學生不參與討論的原因是「人際關係不佳」。教師詮釋和解釋學生表現時，如同先前所述，不限於學生當時的學習表現，可以統整性思考，融合所有教學脈絡（教師的教學經驗、學生先前表現、教學情境等各種內容）進行思考與撰寫。

3. 第三個次標題內綜合評估整體教學成效

　　描述這個枝幹、細枝和樹葉的整體長相，亦即描述一個教學目標和教學活動所引發的樹葉之生長情形，包含生長方向、生長茂密與否，從生長情形推估枝幹的設計，亦即從學生表現情形回饋到教學目標的設計是否太難、太

複雜或適當。

　　最後，在教研論文的「統整教學實務與成效分析」之末，作者必須要統整報告所有枝幹的發展情形，教學情境之各種因子不可能單獨存在，必有其關聯，也可能相互影響。作者在此需要統整學生整體表現的分析結果，提供廣角視野，讓讀者知道整體面貌。但此處不是評估教學理念（主幹）是否有效的時機，僅是說明在什麼樣的教學活動下，學生產生怎麼樣的學習表現以及為何有這些表現而已。

「描述與論述」教學活動歷程

　　描述教學歷程是教師再現教學過程，而論述教學活動歷程則是詮釋與解釋學生學習表現，再對照教學目標，進而判斷學生表現符合教學目標的程度，並藉以提出教學活動的成效。除了上面提及教師可以運用標題與三個次標題提出每個教學活動的理念、過程、學習表現分析結果、詮釋與解釋外，*教師在論述教學活動歷程與學生學習表現上需要不斷地運用「描述、詮釋與解釋」等技巧*。描述是針對教學歷程中的重要學習表現進行詳細的描寫，詮釋是將學習表現背後的意圖和意義揭示出來，而解釋是找出這些學習表現的可能原因。

　　教師在論述時會涉及個人經驗、意識與知覺，這本是如此，解釋和詮釋本來就涉及敘說者的意識，教師不要過度擔心主觀或客觀的問題。論述教學活動歷程是一種教學專業表現，教師對自己的教學理念、教學活動以及學生評量的設計要有合理的依據，要能說服自己這些理念與活動得以協助學生學習成長。教師也要對哪些教學活動引發什麼樣的學生學習表現有強烈的知覺，才能藉由學習表現的分析與省思，改進教學理念與教學策略。

針對學習表現進行深度描述與詮釋

　　教師對教學歷程一定會產生一些想法，部分教師可能做直覺判斷，例如：先前曾提，有些教師經常認為學生學習成績不好即是學生不努力的結

果。如果教師能深度思考與深度描述，便可更清楚地揭露教學事件或學習表現的意義，這也是教研論文寫作中相當重要的功夫。

深度描述時，教師需要先記錄教學歷程，這在上一段已說明。不過，在看待這些教學事件時，會有表面和深層的意識。表面即是眼睛看到、耳朵聽到或直覺式的觀點，然而深層之意在於加入其他經驗資料進行描述，以及藉由某些規準或經驗看待事件的真實意義。

先前略有提及，但本章再舉一例說明。一位教師在講授完核心知識之後，要求學生分組討論教師剛發下的學習單。教師觀察到一位學生都不講話，眼睛只看著學習單。「學生不講話」是個教學事實描述，表面意義是「學生不參與討論」，不過，教師若再加入其他資料思考，意義可能不同。例如：那個不講話的學生可能缺乏自信，擔心講出自己的觀點被同學恥笑，教師如果沒有深度思考，判斷可能就失準。

教師需要統整性地思考才能做出精確的判斷，例如：學生在聽課時經常東張西望，次數頻繁，教師因而判斷這學生上課專注力不足，容易分心，不過，教師要求寫習作時，這學生都寫得很好，再加上教師已經知道這學生沒有參加校外補習或預習，此時教師應該詮釋學生對此教材知覺過於無聊。這種加入其他因素融合思考，便是一種深層描述與詮釋。

深度描述是呈現每一個教師的多重經驗結構，每一位教師經驗不同，對教學歷程事件的詮釋也會不一樣。也因此，教師對教學事件的深度描述沒有一套規準，就是教師將所看見與聽到的事件，開放自己的心智、甚至自我質疑，加入其他因素廣泛思考，詮釋學生表現的真正意義。

本書在此提醒，讀者閱讀教師的教研論文時，不可以用自己的經驗批評作者對教學活動事件的詮釋，宜用作者提出的個人經驗、對教學事件的敘述和詮釋，相互比較對照。藉此，若能啟發讀者對教學情境的思緒，便是成功寫作方法；若讀者無法對作者所提出的各種論述產生邏輯性思考，那即是作者在論述時略有疏漏。

因此，教師的深度描述是以教學歷程中的事件敘述為基礎，融合自己的教學經驗、教學情境與學生等因素描寫出來，隱含教師的情感、事件情境的歷史以及這些因素在論述中來回地、互動地、交叉地呈現出來。教師若能

深度描述，便能夠再現教學歷程事件的情景，並引領讀者走入教學情景中，身臨其境地體會到教學事件的意義，讀者所知覺的不是一堂課，而是知覺到一個教師的教學脈絡。更重要的是，教師藉由深度描述，統合思考許多相關因素，也更深度地、更精準地、更合宜地看待自己所發生的教學事件。這與籠統地、簡單地敘述教學歷程中所發生的事，對教師自己專業成長更有所幫助。

詮釋學習表現後進行解釋

　　教師詮釋學生學習表現後可以綜合其他學生學習表現，藉由某些規準或加入教師其他經驗資料進行解釋。但是，因為教師的經驗不同、情感不同、情境不同以及所指導的學生不同，導致詮釋與解釋的焦點可能不同。本書區分出以下兩種詮釋與解釋的類型，教師可以根據學生學習表現撰寫描述、詮釋與解釋，本章說明如下：

1.依據時間順序

　　第一種是依據教學活動歷程與學生學習表現之時間順序進行分段描述，以標題區分不同時間點的事件，並在其中穿插自己對學習表現的解釋和詮釋。本章再以第七章的例子說明描述、詮釋與解釋。

　一、核心知識的教學

　　　　我先把影片看過一遍，記錄關鍵訊息。在教學過程中，播放影片之前，我提醒學生觀察重點……我的目的是除了解決學生認知負荷有限外，也希望透過問題讓學生對影片的內容能夠多加注意……學生安靜地觀看影片，也偶而發出聲音說：「就是這個喔！」（描述），我可以感受到學生被影片吸引（詮釋）……之後我提出問題問學生，學生的回答好到讓我很詫異……這和我之前讓學生看影片不提示重點或僅說明影片大概之情形相比較，我知覺到觀看影片前先提示重點的成效（解釋）……

二、學生們的伸展跳躍

全部看完後，我發下我上週設計的學習單，每組一張，學習單上有三題討論題目。部分小組已經開始講話，但有兩組仍然安靜著（描述）。我走過去詢問「為何不討論呀？」學生回答我「題目要分配嗎」……另外一組爭吵著，我過去詢問原因，學生們爭執著要討論哪一個題目……。讓學生討論似乎沒有那麼容易（詮釋），想不到我先前都已經考慮過學生是否具備討論的先備知識了，但卻還不夠。根據社會建構理論，先讓學生組織訊息再相互分享，有助於學生討論時的發言，另外，不具有討論經驗的學生可能也需要有討論程序的指引。在本課程中，學生討論情形不佳，可能原因在於教師以前讓學生討論時就直接講，沒有先寫，以及沒有安排討論程序。（解釋）

上述的教學歷程分段敘述後，即有整個教學歷程的架構。不過，若教學活動相當多，本書建議教師只要保留與教學目標相關的活動進行描述、詮釋與解釋即可。教研論文的品質不在於呈現很多教學活動與其關聯的學習表現，而是對教學活動與學習表現能進行深度描述、詮釋與解釋，這才是教師教學專業的表現。

另外，先前也建議，教師可將段落標題由關鍵詞改為完整且具有意義的一句話，例如：將「學生們的伸展跳躍」改為「學生參與討論沒有想像中的容易」，亦即藉由這樣的標題就是呈現該段落的意義，這也讓非常忙碌的讀者看見標題，即可知道段落之大意。

2. 依據因果關係

第二種是依據學生學習表現的因果關係，進行描述、詮釋與解釋。教師先將教學歷程中的每一個學習表現分類，並先找出因果關係，再對每一個學習表現訂下標題，在每一個標題內描述、詮釋和解釋學習表現。

一、兩段式的學習單分數讓學生不懂之處都弄懂了

……當學生寫完學習單上的題目後，我讓學生對答案和兩兩交換批改，沒有一個全對滿分，大都錯個兩三題（描述），他們對教材內容仍然理解不夠透澈（詮釋）。我並沒有把學習單收回來，我告訴學生「你可以針對錯誤的題目，找一樣錯相同題目的同學討論，討論後把對的答案寫上去，我會以最後的分數為準」。學生很訝異，也很高興，馬上站起來問問看誰錯的題目與自己相同……。其實學生對自己寫錯的題目都已經思考過，但可能思考不周延，兩個類似的學生把想法講出來會相互刺激思考……想不到，兩段式的學習單分數計算竟然可以促進學生再度思考（解釋），學生不懂之處也都懂了（結果）……這比我平時要求他們訂正實在是好多了。

二、非固定型的同質性分組可以讓每個程度的學生投入討論

兩個錯相同題目的學生開始討論了（描述）……看著學生似乎辯論的表情，可以感覺到學生對自己錯誤的題目很在意（詮釋），既然在意，討論的氛圍就有了……當學生在先前寫題目時就已經對題目思考過，就可以把當時的想法講出來，兩個都是如此，討論便可以容易進行，討論不就是相互把自己的觀點講出來，再藉由對照比較自己和他人觀點的差異，再度讓自己思考，它讓學生的討論成功了（解釋）……。這種非固定型同質分組討論的做法對低成就學生似乎也有幫助（結果），不過……

　　上述第一個標題內容中，作者先以「沒有一個全對滿分，大都錯個兩三題」進行學習表現的描述，而以「他們對教材內容仍然理解不夠透澈」詮釋這個學習表現，教師以「運用兩段式的學習單分數計算」當作原因，解釋了「學生不懂之處也都懂了」的學習結果。

　　上述第二個標題中，教師先描述「兩個錯相同題目的學生開始討論了」，教師詮釋這個表現是「看著學生似乎辯論的表情，可以感覺到學生對自己錯誤的題目很在意」，「這種非固定型同質分組討論的做法對低成就學

生似乎也有幫助」是結果，而原因是「討論不就是相互把自己的觀點講出來，再藉由對照比較自己和他人觀點的差異，再度讓自己思考，它讓學生的討論成功」。

　　教師描述學生表現，進而詮釋與解釋的能力相當重要，這是教師專業的表現。教師需要對教學歷程中的學生學習表現具有高度知覺，透過詮釋與解釋，理解學生學習表現的原因。

本章小結

　　教學不是指教師教多少，而是學生學多少，教學要以學生學習為焦點。因此，教師教學不是將教材講授完畢就好，需要在過程中隨時注意學生的學習情形，也需要經常提出問題或安排學生表現的機會，以便蒐集充分的學生學習表現資料。

　　另外，分析學生學習表現不宜用學術研究的質性或量化技術，而是運用教師先前經驗、學生學習背景以及教學情境等脈絡因素，詮釋學習表現的意義。其次，學習表現最後應回饋到教學目標，教師需要逐一比較對照學生表現與教學目標的契合度，以確定教學目標的達成與否。教師也要具備描述、詮釋與解釋每一種學習表現的能力，包含預期與非預期的表現。當教師對學生學習表現具有敏感度，便能描述與詮釋學習表現的真實意義，再透過教學情境脈絡因素，解釋學習表現的原因。了解學生學習表現的原因相當重要，除了知覺教學活動的效應外，也可以成為教師保留或調整教學策略的參考。最後再以統整性的論述，確認教學實務的成效以及驗證教師原有教學理念的合宜性。

　　本書作者突破學術研究對資料分析的框架，指出學生學習表現分析不能僅就評量工具蒐集資料，而是需要教師統整性地融入其他教學脈絡因素，詮釋學生表現的真實意義，再統整性地提出學生表現意義的原因。

第九章

省思教學理念與價值建構

　　一個教師要能知覺自己需要具備什麼樣的專業、專業如何成長，也需要知道自己的專業成長歷程。知覺自己想做什麼、為什麼要這樣做、做了之後的結果為何以及對自己的教學和學習有何幫助。如此，在教學理念、實踐等歷程中不斷省思，發展教學實務智慧，讓自己成為具有專業角色的工作者，進而建構自己的專業價值。

　　當教師實踐教學理念，就需要蒐集學生表現資料，部分學生表現如預期，正可論述原有教學理念之合宜處；若學生表現不如預期，則透過統整性地分析與藉由教學經驗與脈絡因素的自我省思，提出更合宜的新觀點，建構教學專業價值。

　　教學省思非無中生有，需要不斷在回顧與實踐中來回思考，需要以多重結構經驗建立一套準則，再與實務相互比較。在驗證教學理念與建構新觀點時，教師教學省思能力相當重要。教師若能進行教學省思，不僅在改善學生學習品質、自己的教學專業成長上有幫助，也可以藉此改善師生互動關係，提升教學自信心與教學效能。

第一節 教師教學省思的內容

教師教學省思什麼？只要有教學設計與教學實踐，教師就需要教學省思。在教學前、過程中以及教學後，都是教師自我省思的時機。而教學專業工作上的理念、教學行為、教學脈絡與相對應的學生表現，都是教學省思的內容。

教學省思的時機

教師的教學省思可以在教學前，也可以在教學過程中和教學後，各有其目的。

教學前的省思是一種教師自覺與前瞻預測，基於教學經驗建立教學理念、設計教學目標與教學活動，預測教學活動的進行歷程和成效評估，這樣的省思有助於教師提出縝密周延的教學活動流程。

教學中的省思是教師在教學行動過程中的自我對話，教師一邊教學、一邊省思，當教師的教學活動對學生學習產生效應，教師可立即思考並做成繼續、調整、刪除或改變的決定。

教學後的省思是一種教師自我批判性反省，教師蒐集與分析學生表現資料，與先前的教學目標相互比較，尋找共同點和差異點，如此可對教學活動中所發生的事件具有更豐富的理解。另外，教師也需要針對教學成效與先前的教學理念相互對照，調整教學理念或提出更有價值的教學觀點。

教師若能經常教學省思，便可能使自己的教學活動模式化、教學經驗理論化，提高自我評價的能力。

教學前的省思較少被執行，多數教師可能設計教學活動或備課之後，甚至毫無課前準備便進入教室教學，教學前沒有教學思考，很容易照著書上文字唸、照著書上習題算，教師在備課時就需要教學省思。

教學中的省思困難度最高，教學情境相當複雜，教師要關注的面向也相當多元。當教師面對突發問題，需要立即整理資訊、立即思考以及應用教學理論原則，找到問題的原因與提出解決策略。

　　教學後的省思對一個教師的教學專業成長幫助最大，原因在於它比課前省思多了豐富的教學資訊，也比教學中的省思多了充裕的時間。但反過來說，教學後的省思也因為涉及最多資訊，從教學理念、教學活動、學生表現以及教學情境因素等都值得省思，教師需要花費的時間與心力都比較多，不容易被完整執行。

　　若教師能在不同時機，針對教學事件，有意識地自我評估，找出優缺點，確認合宜的教學活動，教學行為將不斷地趨於合理和完善，教師教學專業即可不斷提升。

教學省思的內容

　　「省思什麼」是一般教師在教學省思前經常提出的問題，教師若進行毫無焦點的教學省思，可能會陷於隨意思考、胡思亂想，對教學成效毫無幫助。

　　教學實務研究是涉及建立教學理念、設計與實踐教學活動、蒐集與分析學生表現等歷程。教學省思起於教學理念與先前經驗的對照，對自己教學建立期許；其次，教學活動與教學理論原則相互比較，省思所設計的教學活動是否具有教學原則基礎、是否提供學生充分學習思考的機會以及預期學生的學習表現，自我知覺教學活動的可行性；在教學中，透過觀察、實作，分析學生表現，並評估學生學習表現是否如教師預期，並找出原因；在教學後，教師則提取學生學習表現證據與教學目標進行對照，包含預期發生與不發生的事件，以確認教學活動需要保留、調整與刪除之處，再透過教學成效，省思自己教學理念。

　　簡單來說，教師要對自己教學經驗、教學理念、教學目標、教學活動、學生表現具有充分的知覺，相互對照比較，再自我解釋與自我論述，驗證教學理念與建構新價值觀點。教師可以參考下列十個問題，進行教學省思：

　　1. 我參照了我的哪些經驗，建立我的教學理念？

　　2. 我設計教學目標時，如何考慮教材單元、學生特質與教學環境？教學目標是否具有合宜性？

3. 我的教學活動是否根據教學目標所設計？有哪些教學理論原則可以解析？

4. 我的教學活動是否完整實踐？教學活動進行時，蒐集了哪些學生學習表現資料？

5. 學生學習表現是否如預期？有哪些預期和非預期的學習表現？

6. 各種學生學習表現的真正意義為何？教學目標是否達成？有何學生表現證據顯示達成或不達成？

7. 那些已經達成教學目標的學習表現，原因為何？

8. 那些未達成教學目標的學習表現，原因為何？

9. 我可以藉由哪些教學成效驗證我的教學理念？

10. 我是否需要調整、改變、刪除或提出新的教學觀點？有何參考學習理論可用？

從上述問題可以發現，教學省思即是以學生學習表現為基礎，在教學理念、教學目標、教學活動與評量方法上進行統合思考、對照與比較，找出差異、解釋原因以及提出策略。教學省思可以協助教師連結先前經驗、學習理論、教學活動和學生學習表現，自我評估如何教得更好以及讓學生學習更好。但如果沒有系統化的省思，教師可能會發展不適當的教學活動，也負面影響學生的學習。

教學省思的技巧

教師教學省思要有技巧，要能跳脫自己的思維，讓更多的資訊進入自我評估系統中，資訊越多、關聯越多，教學的思考就更周延。在教學省思之前，教師得先回顧自己的教學經驗（可包含早些年的教學經驗和習得的學習理論知識），再充分蒐集教學脈絡與學生因素，分析學習表現資料。不過，善用一些技巧可以協助自己進行教學省思。

「教學省思日誌」是一種協助教師記憶和回憶的工具，教師教學過後描述自己課堂中發生的事件，包含教學活動、學習表現以及其他相關聯的事

件，再詮釋這些事件的意義，並將詮釋結果寫下來。在進行教學省思時，教師整理教學歷程資料後，可以對照一般學習理論或教學原則，來回思考與寫作，找出合適與不合適的教學行為。教學省思日誌不需要制式格式，簡要記錄的版本至少包含「發生什麼事、事件發生的可能原因、我的觀點」三個面向，教師亦可以參考先前提及的「教學省思內容」進行自我描述。不管教師要描述或記錄什麼，一定要有事件描述和詮釋、解釋原因和後續觀點等三個流程，特別是教師要能知覺基於什麼理由對某些事件提出見解。不過，教師要儘早描述資料，省思可以略延後，儘早描述是避免時間太久而遺忘，而略延後省思可以讓教師跳脫思維，詮釋與解釋較為周全。

　　「與其他同事對談」可以擴大教師自己的思維。若是學校教師已組成教學社群，社群教師便可以運用共同備課、相互觀課和集體議課一起省思與討論教學細節；若無，而有其他教師願意前來協助觀課，課後教學者可以把自己關注的事件焦點描述出來，聆聽觀課教師的意見；若未能協助觀課，教學者亦可整理教學活動、學生學習表現以及自己的觀點，分享給其他教師聽，再聆聽意見。不過，其他教師的意見都只是提供教學者的參考，教學者不一定要遵照意見改變，畢竟自己的教學情境自己最熟悉。「與其他同事對談」的技巧是藉由同事的觀點刺激教學者自己的思考，教師自己需要自行評估意見的合宜性。

　　教師需要學習教學省思的技巧，「教學省思日誌」是以學習理論或教學原則對照教學活動和學生學習表現，而「與其他同事對談」是以其他教師的觀點比較教學者自己的觀點，這兩種技巧都可以促進教師跳脫自己思維，藉此讓教師確認教學的有效性與調整的必要性。

教學省思的態度

　　先前提及教學省思的內容、時機以及技巧，不過，教師如果封閉自己、不願意進行教學省思、不願意多整合思考其他因素，仍然無法確實地詮釋學生學習表現的真實意義，也無法提出教學問題的解決策略。

　　教師需要認同教學省思對改變教學和提升學生學習成效的意義，對自己

理念質疑、對自己教學活動檢視合宜度、對解釋學生學習表現加入多種因素思考，並且願意尋求更可靠的資訊，才能對學習結果提出合宜的解釋與建立新的觀點。

另外，教師需要對教學具有高度的責任感與對事件的敏感度，願意全心全力投入教學工作中，知覺教學事件與學習表現的真實意義與影響因素。自我評估後，有責任地思考改變的可能性。

教師教學省思也要有持續性，省思過後提出合宜的教學策略於下一次教學中驗證，如此不斷地省思和驗證，就會體會教學省思的價值性。教學省思時是教師在進行實務探究時非常需要具備的能力，也是教師專業成長中相當重要的工具。

第二節　教師發展教學實務知識

教師藉由教學省思，思考教學理念與教學活動之可行性，透過教學實踐與學生學習表現分析，思考自己在此教材單元的內容知識、教學方法或學生學習活動上有何需要保留、調整之處或有何新觀點。經過教學歷程、教學省思與教學決定，學生學習成效將會更好，教師教學專業能力也能提升，這也是一種教師教學實務知識的發展過程。

許多教師經常花費許多勞力與時間處理學生的學習問題，卻不見得有效，也可能讓自己身心俱疲，只要教師發揮教學智慧，多發揮腦力和多教學省思，教學成效將越來越好。

教學實務知識發展的方法

在教學實務知識的發展上，教師可以運用教學省思對每日的教學實務和學生學習表現產生聯想，再試著融入其他資訊整合思考新方法，並加以試驗，若具有成效，教學實務知識便可發展。在發展教學實務知識上，教學理論原則與先前經驗的運用相當重要，如果沒有教學理論原則的指引，教師

可能不知道問題所在，也可能不知道如何發展解決教學問題的策略。教學理論原則是基於學生心生理發展的學習理論，可以用來解釋教學活動與學生表現，也可以用來思考解決教學問題的策略。另外，教師先前經驗和自己觀察他人教學的經驗，亦可用來思考教學問題。當遇到問題，透過思考與策略，解決了一個問題以及協助了學生學得更好，教學實務知識便發展一些。

　　舉一實例，某一教師在上課後經常給予學生作業單並要求學生練習，但每次收回作業批改時總是抱怨學生書寫作業錯誤百出，即使教師要求學生訂正，學生也是改了一些又錯了一些。教師開始思考，學生寫作業不認真可能是因為對教材內容不夠了解，因此開始改變對學生寫作業的時機。教師要求學生上課時先寫個幾題，寫作業時不准學生交談，以避免學生相互抄襲。當二十分鐘後，教師要求學生兩兩交換學習單，並且告訴學生若答案和別人不同，去解釋和辯護自己的答案。該教師也說，解釋和辯護後可以再修改自己的答案，改完之後再交給教師。除了少數仍不開口外，多數學生發現這樣的做法，可以聽到其他同學對作業內容的想法，也發現自己和同學的想法不同。不過，可以從同學身上知道自己原來沒有考慮周延的地方，多數學生都訂正了自己原有的錯誤。之後教師收回學生作業批改，發現作業錯誤減少許多。教師心想，這樣做，學生透過同儕學習，學習效果更好，教師批改作業也輕鬆。教師只要發揮腦力，學生便可學習更好。

　　在此實例中，教師發展教學實務知識有五個關鍵流程：

　　第一，發現問題。教師發覺學生寫作業錯誤百出，確認學生並非不寫作業，推估原因可能學生對教材內容沒有充分了解。一般教師可能採用重複教導策略，但這樣費時又費力，教師開始思考其他策略。

　　第二，運用學習理論。教師以社會建構理論為基礎，了解學生同儕相互分享可以刺激自己的思考，這種思考不是由上而下的教導，而是平等互惠地提供自己的想法，聆聽他人的想法，最後自己對照和比較，再調整自己的答案。

　　第三，參考先前經驗。不過，教師也思考以前讓學生討論，學生總是有些人說話、有些人不說話，或者是自己等著別人的答案。因此，教師先讓每一個學生自己寫自己的作業，並且嚴禁交談，目的在於先讓每一個人組織自

己的想法，交談時至少可以唸出自己原來寫的答案。這也克服早期經驗中，學生分享時不知道說什麼的窘境。

第四，產生具有價值的教學策略。當學生分享後發現自己還可以修改答案，這可以讓教師給分高些，大部分學生便樂意與他人交換意見，再加上部分學生對自己的答案總是有個不服輸的心態，辯護自己答案的聲音越來越大，但在思考過後，部分學生也確認自己原有的思考有誤，進而修改自己的答案。逐漸地，學生體會到同儕分享對知識學習的好處，教師批改作業也不再花費那麼多時間。更重要的是，學生經過同儕分享學會了原來似懂非懂的知識。

第五，再思考遺漏之處。教師發現幾位學生仍然不開口說話，思考這些學生先前的學習表現，部分是低成就，部分是社交關係不佳。因此，後續再思考哪些教學理論與原則可以運用。

上述的過程具有循環性，教師只要對教學實務具有敏感度，善用學習理論與先前經驗，並嘗試實踐，便會有所獲得。

系統化的描述、比較與產出

部分教師可能知覺自己常在教學工作中加入新的元素，例如：翻轉教室、行動科技的應用，便以為自己已經發展教學實務知識。如果沒有系統化的實踐、資料蒐集和省思，也沒有確認學生學習成效的提升情形，即使加入新的元素，這些專業知識是微弱的。教師建立教學理念後，需要實踐與驗證，之後才可能產生新的觀點或建立新的理念價值

教師要建立新的理念價值，需要掌握三個原則：描述、比較與產出。教師需要先「描述」教學理念建立與教學目標設計過程、教學活動實踐與學生表現分析歷程，摘要寫下各項資訊；並在實踐教學活動過程後，針對學習成效進行分析，再與教學理念相互「比較」，提出符合程度或差異性內容；在比較之後，若是符合原先教學理念，則重述完整的教學歷程，驗證教學理念；若未能符合，教師藉由教學理論的指引指出教學理念的調整、改變或刪

除，「產出」新理念與建立新教學觀點。而「描述、比較與產出」的原則，便可適用在教師發展教學實務知識的過程中。

與其他教師協同發展教學實務知識

　　即使一個教師的教學經驗豐富，發展教學實務知識時可能限於個人有限思維，思考不夠周延，因此，教師協同發展教學實務知識更顯得重要。教師需要開放自己，多與他人分享和對話，這可以刺激自己的教學思考，讓教學策略更精緻細膩且具有較好成效。教師若能協同發揮集體知識，對每個教師的教學專業成長之效益會有顯著的成果。

　　教師協同不同於教師合作，也不同於同儕教導。教師協同是教師相互協助、相互提醒、相互刺激思考，但個別成長。在協同中，教師各有其教學任務，藉由分享、對話與討論，自己思考是否調整自己的教學任務，最終讓自己的教學任務執行更完善。教師在協同中的權力與影響是相同的，沒有誰權力高低的關係、影響大小的問題。

　　教師合作是指一群教師具有共同任務，但每個人在此任務中分擔一部分的工作與責任，整合起來形成小組任務，小組成員仍需要相互協助，促進每個成員完成共同的任務。每個教師在合作中之權力與影響亦是平等的。和協同最大的不同在於，教師合作在於共同任務的達成，而不強調個人所分工的任務之成功。

　　教師同儕教導之意則有上對下的教導關係，權力和影響是不平等的。通常是一個有知識和能力的教師指導比較沒有知能的教師，也是前者影響後者較多。即使當前教師同儕教導已逐漸改變上對下的教導關係，而以教師配對形式相互提供建議，執行過程中仍有觀察者評估教學者的含意。

　　一個學校內，若以學校行政角度而言，教師合作多過於教師協同，但若是課堂教學而言，則是教師協同多過於教師合作。原因在於每個教師被賦予教學任務，除非極少數的共同教學外，每個教師被指派的班級、教學領域和教學時間不會相同，教師要主導自己的教學活動，並獨當一面地面對學生。但是教師透過協同，便可以相互協助、相互刺激思考，讓教師自己的教學工

作獲得提醒和調整的機會。另外，同儕教導常被運用在輔導新手教師的工作上。

　　教師可運用共同備課、相互觀課和集體議課共同發展教學實務知識，這是基於教師協同學習理論，促進教師集體思考對教學更有效的方法。教師共同備課之前需要先自己備課，再與其他教師組成共備會議，大家相互分享教材內容與教學策略，透過對話相互刺激思考自己的教學設計是否完善，這個做法亦可促進教師教學前的省思。

　　教師決定教學活動後，在教學時邀請或安排其他教師進教室協助幫忙觀察學生，觀察學生在教師教學活動時的各種表現與學習困難處，可觀察學生聆聽的表情和眼神（可推論學習動機和態度）、學生回答或討論時的口語聲音（可推論理解情形與社交行為）、學生書寫學習單或習作的情形（可推論學生對教材的理解情形）以及學生操作教具、繪製和動手做（可推論學生對教材的理解和應用知識的能力）。教師協助記錄學生學習表現，以便在集體議課時，共同省思，找出解決學生學習困難的策略。

　　教學之後，協助觀課的教師可以提出觀察到的現象，特別是學生學習表現，可能是學生眼神呆滯、注意力不集中，這可能是學生缺乏學習動機，教師們便可以思考促進學習動機的策略；若發現學生過度安靜或少發言，可能是學生沒有理解題目、缺乏先備知識或缺乏自信，教師便可以共同發展促進學生理解教材的教學策略；若發現學生書寫作業時沒有寫、亂寫或寫慢，或在操作時亂做、沒注意程序和貪玩，教師們則可以思考如何面對與調整教學策略。

　　教師共同備課、相互觀課與集體議課的目的不是相互監督與評鑑，也不是一個教師模仿另一個教師的教學技巧。先前提及，教師協同是相互協助，亦即相互協助觀察學生，再發揮集體智慧，共同提出改善學生學習品質的策略。

　　不過，值得一提的是，若教師觀察其他教師教學，並自我評估後（已不是模仿而是學習獲得），將部分或全部教學技巧運用在自己的教學中，再透過教學實踐與省思，進而發展自己的教學實務知識，即使教學實務知識非集體發展，但這種形式對教師專業成長亦有相當助益。

第三節　建構自己的專業價值

　　教師專業成長應該以學生學習表現為焦點，提升學生學習成效為目的。教師要了解學生如何學習教材內容，進而指出教學活動要如何進行，藉此強化教師在教學上的專業能力。教師若只是參加校內外的講座、研習或工作坊，沒有將所學習到的知能運用在學生上，勉強只能說教師學習到一些知能，而不能說教師獲得專業成長。

　　另外，部分教師沒有考慮學生學習特質，將校內外研習所獲得的知識或將觀察其他教師所獲得的教學技巧進行轉化，只是模仿應用於自己的教學活動中，或只關注在教學模式的運用上，沒有針對學生學習困難進行改善，這也不是最好的教師專業成長。簡單來說，以自己學生為焦點的教師學習活動，才屬於教師專業發展的範疇，而教師每日的工作即是在於探討如何改善與提升學生學習成效。

　　教師的專業發展是一個持續性的工作，教師在每日的教學工作中累積課程內容、教學活動、學習評量以及學生學習成效之有效做法。教師可以將教學理念、教學活動和學生學習表現的證據，進行統合分析，提出關於學生學習成效有力的觀點，證明自己的教學專業。

　　教師可以自我回答下列十個問題，提供教師以問題的答案論述自己的教學理念與其實踐的專業表現。本書也提供簡要的實例，讓讀者了解問題的回答方向。

1. 我的教學理念是什麼？

　　例如：學生程度不同，差異化教學是必要的……但同質性差異化分組討論似乎可以試驗看看。

2. 在此次教學中，我的教材內容分析為何？

　　例如：我應用在正方形面積計算這單元，正方形面積需要提及邊長……。

3. 在此次教學中，我分析學生的特質？

例如：偏鄉孩子程度普遍較低，但也有高成就學生，多數學生先備知識不佳……差異化教學的設計符合學生特質。

4. 根據上述，我的教學目標是什麼？

例如：我希望低成就學生能理解正方形面積的計算與應用，高成就學生能夠分析……。

5. 我的教學活動設計為何？

例如：我先講述……確定學生理解之後，我會讓學生差異化分組討論，分組是以學生對正方形的理解程度為主，而不是依據先前的能力。。

6. 我如何評估學生的學習表現？

例如：我利用學習單檢驗學生的理解程度後，依據學生程度設計略微具有挑戰的題目，我也觀察學生投入討論的表現。

7. 我的學生在這樣的教學活動中表現如何？

例如：低成就學生還是不懂、無法討論。其次，中高成就學生成效很好。透過討論，中成就學生的討論最佳，分析型的題目也可以促進高成就學生的討論。

8. 根據學生學習表現，我驗證了什麼？

例如：同質性差異化分組討論對中高成就學生很有幫助，可以藉由討論刺激思考。但低成就學生可能都不懂，即使討論也無法分享自己的答案。

9. 根據學生學習表現，我要調整什麼？

例如：未來進行同質性差異化分組討論時，可能需要先指導低成就學生先備知識。

10. 在這次教學實踐中，建立了什麼價值性觀點？

例如：同質性差異化分組討論有其價值性，但確認學生的先備知識相當重要，教師必要時先行指導部分低成就學生。

教師的教學專業實踐與價值建構是一種系統化的自我評估，是綜合思考與實踐的過程，具有專業責任地提出有利學生學習的教學決定，一個教師成功的專業發展必定與此教學決定密不可分。

大膽論述自己的教學專業

教學專業不能關起門來說，教師若能發展教學實務知識，已有教師專業成長的體現，就不能太溫良恭儉讓，要能論述自己的專業與成長歷程，把自己的專業能力與表現彰現出來。在論述過程中，教師需要邏輯整理資訊，也同時需要自我省思，如此不斷地實踐、論述、省思等循環，教學專業能力跟著增長。

許多教師不善於論述自己的教學專業，或是說不善於進行教學實務研究。先前章節已提，教學實務研究非一般學術研究，而是以教學理念為起點，實踐教學活動、蒐集與分析學生表現，來透過寫作論述自己的教學專業。在其中，**教師教學省思是教學實務研究中的關鍵方法**，而最終階段的**「省思教學理念與建構新的教學觀點」是教師專業成長的證據**。教學實務研究不是冷冰冰的統計分析，略有教師的情感在內，教學實務研究的情感溫度來自於教師對教學情境的熱情、關懷、體認、省思與美的感受，以把學生教得更好為目的，實踐心中的教育理想。

教師在撰寫教研論文最後一章節，便是論述自己的專業價值。教師需要從學生學習成效中論述原有理念與實踐過程，而描述、詮釋與解釋是教研論文中經常運用的方法。教學理念會影響一個教師的教學作為，它具有可調整性，可透過實踐與各種經驗後的省思進行修改。先前段落提及，教師可以用**「在這次教學實踐中，我驗證了什麼？我調整了什麼？我建立了什麼價值性觀點？」**刺激自己思考，將在教學實務研究中所獲得的教學專業知識，分成

兩個要點論述，建構教師自己的教學專業與其價值性。

第一，大膽證明自己教學理念的價值性。每一個教師心中都有教學理念，把自己的教學理念運用在某個教材內容與學生學習上，設計教學目標與教學活動，透過教學實踐與基於學生表現的省思，去驗證自己的教學理念。

教師只要把教學歷程中的關鍵內容描述出來，透過學生的表現證據，告訴讀者教學理念與教學方案如何促進學生的成長，也提示哪些理念之教學活動應該被保留、調整和刪除。

不過，教師不需要擔心學生學習表現不佳即是教師教學之過，教學情境過於複雜，即使教學理念無法產生合宜的學習成效，教師的教學專業是在於知覺歷程與提出有價值性的策略，而不是保證教學成效。

一般學術研究論文在此應寫結論，但教研論文是寫下教師實踐自己教學理念的價值。教師寫作時不要擔心研究的嚴謹度，只要基於學生學習的證據，合理地詮釋與解釋原因，把自己教育情境與歷程的聲音寫出來。

第二，發展新理念與新教學觀點。教學理念具有可調整性，教師在教學活動後基於學生學習表現寫出自己發展的新觀點，更能顯示一個教師專業成長的最大成效。教學知識的發展不一定要透過學者專家的學術研究，實務教師最知道教學情境的變化與複雜性，教師有權力發展新的教學觀點，這些聲音不一定適用於廣泛的教學情境，但教師投入教學的熱情足以遷移教學情境的改變。

一般學術研究者在其論文中會寫下研究建議，但教研論文是一個教師的專業表徵，在此敘寫著教師「新教學理念或教學實務知識」之發展脈絡以及對自己未來的專業期許，也可能提供其他教師發展其教學理念的參考。

第四節　透過寫作彰顯自己的專業

教師經常表述自己具有專業，也需要合宜地論述專業所在。教師需要進行教學寫作，透過寫作可以描述自己教學理念、實踐與省思過程，為了描

述、詮釋與解釋，教師便可能刺激自己思考，連結理論、經驗以及所有脈絡因素，也因此可以知覺自己的教學以及專業成長的歷程。更重要的是，教師需要透過系統化的論文寫作，讓社會了解一個教師的專業價值。

寫出自己的省思歷程

教師進行教學實務研究後，描述、詮釋與解釋的功夫已經可以讓教師有許多素材可以寫，除了先前提到，教師要一邊進行教學實務研究、一邊撰寫教研論文外，在論文最後一章第一節需要呈現教學實務，透過教學省思，驗證教學理念、建構教學專業價值。

在論文前四章提過的內容需要再摘要簡述，這可以喚起讀者的回憶，也可以鋪陳教師省思的歷程與專業表現的結果。例如：教師可以參考下面實例，以兩、三百字略微簡述先前的過程。

> 　　我先前建立的教學理念是希望學生能夠透過平板電腦與他人在課後互動，進而相互刺激思考。我在社會領域「臺灣的土地與人民」單元中設計教學活動，我的目標是希望學生能分享自己思考過後的資料，建立對臺灣這塊土地的環境保護意識……我要學生分享自己一張關於環境的照片，並且用簡短的一段話描述自己觀點，任何學生都可以回應其他同學的觀點……學生不僅完成自己的任務，大約有八成的學生回應其他人以及解釋自己的照片，這種投入學習的態度已經比以前要他們寫作業來得好多了……原因在於學生看到別人所引用的照片中，有些是美麗的景色、有些是遭到破壞的環境，激起了心中的情感……

教師在簡述教學理念、目標、實踐過程與詮釋和解釋學生學習表現後，便可以提出自我教學省思的歷程。教學省思得要以教學情境發生的事件和學生表現證據為基礎，再對照教學理論原則和先前經驗，提出比自己先前的做法還要新的教學觀點，例如：

社會領域的教學中，不只是知識的學習，有一部分是情意方面的陶冶，讓學生建立環境保護意識是社會領域的教學重點，從學生回應他人的內容分析來看，學生已經開始認同環保意識的重要性（教學理念與學生表現的對照）……情意領域的教學得讓學生自己體會才行（提出新觀點）……

……

以前我只是在課堂中呈現我課前蒐集的環境遭破壞之照片，現在我讓學生自己找自己有感覺的圖片，並且要他們敘說自己的感覺（先前經驗與現在經驗的對照），透過協同學習的教學原則，我發現這樣的效果很好，再讓學生相互分享、回應與解釋，他們的想法更廣、更周延（提出新觀點）

……

大約還有兩成的學生沒有回應他人，但我仔細分析這些同學平時的表現，不是屬於比較低成就，就是人際關係不佳的（以前表現和現在表現的比較）。我想他們不敢回應他人是因為他們缺乏信心，我得要在下一次教學前做些……（提出新觀點）

教師寫下這些教學省思的歷程，在文字表達中不斷地透露一個教師如何看待自己的教學理念、做過的事與學生表現結果，而教師也發現自己產生了一些新的教學觀點，如果教師不斷地發展與驗證這些教學策略，學生也從中獲得更好的學習成效，教師的教學實務知識便開展起來。

▉ 寫出自己的專業價值

教師的專業需要彰顯，以建立教師專業在社會的角色。傳統上，好的教師應該只需要在學校內、在學生面前扮演好一個教師的角色，做好分內的工作即可；在當代社會中，教師專業角色式微，導致社會大眾對教師專業的不敬重。一方面受到少數教師在教學歷程中以自我意識進行教學，毫無專業可言；另一方面，多數教師並沒有建立合宜的教學實務探究之理念，也沒有知

覺自己教學專業成長的歷程。本書提出教師應該探究自己的教學實務以及撰寫教研論文，目的在於透過教學實務研究，發展自己教學實務知識，也藉由教研論文寫作，教師知覺自己的專業成長歷程。更重要的是，教師需要將教學實務研究和專業成長歷程表述出來，除了引領教育同儕外，也讓社會大眾覺知教師是一個專業工作者的角色。

教師在回顧教學歷程與提出省思觀點之後，還需要寫下專業成長的價值，例如：

> 培養學生情意的教學活動需要激發學生的情感，而不是聆聽教師講述。我在教學過程中，我讓學生說出自己心中理想與不理想的環境，並且透過分享，再度引起學生的思考，並進一步檢視自己的態度。我就是運用這種有效的方法，建立學生的環境保護意識。
> ……
> 不同的孩子有不同的學習風格，即使我的教學方法比以前好，畢竟還是會有幾位學生沒有跟上，學生學習需要自信，而這種自信來自於對學習任務的充分理解，並具有得以施展出來的技能……
> ……
> 改善學生自信是我下一個階段要努力的目標，我會……

前述第一段是教師大膽地說自己的教學理念具有成效，自己是一個具有教學專業的工作者；而第二段是基於學生表現所發展的教學新觀點，實務教師可以發聲，可以發展教學實務知識；第三段則是教師的自我期許，這也是下一個專業成長的起點。

若以學術論文而言，作者需要提出有力的結論，也試圖在該研究領域上提出合宜的建議；但就教研論文而言，教師提出的是省思、驗證、新教學觀點與對自己或與自己經驗類似的同儕教師一些期許。簡單來說，教學實務研究與教研論文不是貢獻學術，而是讓教師自己的專業成長。再透過理念、實踐、分析與論述，教師提出自己的專業價值，也讓其他教師或社會大眾知道，自己正在不可取代的專業路上。

本章小結

　　教師進行教學實務研究時，需要提取合宜的學習理論與教學原則，針對教學活動以及所引發的學習表現之分析結果進行比較，逐一發覺教學成效與未具成效之處。若具有教學成效，教師知覺自己的理念與實踐得以保留，亦可論述該教學理念的價值性；而針對教學未具成效之處，再以教學原則為基礎，提出調整或改變的策略。教師透過教學省思，分析與檢驗自己的教學理念與實務，並從改善學生學習品質中，提升自己的教學專業。

　　教學專業成長不是一件簡單的事，但是它是一件不會停止的工作。教師持續性地自我學習是教師專業成長的核心，沒有一個教師敢說教學專業已經充分，教學情境的複雜性以及學生學習的多樣化讓教師需要不斷地改變與調整自己。教師透過教學省思有助於激發個人對教學工作的知覺，提醒教學脈絡中經常忽略的因素，藉由寬廣思考、深度省思，教師將可以學習更高層次的教學知識，也可以促進教學專業成長。

　　而教師還需要做的事是把專業成長歷程與價值建構出來，參與教學知識的發展。教師需要開展教學實務知識，透過教學實務研究與教研論文的寫作，改善教學品質與提升學生學習成效，並且建立教師是專業工作者的角色。教師要做的是不一樣的研究，寫不一樣的論文，是讓教師開展「教學實務知識」以及不斷「建立新教學理念」的研究和論文。

第十章

大學的課程與教學

Boyer（1990）發表《Scholarship Reconsidered: The priorities of the professoriate》一書，內文一開始便提到「大學教授最重要的事是什麼？教授的什麼樣活動才應該被獎勵？」，這本書大都在指出大學教授不應該僅是專注在研究工作，而應該多花時間在教學上。他也提到大學自己充滿著矛盾，矛盾來自於大學教授在教導大學生的情境下追求研究的價值，大學收取了學生學習費，但在獎勵教授上，卻多以研究發表較多的教授為先。

大學是該重新定位自己的任務，大學教授也該思考自己的角色。大學教授被稱為學者，學者是做研究的人，還是學者是將所探討的知識經由連結轉化再有效傳達給學生的人？這是當前大學教授應該思考的問題。

第一節　大學教授的任務

國內大學教授的任務通常包含研究、教學、服務，針對這三種任務，會有兩種討論的議題：偏重或擇一、兼顧或統合。

偏重或擇一的觀點

臺灣近二十年來，為了爭取國際排名，政府和部分大學花下數百億經費，尋求進入世界前百大學的機會。無論是接受政府專款補助的大學，或

是自己有意願向上攀升的大學，開始要求教授產出學術發表，透過各種獎勵機制讓大學教授減免授課，也辦理許多論文寫作工作坊，只求校內教授能在國際頂尖期刊上展露光芒，也顯露其大學名聲。不斷過度重視學術研究的結果，使得大學逐漸被分類，或者是大學自己把校內的教授分類，例如：頂尖大學、優秀學者。即使政府略提出數十億獎勵大學發展教學卓越特色，跟學術研究攻頂的氣勢相比，似乎僅是不願意背負重學術輕教學的壞名聲而已。再者，大學教授不像中小學教師，在擔任教職前需要接受師資培育訓練，在博士階段的訓練也多是學術研究與論文寫作，因此，大學教授對教育、對課程與教學並不熟悉，在提出教學卓越計畫時也多著力學生的非正式課程或課後活動，大學教授的課堂教學品質改變不大。基本上，近二十年來，臺灣的大學早就偏重學術研究，除了政策因素外，大學教授的課程與教學能力也是關鍵因素。

　　大學教授經常被稱呼為「學者」，如果把「學者」認定為是做學術研究的人，因此，那些能在學術研究上自我實現的大學教授對於大學重學術輕教學的生態視為理所當然，他們擁有學術資源、善於研究發展，也具備撰寫論文的充分技巧，在這種生態中，他們經常被獎勵，更被視為讓自己大學發光發熱的人。

　　另外一個觀點，臺灣早期的專科學校大都以培養學生面對未來工作以及面對社會應具備技能為焦點，教授被聘任的目的不是為了學校的學術聲望，而是成為一位帶領學生學習的良師。這種任務如同美國1900年以前許多大學對教授的期待，教授被聘入之主要目的就是為了課堂的教學。

　　臺灣當前的大學部分開始關注教授的課堂教學，不過，這種轉移較少以教育或課程與教學的觀點，而是認為大學裡面，有些教授可以努力為學校衝刺學術聲望，而其他在學術研究無法有亮麗成績的教授，則被鼓勵在教學上發揮。逐漸地，各大學裡的教學績優獎勵辦法一一浮現，又配合教學卓越計畫的導引，部分大學裡開始出現「研究型教師、教學型教師」之教授定位的聲音，甚至對於那些研究產值低，以及教學情形差的教師，轉變成擔任行政服務的角色。即使所有教授都需要排課和都需要面對學生的學習，大學教授應該也具有學術研究的責任，但「研究優良教師、教學優良教師、服務優良

教師」恰似分類的印象還是隱約在校園的獎勵辦法中，多數大學以獎勵辦法鼓勵教師進行學術研究，或在教學上投入，但很少有「研究與教學兼具」的獎勵辦法。最近，大學重學術輕教學的指責已經讓各大學逐漸思考大學自己的任務，大學教授也被要求在研究與教學中平衡投入與產出，卻找不到使力的方向。

兼顧或統合的觀點

　　大學是一個學術機構，通常被認為是產生學識與論述學識的地方，學識是一種有價值的學問知識，不能僅透過生活經驗中取得，需要以科學思維，不斷發展與在實務中驗證。因此，大學的學術工作不等同於研究工作，整體的學術觀點應該包含研究、論述以及可能傳遞、應用與透過實務驗證知識的歷程。

　　高等教育不同於國民基礎教育，兩者最大的差異在於「科學研究」和「社會服務」，透過科學研究，讓大學成為一個「知識產出」之處，透過社會服務，大學可以建立形象與扮演社會智庫的角色，將所產出的知識應用於社會中，引領社會改變。此外，大學教授和中小學教師雖然均負有「教學」和「教人」的任務，同樣具有傳道、授業和解惑的職責；但是，一項非常不一樣的地方是大學教授所教導的知識是透過學術研究創造來的、實證研究或統合發展來的。因此，大學教授的任務不僅將所產出與發展的知識提供社會使用，也要引導大學生應用、批判性思考與培養大學生關鍵能力的作為。反過來說，如果大學教授所傳遞的知識僅是複製國外或他人的觀點，就失去大學教授的應有的角色。

　　再者，高等教育的任務不能僅是培養學生了解社會、服務社會，還要能改變社會，讓社會更好，因此，大學教授需要培養大學生具備改變社會的能力與態度，而這些任務得透過課程與教學設計，讓學生去參與、去服務、去體會，進而獲得相關的知能與情感。

　　不過，知識的發展不僅是研究、發表、傳遞等線性歷程，在實務中應用、發展與驗證，才能讓產出的知識負有價值。知識的發展也涉及文化情

境，亦即某個學識不一定適用於所有文化情境，要如何運用才能彰顯其價值，就得要教師從情境脈絡中找尋合宜的方式施展學識的價值。這些運用非等閒人可為之，一定是沉浸在此領域許多，再透過不斷地閱讀學理文獻、設計、實踐與省思，將學識的價值落實。更甚的是，透過這些歷程，可以將原有學識發揮到淋漓盡致外，也能根據情境脈絡的特色，情境脈絡外的發展，突破與創新，產出更具有意義和更高價值的學識。

簡單來說，教學是屬於學術的範疇或其一歷程，大學的學術工作即統合科學研究、課程教學與社會服務的要素，大學教授可以透過科學研究產出知識，將這些新知傳遞給大學生，也透過在教學中發展、在實務中驗證，建構進階、統合、創意或更具有價值性的學問知識。

第二節　大學之教與學的學術研究

「大學不應該重研究輕教學」的論述以及「大學教授該做什麼事」的省思已經成為當代高等教育討論的議題，當前已經發展的理念是「研究與教學不應該是分割的或相互獨立的」，至於兩者如何兼顧或統合，當前已有許多大學正在摸索，也將逐漸發展新興的理念。

Boyer對於「學者」的觀點

Boyer（1990）認為大學教授應該投入學術工作，學術工作是以研究為起頭，並且從一個主題的探究，去尋求情境連結、在理論與實務中建立橋樑，並且將這些主題知識有效地傳遞給學生。而這些工作包含了四個要素，探究（discovery）、整合（integration）、應用（application）與教學（teaching），雖然四個要素可以區分，但卻相互關聯，也有部分重疊。

「探究」是指大學教授需要探究自己任教的學科知識，如此可以讓自己的任教課程更有說服力，不僅有助於人類知識的發展，也可以讓大學課堂形成一種發展智慧歷程的地方。這個要素除了顯示研究與教學是可以結合、

且應該結合，這種「教什麼就研究什麼」、「教學場域就是研究場域」的想法，大學教授不需要兩邊分開忙碌，反而有助於讓自己建立在自己任教領域的專業地位。

「整合」的理念是期望大學教授發展探究主題時能擴大思考，不是以片段、分割或獨立的事實進行知識探究，而是以情境脈絡內含因素進行分析，以詮釋知識可用場域的方式將關聯因素進行連結與整合，以對人類知識做最大的理解。這包含跨領域知識的整合，也可以是知識與技能最大意義化的結合。人類知識不斷地動態發展，大學教授需要掌握與提出更多的情境因素進行闡述。

「應用」則持有一種理念，即是「不能用的知識沒有價值，有價值的知識可以用來解決個人、團體或機構上的問題」。知識不能異於現實生活，即使是抽象性知識，也可以提供生活處事上的邏輯思考。而就大學教授具有「服務」之義務而言，以自己探究與整合過的知識，在特定需求的場域中應用與實踐，再透過理論與實務互動，回饋到知識本身。

「教學」是大學教授的工作，一個專業者的知識必須被他們得以理解，大學教授的教學如果僅是傳遞「自己以為就是那樣」的知識，他人或學生卻難以了解，這樣便失去專業知識者的角色。專業知識的最高境界是能夠講述知識到他人能夠明白，因此，大學教授需要理解學生學習的歷程，規劃設計教學計畫，檢視學生學習成果。再者，知識若沒有經過教學的功能，人類知識無法延續與發展，大學教授應該透過有效地教與學，保持人類知識的活躍性。

上述大學教授的學術工作需要評量，這些評量不能用大學生在期末對教授教學的評量分數，那些幾乎沒有設計到上述四個要素。專業者需要有能力去掌控自己的工作和有權力決定工作應該如何進行，一個可以讓他人理解專業的方法是透過自我描述、詮釋與解釋的口頭報告或文字表達，大學教授可以自我敘說專業知識、詮釋實踐作為以及知識發展的過程與結果。而一系列具有完整知識體系，且可以看出教育過程中的積極投入程度之教學實務研究論文，可以讓人細細品味一個大學教授投入高等教育的熱忱與執著，就是一種評鑑大學教授工作的可行方式。

教學實務研究之觀點

　　跟隨著Boyer的觀點，美國近一、二十年來正推動著「教與學的學術研究」（Scholarship of Teaching and Learning，簡稱SOTL），鼓勵大學教師，針對自己任教的學科領域進行探究，也可針對教學過程進行研究。讓大學的教與學也可以成為一個學術社群活動，大學教師可以參照前人累積的知識庫，有系統地探究自己的課程與教學，將對教學結果分享於教師社群或發表於相關期刊。也因為教與學的學術研究涉及到理論與實務以及課程知識與教學活動，因此，也可以稱教學實務研究或教學實踐研究。

　　不過，從Boyer的觀點來看，大學教授不應該把「教學」看做是在大學課堂中的教學，它涉及到知識的探究、統合與應用。因此，教學學術研究不應該只是「教學策略與方法」的研究，也不純然是教學領域的學術研究，它是一套知識緣起、統合實踐、學習成效以及反省思考的知識發展歷程，也涉及到知識在情境中實踐以及與各種實務因素的互動。再從另外一個觀點來看，教學實務研究呈現的是一個大學教授透過教學歷程去精鍊所任教的學科知識，過程中呈現一個教授的專業智慧，也有些創意的體現。它不只是一個課程方案的實踐，它涉及到一個教授的自我學習活動、一種責任、一種需求，也呈現了一個學者具有專業的學校生活樣貌。

　　有人以行動研究、培養問題解決能力、新課程知識產出來表述教學實務研究，這都無法完整地描述教學實務研究的真實意涵，即使在教學實務研究中可能包含當前領域或學生學習的問題、需要發展課程方案去實踐以及創新一種新思維，這仍無法突顯一個大學教授的學識專業責任，原因在於行動方案、問題解決或新課程知識都是外在的，教學實務研究需要展現的是一個大學教授對自己專業知識的體現，這是一個專業者對學識的體會與對學生學習的感受，進而主動投入知識探究的歷程，歷程包含知識轉化課程方案、實踐活動與教學省思。

　　簡單來說，教學實務研究不（僅）是一個新課程的知識內容或教學策略之探討，也不（僅）是因一個培養大學生批判思考與問題解決能力的教學行動方案，要呈現的是一個教授對專業知識領域甚至跨領域之整體情境脈絡

的感受、智慧與論述。許多文獻已經提及教學實務研究不容易被定義,而若要以文字來表述,可以從Boyer(1990)對於大學教授的學術工作之內涵:「以研究為起頭,並且從一個主題的探究,去尋求情境連結、在理論與實務中建立橋樑,並且將這些主題知識有效地傳遞給學生」當做起頭,再加入大學教授投入上述工作的專業知覺與實踐智慧。

國內外有許多研討會或期刊開始接受大學教授發表與刊登教學實務研究論文,例如:美國印地安那大學—伯明頓分校(Indiana University, Bloomington)的網站(https://josotl.indiana.edu/)就專門以SOTL的論文為主軸。國內還有一些研討會也是以教學實踐或教學實務研究為徵稿主題。檢視這些論文,有一些是教學領域的學術研究,例如:探討翻轉教室在大學課堂的可行性;有一些是改善學生學習品質的行動研究,例如:培養大學生自我調整學習能力的行動研究;另有一些是教學法的應用和學生學習成效評估方法的教學實驗,讀者在看那些論文時,不能僅以學術研究的歷程或論文寫作的格式看待,需謹慎檢視或感受一個教學者投入學識探究的專業知覺、實踐與省思的智慧歷程。

第三節　面對的挑戰與因應做法

許多大學在推動大學教授教學實務研究或SOTL時,大都成立教學中心(Center for Teaching and Learning),協助大學教師組成學習社群、選定主題、提供諮詢、進行探究、分享呈現研究結果。然而,在高等教育之目的進行重新思考時,發現兩個關鍵問題,以下提及問題以及可以因應的做法。

缺乏課程與教學的知識背景

大多數大學教授都未接受過師資培育訓練,並不是所有大學教授是教育學專長的學者,雖然透過研究可以產出知識,也可以經由邏輯思維發展課程知識的細節,但在以教學實踐提煉課程知識上,可能尚未清楚如何進行。大

學教師不了解教育、課程與教學或心理領域的相關理論、研究與文獻，如果僅用課程與教學知識去思考，那可能不管哪一學門的教授都需要教育學、心理學、甚至課程與教學的背景或沉浸，這反而讓大學教授質疑，甚至反感，這是大學在推動教學實務研究時可以先思考的問題。

在細節上，大學教授需要知道學科知識的特性，包含具有範圍、水平與垂直結構、可以用文字定義以及可以透過實務驗證加以挑戰，前兩者涉及內容，後兩者則涉及教學。不過，再以Boyer（1990）對教學實務研究的詮釋——學科知識需要以詮釋「知識可用場域」的方式將關聯因素進行連結與整合以及知識是可以用來解決生活問題的角度而言，大學教授在發展教學實務研究課程主題時，需要考慮知識使用者的文化立場。文化可以統稱為人們的生活習性，不同族群的文化表示各自有其生活習性。舉例而言，一個培育中小學教師的大學師資培育課程裡的「領導學」和一個公民事務相關學系的「領導學」，就可能有不同的知識發展。要如何貼切地了解，就得要大學教授具有或沉浸在各自的文化中，才能發展初步的課程方案，進行教學實踐。另外，知識並非一定是原則或理論，可能是技能或情意的表現。部分能力是知識的應用，情意則是透過知識與行為推論。因此，除了文化角度外，知識用什麼方式表現以及表現的順序，也是大學教授應該思考的。

之後，在課程內容的組織安排上，就需要理解這些內容之簡單到複雜、具體到抽象以及先備知識與新知識的關聯性，再形成課程內容架構圖，可以讓人清楚理解知識內容的範圍與結構。

其次，教學是由許多的師與生之活動連接起來，可能先講述、再示範、再討論、再發表，講述、示範、討論和發表就是四個教學活動，這些活動的目的在於讓學生學習知識，因此，大學教授需要思考學生需要在哪些知識上具有哪一些程度的認知、情意或技能上表現，進而設定教學目標（可參考本書第五章），之後，再思考要以什麼樣的教學活動讓學生獲得的知識達到教學目標的水準。大學教師在構思教學活動時，就得要看知識內容的屬性。基礎知識理解型的內容可以進行講述或課前要求學生自行閱讀；複雜技能型的知識內容還得要分段示範才行，學生可能就表現出熟練程度上的技能；若是思考推理型，可以進行討論與發表，學生可能就學會分析與綜合知識的認知

能力；另外，如果要培養學生自我導向學習能力或團隊合作的態度，探究與合作的教學活動是需要設計的。再者，教學需要評量，評量根據教學目標，亦即學生在學習過後是否達到教學目標的程度，就需要進行評量。評量方式很多，可參考本書第七章。

　　上述的課程與教學知識是由課程設計理論和教學設計理論所支持，而了解學生的學習歷程則是基於教育心理學、教學心理學或學習理論，這部分可以參考本書第三章內容。

　　本書建議各校之教學中心，可以組織教授讀書會或社群，定期提供課程組織與教學設計的相關書籍或文獻，也可以提出理論如何轉化教學實務的議題讓教授們共同思考。或許大學教授會認為那是教育學知識，與其學系課程或任務無關，但若從每個學系教授都需要教學的角度思考，課程與教學似乎也應該是每一個大學教授應該要具備的能力才是。

教學實務研究與寫作上的誤解

　　除了展現一個大學教授的專業知識與智慧歷程外，大學教授進行教學實務研究之其一目的是可以改善大學課堂的教學，不過，若以「研究背景與動機、文獻探討、研究方法、研究結果與討論、結論與建議」這種學術風格思考與寫作，不會讓大學教師有改善課程與教學的想法，而且會混淆和認為教學實務研究仍是一種研究工作，可能最後也導致「善於研究，就善於教學」的誤解。

　　大學教授進行研究工作已經習慣以他人為研究對象，或以他物為研究焦點，因此，在思考上，大都以他人的情境文化為起點，或以他物的機制裝置為驗證標的，再檢視國內外的相關文獻，再設計資料蒐集、實驗與資料分析的方法，最後提出原有好奇問題之答案。這種思維幾乎把自己、自己的專業、自己的情境放在一邊，再加上文字敘說的習慣過於追求既有寫作風格（例如：本研究發現……、統計分析結果顯示……），導致研究和寫作時常忽略一個教學者才是故事主角的現象。即使以行動研究或自我敘說研究探究自己的情境，雖然已含涉到自己的情境或文化，但學術風格寫作格式仍然

無法讓大學教授產生課程與教學思維。教學實務研究不排斥「研究背景與動機、文獻探討、研究方法、研究結果與討論、結論與建議」作為寫作標題，但大學教授在思考教學實務研究計畫或流程時，建議以本書第五到第九章標題作為教學思維歷程，亦即從理念到課程、從課程到教學、從教學到學習、從學習到省思、從省思到價值等系統性的思維著手，這是一套教學歷程，即使中間部分可以再分要點或整合說明，教學歷程的思維可以協助大學教授思考與展現自己的課程與教學智慧。

另外，在撰寫上，即使以傳統學術論文風格作為寫作格式，仍需要注意的是：課程與教學方案、教學目標、學生在新課程學習上的先備知識、教學評量等教學要素需要描述清楚。

課程與教學方案包含欲進行教學的知識內容，有些教學領域的學術研究論文在其研究方法與設計的章節內會描述課程內容、採用的教材資源以及教學活動設計，可以類似這些內容。不過，大學教授在思考或撰寫教學實務研究時，課程與教學方案的產出一定要有理論和文獻基礎，特別是大學教授被期待發展更創新、更統合以及更系統性的知識，需要更多的理論和文獻支持。

教學目標可於理念型塑和課程主題確定後，依照之前提及的「課程知識轉化為教學目標」描述出來，教學實務研究一定會有教學活動，一定會有學生學習某項知識，因此，設定學生在學習過後對該知識具有哪一種程度的表現（即是教學目標）就需要撰寫出來。

其次，在研究資料蒐集部分，得要充分描述受教學生的特質、先備知識，至少描述多年來的觀察以及先前修習課程的知識。

第三，教學評量是重要的資料，一個教學實務研究對學生是否具有成效，是否可以改善學習品質，一定去進行教學評量，傳統的期中考期末考、作業報告以及上課發表與學習態度，都可以是教學評量的方式。教學評量不等於所有研究資料，不進行教學實務研究也需要教學評量，但進行教學實務研究，除了教學評量外，還需要進行其他資料的蒐集。一個課程知識或方案的價值，是需要透過教學實踐，才可能論述課程方案的價值，但反過來說，即使透過教學評量確定學生的學習成效，也不一定具有課程方案的價值。舉

例而言，如果學生是被逼迫著學習或是投機取巧地學習，那課程方案就失去價值，這部分可以設計觀察、訪談等工具貼近學生學習情境、了解學生學習知覺等方式獲得資料，更重要的是，大學教授要表現對學生學習關懷的溫度，不只是冷冰冰的成績數字而已。因此，教學評量與研究資料蒐集都是必要的，教學評量回應學習成效，教學評量與研究資料一起回應課程與教學方案的價值。

第四節　從原有作爲走向教學實務研究

國外大學教授進行教學實務研究已有十餘年，臺灣這兩年來亦有多所大學辦理教學實務研究研討會，各大學教學中心也開始針對教學實務研究規劃大學教授的專業成長活動。為了幫助大學教授更釐清與接觸教學實務研究，本書再提出三點教學實務研究的精緻特色。

從教學、優質教學到教學實務研究

大學教授本來就要進行教學工作，基礎工作包含課程內容選擇與安排、課程目標、教學活動與評量等在課程大綱上必須出現的課程資訊。然而，在教學過程中，大學教授需要備課，包含教材、教學資源與媒體，可能也包含一些學生需要操作的器具或儀器；再者，大學教授需要講授清楚明白，核心知識的細節表達清楚，善於實例與口條，讓學生獲得應學習的知識；大學教授也需要設計得以讓學生思考批判或實作的活動，學生操作練習之後的知識一定比僅聆聽來得好；最後，大學教授也需要設計教學評量活動，可以包含期中考、期末考或是作業報告等。

不過，一個讓學生願意選修的課程不僅是從教師端思考，考慮到學生現在的學習需求以及未來的發展性是關鍵要素。以現在的學習需求而言，大學教授可以善用獎勵增強策略鼓勵學生投入學習，起步點要儘量簡單，讓學生獲得學習成就感，再逐步加深，逐步建立學生學習自信心；而在未來生涯的

發展上，大學教授要以實務實例解釋課程知識對其未來生涯發展的必要性，實務問題是很好的切入點，讓學生思考未來面對這些實務問題時該具備什麼知識，進而投入課堂的學習。

此外，教學的目的是為了學生的學習，學生沒有學習成效便毫無成功的教學可言，因此，大學教授不能僅在於教導教材知識，需要有充分的證據，準確判斷學生的學習歷程與成效，不能誤判，才能提出合宜的教學策略。教學心理學提及學生的認知歷程，其他心理學也描述學生的特質、情感與發展均影響學生的學習，大學教授要觀察、訪談或透過各種資料訊息，察覺學生，不只是學習歷程與成效，也要包含情感與社交關係，再進行多元檢證，提出令人信服的證據，這即具有教學實務研究的價值了。

從教材、課程與教學設計到教學實務研究

大學教授要對於自己任教課程知識非常熟悉，並且將課程知識轉化為上課用的教材，依據知識的屬性，安排每個教學時間的單元內容，這本是大學教授應該會能做到的事。

不過，教學的目的是為了學生的學習，學生沒有學習成效便毫無成功的教學可言，因此，大學教授不能僅在於理解教材知識，需要考慮學生的先備知識和起點行為，將教材知識轉化為簡單到複雜等教材結構，再從學生的先備知識搭起鷹架，逐步教導、引導或誘發學生學習。大學教授對於課程內容設計（依據學生學習歷程進行組織安排）要多加了解才是。

然而，大學教授所教導的知識不能僅是舊知識或不斷複製他人知識，至少從考慮自己學生先備知識、起點行為和未來發展，就可以讓大學教授調整所要進行的課程內容。再者，大學教授應該積極思考教導學生最新、符合當前環境以及未來應用性的知識，理論支持與文獻分析後提出「課程方案」，這課程方案考慮過情境文化的因素，也具有創新、統合、系統與未來應用性，再透過上述教學歷程與資料蒐集，提煉此課程方案的價值性。這不僅是一個課程設計，課程方案是一個具有專業價值且經過教學實務研究提煉的課程方案。

從個人、教授社群到教學實務研究

在大學的課程裡，大多數是一門課有一位大學教授負責上課，舉凡課程設計、教學活動以及教學評量，除了助教、助理或小老師幫忙之外，大都是開課教授一門主導。開課教授以其課程領域知識理解教材，以先前的經驗發展教學活動，可能也會因為早先幾年的省思調整原有的教學評量，這是一個大學課程的常態，教授個人主導課程內容設計與教學活動的進行。

逐漸地，各學系的教授們會在課餘之間談論學生學習、談論課程，也談論相互的經驗。這種不經意的對話有助於教授思考自己平時的課程、教學與學生表現。更進一步的是，各大學教學中心或各系所會安排教師共同不排課時間，鼓勵或協助教授組織社群，由教授自己提出或由學系主管建議討論議題。這種定期聚會、具有議題焦點的討論方式，正可以讓教授們透過語言相互刺激思考，對課程、教學、學生甚至其他教育理念自我精進。

不過，議題的討論可能過於狹小，可能僅有片段或點綴課程與教學價值之功能，教授們開始被鼓勵以社群方式建立課程方案與教學模式、設計教學評量與資料蒐集工具，再以協同教學方式實踐課程理念，並在教學進行中進行觀課，協助觀察學生表現。之後，在共同討論資料蒐集與分析的結果，發揮集體智慧共同建立課程方案以及提升學生學習品質。亦有學系或透過學會，舉辦教學分享會，在分享會中，每位教授輪流發表教學實務研究的結果與心得。

學生學習品質的提升以及創新課程知識的產出，多位教授相互協同合作一定比一個教授單打獨鬥來得好，而教授專業的彰顯與專業地位的建立，需要在社群與貢獻到知識領域上，當如此時，教學實務研究的核心價值就會出現了。

本章小結

大學的任務包含知識的發展與傳遞，大學教授應該投入學術工作，學術工作是以研究為起頭，並且從探究，去尋求情境連結與實務應用、進一步將

這些主題知識有效地傳遞給學生。透過教學實務研究，檢視或感受一個教學者投入學識探究的專業知覺、實踐與省思的智慧歷程，這不只是一個課程方案的實踐，它涉及到一個教授的自我學習活動、一種責任、一種需求，也呈現了一個學者具有專業的學校生活樣貌。不過，多數大學教授缺乏課程與教學的知識背景，各大學的教學中心需要提供資源或協助發展教育學相關的知識與能力，在教研論文寫作上也應該鼓勵教授從教學思維歷程發展，傳統的學術寫作風格難以體驗教學實務探究的價值。在鼓勵教授發展教學實務研究方法，從個人既有的工作，加入課程與教學的原則與社群意識，再提出令人信服的證據和建立專業分享的機制，建立大學教授在自己的領域之研究與教學上的專業地位。

第十一章

大學教授的教學實務研究

　　教學是一種研究方法，透過教學，提煉自己的課程知識與教學設計，以建立統合且創新的知識體系，並建立在該知識領域的教學專業地位。

　　106學年度起，教育部規劃推動「大學校院教師教學研究支持系統方案」，希望透過教師教學實踐研究補助計畫，建立持續性的同儕審閱與輔導模式，推動專屬社群之建立與對話，並同步累積教學研究案件之成果，建置成果發表平台、專業人才庫、培育種子教師，透過不同任務之同步推展，積極鼓勵大專校院投入資源，協助大學教授增進教學之能力，編寫完整且優良之教案，透過教案於課堂上之正式實施，幫助學生在知識學習上，增進相關成效，提升教學之品質。

　　上一章提及，近年來美國正推動著教學學術研究（SOTL），鼓勵大學教授，針對自己任教的學科領域進行探究，也可針對教學過程進行研究。讓大學的教與學也可以成為一個學術社群活動，大學教授可以參照前人累積的知識庫，有系統地探究自己的課程與教學，將對教學結果分享於教師社群或發表於相關期刊。而各大學為了在SOTL的推動，大都成立教學中心，協助大學教授組成學習社群、選定主題、提供諮詢、進行探究、分享呈現研究結果。不過，當前遇到的問題是大學教授不了解教育、課程與教學或心理領域的相關理論、研究與文獻。這也是大學再推動教學實務研究時可以先思考的問題。

　　在教學實務研究的設計上，大學教授可以透過科學研究產出知識，不僅

提供社會使用，也需要將這些新知傳遞給大學生；大學教授也可以透過驗證與持續發展既有的知識，建構進階、統合、創意或更具有系統性的知識。教育部的「教學實踐研究補助計畫」即是期待大學教授能夠將科學研究所產出的知識或發展更進階、更統合、更創意或更系統性的知識，透過教學設計，培養大學生面對社會、服務社會和改造社會的知能。

因此，大學教授的教學實務研究與中小學教師的教學實務研究應有某些程度的不同，最關鍵之處在於教學實務研究之理念與所形成的課程知識，需考慮先前提及的高等教育之任務；其次，探究的主題是需要經過統合、創新與系統化，也因如此，實踐過程則需要更多經驗描述，教學實務探究的時間可能較長；第三，需要更多令人信服的證據以及論述邏輯系統性的要求，以確認教學研究的價值，並呈現大學教授的教學專業地位。

第一節　教學實務研究的主題

大學教授尋找或設定教學實務研究的主題應來自其教學場域，教師可以發想在教學場域中是否可以形成某些進階、統合、創意或更具有系統性的知識，或是可以思考大學生的知能要如何型塑的教學模式，甚至建立所任教科目的知識結構並進行教學實踐與調整，都可以是主題的來源。不過，本書第二章提及，教師設定教學實務研究主題時，不僅自我期望能發展、調整與建立教學知識，也能彰顯自己「在自己學術領域上」的教學專業地位。

思考教學實務研究的主題：發展和建立應多過於發現與解答

大學教授透過教學實務研究「發展」教學實務知識，「發展」是一種歷程也是一種結果，可以是「創新一個知識體系」、「統合諸多知識與能力」、「從問題解決出發並發展一個課程方案」和「具有高度智慧與效果的教學模式」，再設計主題內容架構與教學活動進行驗證與調整，最終可能建

立某種具有價值性的課程方案或教學模式，也建立了自己的教學專業地位。

　　「發展」與「發現」有時難以明確區分，例如：一位科技大學王教授為其學生設計一套完整的職涯訓練課程，之後進行教學，可能逐步調整，在蒐集與分析學生表現後，提出該課程的價值性，這是「發展」，亦即透過教學實踐的過程發展，「建立」了一套課程；而同一學系的張教授在其教學中，找到兩班學生分設為實驗組與對照組，想要「了解」該課程的可行性，實驗組實施王教授的職涯課程，之後以各種測驗或量表施測，最後提出該課程的價值性，「發現」該課程的價值性。

　　以教學實務研究的主題而言，教師對主題的想法需要「發展」多於「發現」，原因在於教學實務研究既是「實務」的探究，便著重教學實踐歷程的探討以及學生學習表現的分析，藉以提出對實務的觀點與提升學習品質的措施，這即是上一段所提的，是過程，也是結果。即使是課程主題架構的試驗與建立，也需要將教學歷程與學習表現作為回饋課程主題架構的重要來源。因此，教師在思考教學實務研究的主題時，應較多著重在「發展」與「建立」，而「發現」只是其中某一個細節因素而已，「了解」某個現象也只是其中過程之一而已。

尋求教學實務研究的主題：擴大與嘗試改變自己的教學習性

　　與其他同事聊聊學生的狀況是產生教學實務研究主題的好方法，自己說說平時教學的經驗、聆聽其他同事的觀點，進而與其他同事的經驗相互對照，可以刺激自己思考有興趣的主題，也可能更確認主題的發展性。教學的目的就是讓學生學得更好，學生學習有疏漏之處，教學就可以有調整或精進的地方。不僅是可以思考學生先前的學習困難，也可以思考學生畢業後將會遇到的問題以及所需要的能力，轉化為一個教師如何協助這些學生的思維。

　　其次，廣泛閱讀文獻，在自己的任教科目領域上或在普遍的教學領域上思考，文獻上所列出的觀點是否可以在教學過程中驗證，或者是可以再發展更進階的議題。例如：磨課師（MOOCs, Massive Open Online Courses）、

翻轉教室（Flipped Classroom）、各種線上平台或混成教學可以為自己的學生發展出哪些學習效益？文獻上已經提及哪些可行的教學策略？對自己的學習是否適用？是否可以調整或結合其他方式使用？

　　大學教授需要嘗試改變自己原有的教學習慣，擴大原有教學思維。如此，一開始一定有某種程度的窒礙難行，只要對學生部分有利，就是教師教學實務研究主體的思考起點，只要是當前遇到的問題，就是教學實務的內涵。教師可以透過寫作，將大腦中的模糊資訊描寫出來，在思考中便可能了解問題是什麼，也可能找出關鍵問題，亦可能發覺可以探究的亮點。簡單來說，教師在此階段要保持開放彈性。

建立教學實務研究的主題：符合自己教學場域才具有發展性

　　一個大學教授探究自己的課程知識與教學設計是持續性的工作，只要有開課教學，就需要了解自己的教學實務之價值性。教學實務研究不僅是提供教師探究自己教學實務的機會，也讓大學教授了解自己在教學上的專業程度，這還包含提供的課程知識與教學活動的省思。讓自己的教學專業更進階是大學教授的責任，因此，符合自己教學場域的主題才具有發展性。

　　當思考教學實務問題時，從大面向來看，需要考慮自己學校的願景、特色和定位，有些大學會申請教育部教學卓越計畫、高等教育深耕計畫或其他大學發展的計畫，教師的教學實務研究最好跟學校特色和上述計畫有些關聯性。具有關聯性，可以讓教師獲得學校的資源，也可以持續發展，甚至建立大學教授自己在學校發展中的關鍵地位。而從小面向來看，考慮自己學生的特質，國內大學招生錄取率高因而不同大學學生有不同的特質是眾所皆知，每一位大學生都有其發展的空間，教師可以為自己的學生設定比其知能程度高一點點等級的標準，再盡自己所能協助學生發展。亦可以設定多年期計畫，逐年建立該年度的主題與目標，再逐年申請教學實踐研究計畫。

　　簡單來說，大學教授先去了解學校校務發展方向以及申請相關計畫的細節，從中找尋一兩項與自己教學發展有關的項目，其次思考自己任教學生的

特質與未來發展的空間，最後再區分為幾個階段的相關聯的想法和計畫，逐年探究與發展。

第二節　撰寫計畫與教學探究歷程

　　要成為一位教學專家，必須要進行教學實務研究，因為透過教學的歷程與研究的思維，讓自己的教學內容與過程建立合宜的理論基礎，也經由研究的檢證和論述歷程，深入探討與理解該課程與教學的價值；更重要的是，教師透過不斷地探究自己教學的歷程，逐步連結各種文化元素，建立自己在該領域的教學專業地位。大學教授要建立教學專業，就必須要融合教學與研究，教師的教學行動和研究思維是不可分割的。

　　先前所述，大學的教學任務是將其研究所產出與發展的知識作為教材，引導大學生思考與學習，分開來說，前者是研究的歷程，而後者是教學的歷程。如果一個大學教授把教學和研究兩個工作做明顯的區隔，可能會讓自己在學術研究與教學實務上身心疲乏。在大部分的高等教育之任務中，特別是社會科學領域，教學任務與學術研究是可以融合的，亦即教學是將學術研究產出的知識，包含知識內含的理論與方法以及透過驗證、發展與統合建構的知識，系統化地傳遞給大學生，並進一步培養其應用與批判思考的能力；也透過教學歷程與結果的自我檢視，大學教授省思自己所建構的知識之合宜性與完整性。換句話說，如果大學教授所任教的科目與其學術研究領域不同，那就沒有教學與研究相輔相成的作用，這也會讓大學教授增加些許工作負荷。

大學課程的課程與教學設計

　　課程設計是指課程內容設計，教學設計是指教學活動設計，前者指的是課程內容要素（包含概念、原則、技能與態度）的組織、安排、連結與架構，後者提及多個教學活動的呈現順序、關聯與其成效評量。簡單來說，課

程設計是指教什麼以及為什麼要教那些，而教學設計是指如何教以及教學策略的應用；課程內容的組織安排影響大學生學習的廣度，教學活動設計影響大學生學習的深度。課程與教學是有密切關聯的，課程內容組織得好，教學活動易於進行，學生學習興趣較高、遷移性佳，亦可強化學習成效；而教學活動中所使用的教學策略得當，可以將課程內容所要傳達的理念得以實踐和發揮。因此，課程設計與教學設計互為影響，大學教授在撰寫教學實踐研究計畫時，需要先建立「課程設計與教學設計互為影響」的概念。

　　大部分大學教授在成為大學教授之前沒有接受過師資培育訓練，對課程內容設計與教學活動設計欠缺相關理論基礎，往往在進行教學時，會以自己早期在大學唸書時，自己感受到課程教授之教學歷程作為基礎，再融合自己對教學的知覺，形成教學信念，之後再轉化為教學實務工作。因為欠缺教學理論的導引與教學模式的應用，大學課堂的教學除了可能僅是講述與解釋教科書上的知識外，在安排學生作業或報告的產出上，往往忽略學生可能會遭遇的困難而無法提供協助，例如：安排學生小組作業時，不知道如何處理部分小組成員不積極或搭便車的情形；或在課堂進行學生同儕討論時，難以知覺每一位學生投入討論學習的表現情形。

　　一般教學模式包含分析教學目標、診斷學生起點、設計教學活動、進行教學評量，亦即每位教師在進行教學活動設計時，需要考慮學生的特質和能力，安排適當的教學活動，並在過程中和學習後進行教學評量，以確認學生的學習成效。不過，大學教授的師資培育也略有不同於中小學教師的師資培育，除了先前所述的教材知識應該貼近創新與統合外，面對高等教育的學生，也應該有不同的教學活動設計與思維。以下的教學理念應該在大學教育中更為強調：

1. 建立教材知識的理論與研究基礎

　　課程知識內容影響學生所獲得的知識內容，若大學生所學習的知識未具有科學性、應用性和價值性，對他們的未來與社會的發展，將會失去動能。大學應該提供較為新穎、發展、想像以及統合性的課程知識內容，以培養

學生引領社會前進的能力。不過，大學教授對於這些課程知識內容的選擇需
要有足夠的理論或研究基礎，而在課程內容要素的組織安排上也要有邏輯系
統，前者提供論證後的知識、學術研究支持的知識以及導引知識的未來應用
與判斷，而後者則讓大學生得以理解與自我發展。

2. 設計互動討論的教學活動

　　大學課堂的學生同儕討論不僅是一種教學技術，也是一種刺激學生批判
性思考、自我調整知識與協助學生發展知識價值的方法。此外，透過討論，
也可以讓學生沉浸在知識領域社群的互動中，讓學生體會知識是透過自己與
他人的互動與和解產生的。藉由上述的歷程與體會，建立他們在社會生活中
知識發展、學習與批判思考的能力。

3. 面對學生的過去與未來

　　以臺灣的大學生而言，進入大學之前是接受國民基本教育，而這些學生
離開大學之後，開始面對社會生活的各種挑戰以及自己決定自己的未來，亦
即大學教育是國民基本教育和面對社會生活挑戰的中介橋樑。大學教授要在
課程知識與教學設計中，培養學生高層次思考與實踐能力，這些能力包含自
我導向學習能力、問題解決能力、創造思考能力、批判思考能力、溝通協調
能力與團隊合作能力。具備上述這些能力得以讓學生認同自己的價值、具備
應付未來挑戰，也可能藉此能力改善社會。大學教授要儘量提供學生想像未
來以及對學生具有合理的期望，透過關鍵能力的培養，激勵他們發展自己的
價值以及願意參與社會發展的態度。

教學歷程與學術研究的轉化

　　一般大學教授對學術研究歷程都有基礎的認知，包含研究背景與動機、
理論與文獻探討、研究方法與設計、資料蒐集與分析、研究結果與討論、研
究結論與建議，基於大學課程的知識是經過驗證、探究與統合的理念，大學
教授可以將課程內容知識透過教學的實踐與資料分析，建立自己的課程知識

與主題架構。再者，大學教授也可以透過教學活動設計與實踐，培養學生認同自我價值以及面對未來社會生活挑戰的能力。

　　本書第二章提及教學實務研究的基本流程，包含建立教學理念與目標設計、開展教學活動與理論解析、實際教學活動與資料蒐集、統整教學實務與成效分析以及省思教學理念與價值建構等五個階段，大學教授再加入「以學術研究歷程探究知識內容與教學活動的思維」，便可以撰寫教學實務研究的各節內容。本書建議大學教授在撰寫教學實踐研究計畫時要保有教學的歷程思維，否則可能無法充分達到「發展」與「建立」的目的，可能僅停留在學術研究之「發現」的層面。本書此節再分別說明如下：

1.研究背景與動機：建立教學理念與目標設計

　　撰寫此部分內容時，要說明自己平時在大學教學現場遭遇到的問題，並再嘗試閱讀某些書籍、文獻或與其他教師對談，也可以提及先前的教學經驗與這次撰寫計畫之問題的相關性，明確地了解自己的教學問題之關鍵因素。再提及個人的教學經驗與教學成果，主要呈現自己的教學成果與教學實踐研究計畫的關聯性。最後，根據上述的描述，發展這次教學計畫的教學理念，提出教學理念可以讓審查者理解申請人對於教學持有的信念，這是重要的起點。

　　其次，大學教授再思考任教課程、學生以及學校特色與環境。每一個課程都可能有獨特的內容屬性，例如：思考、實驗、實習等；再者，學生的文化、特質以及學習能力也應該被考慮，原因在於從學生的起點開始逐步引導會比跨越太大的知能學習更具有學習成效；另外，學校特色與環境是重要的因素，一個大學的教學工作需要貼近學校的校務發展，也必須要獲得學校充分的資源和支援，提及教學實踐計畫與學校校務發展計畫的關聯性相當重要。

　　之後，根據理念（可發展成課程目標）以及與課程、學生和校務的關聯，建構所要進行教學的課程主題或教學方案，再提出研究目的，並轉化為具體的研究問題；其次，根據課程與教學方案所涉及的知識、情意和技能，

發展具體教學目標（不同於課程目標），沒有教學目標，就容易漫天談論，缺乏焦點，教學目標可以指引教學活動的進行。

　　從另外一個角度說，一個教學實務研究涉及到課程主題與教學設計，因為需要進行教學，因此需要設定教學目標；因為關聯到課程主題與教學設計的發展，因此需要進行價值性評估。**教學目標則以教學評量確認教學成效與教學目標的達成程度，另以研究目的與研究問題進行資料蒐集與分析，以判斷課程主題與教學設計的價值性，並提出可能微調之處。**

　　以下舉出一些撰寫上的實例，提供讀者撰寫時的思考方向：

　　　　我是一個⋯⋯的教師，每年需要指導⋯⋯兩年前，因為⋯⋯我開始面對一些教學上的挑戰，無論我如何努力，學生還是⋯⋯我任教⋯⋯先前學生對我教學評量分數⋯⋯我獲邀參與⋯⋯基於上述的自我思考，我會以「協同學習促進學生思考⋯⋯」為理念基礎⋯⋯希望學生修過我的課後，可以具備⋯⋯能力。

　　　　下（這）學期我開設⋯⋯課程，這課程主題之理念就是需要學生相互刺激思考⋯⋯我的學生多來自於⋯⋯他們的基礎⋯⋯

　　　　我參與了學校⋯⋯（高教深耕）計畫，⋯⋯為了培養學生⋯⋯教學需要⋯⋯我探討一些（協同學習）文獻⋯⋯學習是⋯⋯，我發現這可以讓我用來⋯⋯

　　　　基於⋯⋯我的課程主題是⋯⋯主要目的在於發展⋯⋯根據上述我設計了三個教學目標⋯⋯第一⋯⋯第二⋯⋯另外，我將透過教學研究的資料蒐集⋯⋯擬定三個研究問題⋯⋯以回應教學目標的達成程度，再說明如⋯⋯。

2. 理論與文獻探討：開展教學活動與理論解析

　　沒有理論與文獻解析的教學活動，教師教學時就會隨意講述，理論或文獻支持的教學設計，讓教師的教學活動具有價值性。

　　在大學教育中，教師所呈現的知識結構和教學活動更需要有理論和文獻基礎。理論基礎包含「課程內容」與「教學活動」，課程內容提及教材知識結構與其連結系統，而教學活動需要提及學生學習的認知與建構歷程，前者來自於學科知識的組織，後者則是教育心理學或認知心理學的內涵。另外，如果大學教授要運用科技元素，也必須要提及科技元素運用在大學課程的價值性。讀者可以參考本書第三章關於教學理論基礎的內容。

　　然而，大學課程的教學活動應具有創新性、批判性與未來性，因此，大學教授在撰寫教學實踐計畫時，也需要探討與教學領域相關的文獻，了解課程內容與教學知識的發展方向。例如：以「磨課師在教學領域的應用」而言，已有許多文獻提及價值性，但也有文獻提及或觀察到磨課師在執行中的困難以及發展上的調整建議，撰寫教學實踐研究計畫時就必須要再加入這些觀點與整合思考。

　　簡單來說，這部分內容需要強調課程知識結構與教學活動設計的合理性，有理論支持的課程與教學會顯得更有學習價值，但探討這些課程與教學領域在學術研究發展的文獻後，在撰寫課程與教學設計時，更可以顯示一門大學課程已經如何被精鍊，正準備在教學實踐中驗證的專業思維。以下舉出一些撰寫上的實例，提供讀者撰寫時的思考方向：

　　　　基於我的理念和……我預估發展一個課程主題（或教學模式）……這個領域的課程包含了……等重要元素……根據……每個課程元素……；再者，為了讓學生充分理解……（教學方法）是必要的。根據（社會建構理論）提及知識是互動……因此……教學上，學生必須要進行……

　　　　另外，劉世雄（2015）指出……網路行動學習需要……而……等相關研究已證實網路行動學習具有……但需要改變……因此，在此課程中，學生會經歷過……步驟……步驟

　　　　……根據上述的理論、文獻和課程教學的對照，可以發現課程內容與教學活動課具有結構性和知識關聯性，因為……不僅可以讓學生投入……，也可以讓學生相互比較……

這些課程內容進行時，可能會……因此，我也保持著彈性……

3. 研究方法與設計：實踐教學活動與資料蒐集

　　本書建議大學教授撰寫教學實踐計畫之內含課程與教學活動至少要達一學期的課程時間，部分原因是一個統合的知識體系一定包含許多次要主題、結構和細節，可能也涉及認知、技能和情意上的表現，短時間的教學無法了解學生的整理表現，也就難以確認知識體系的價值。而另外部分原因是因為教育部釋放的教學實踐計畫長達一年，教學活動至少得一半，或總和加起來超過一半時間，大學教授可以將一學期的課程主題，參考教學目標或課程內含要素分類成三至五個區塊，區塊分類的原因以及內容需要再詳加說明。使用一張對照表、畫一張課程架構圖是一個好的建議，在此部分需要呈現教學目標、要素內容、教學活動、教學評量等。

　　再者，學術研究在此階段會提到研究對象，而教學實務研究在此階段則是寫到教學對象，亦即受教的學生。不只是寫到學生的人數、性別或年齡，要能提及學生的特質，這要比在起初時提及的學生特質要更詳細。基本上，學生的起點行為是教師進行教學設計時的一項重要參考因素，在此階段，需要詳細描述學生參與這個課程前，與這個課程有關的學習特質和學生知能。

　　另外，資料蒐集相當重要，大學教授撰寫計畫時一定要提到如何蒐集學生的表現資料和這些資料蒐集技術的發展，甚至提及每一週或每一次上課的學生表現資料蒐集方法和內容，例如：測驗題目如何編擬、教學日誌如何記錄……。不過，本書提醒讀者，資料蒐集包含「教學評量」和「研究資料」，教學評量對照教學目標，而研究資料對照研究問題，研究資料的蒐集技術如焦點團體訪談、觀察技術。教學評量與研究資料兩者均是評鑑課程方案與實踐歷程之重要資料。從另一個角度說，教學實踐研究計畫提出的課程方案最終需要進行課程評鑑，課程評鑑資料包含學生的學習評量以及其他相關資料（例如：透過訪談了解學生對課程方案與教學流程的知覺）。因此，教學實踐研究的資料蒐集需要依據教學目標和研究問題進行發展。

最後再提及教學評量分析和研究資料分析的方法，除了一般學術研究所提及的資料三角檢證說明外，也要提及資料分析的結果如何進行解釋，亦即學生的學習表現結果之原因。教師要有能力判斷學生學習表現的原因，並進一步提出調整或改進的策略（這可於下一部分再說明）。

以下舉出一些撰寫上的實例，提供讀者撰寫時的思考方向：

根據我的教學目標以及先前的理論和文獻解析……我的……課程架構圖、教學活動與評量之對照如表……（或圖……）

此課程的教學對象是……，他們在不同的課程區塊內需要做什麼事……每一次都需要先……再做……

我的學生大都來自於……我的課程是屬於……他們先前已經……為求嚴謹，我特別加入一項前測……另外，他們在學習上通常會比較傾向……也比較被動……所以，我在設計活動時……

我設計多種教學評量，包含……第一種是依據雙向細目分析表發展測驗題目……我再根據……發展Rubrics（評分標準表）……另外，我在教學中會不斷觀察……根據教學目標，我需要知道……因此，我的觀察向度……

上述這些評量資料，我採用百分比統計、自我敘述……三角檢證……而這些評量與教學目標對照如表……

整體而言，18週的課程進度、教學活動、學生評量……規劃如表。

4. 研究結果與討論：統整教學實務與成效分析

上一段提到，教師要有專業能力評估學生的學習表現，並且能精確地判斷學生各種學習表現的原因，大學教授在撰寫教學實踐計畫時，要能突顯這種能力。除了本書先前幾章提及的「對應教學目標」和「描述與論述」（解釋與詮釋）外，再詮釋學生表現時，要有充分的理論和文獻基礎。

首先，教師撰寫計畫時在此部分必須要依據教學目標提及學生的表現情形。值得注意的是，不是每一位學生都表現一致，教師在撰寫計畫時就必須要先有如此概念，再提出預期的學習結果，而在撰寫教學研究報告時，就需要具體提出不同教學目標、不同學生（群）的不同表現。以大學教授的教學實踐計畫而言，教學時間可能長達一個學期，預估學習表現就需要參考學生的起點行為、特質，再考慮理論和文獻所指出的各種課程與教學之關鍵要素。通常這些關鍵因素再經過教學者的積極規劃與努力投入教學會有正向結果，因此，撰寫預期學習表現時可以傾向正向學習表現。

撰寫參考實例如下：

> 　　根據我的課程與教學設計、教學目標……以及學生的表現之分析，我將會建立一個……課程的架構……（教學模式）
>
> 　　根據教學目標……學生將會在每個教學目標上表現……包含……學生在課堂上……在測驗上……學生預期表現如表……

其次，在撰寫最後的教學研究報告時，解釋學生表現時要提供充分的理論和知識去對課程與教學做深度的探討與理解，擴大思考與聯想是必要的功夫。許多學者或教師在解釋學生表現時受限於所看到的事實性資料，要克服這種困難，要儘量增加多元資料融合思考，再多一點聯想。撰寫參考實例如下：

> 　　我原有的三個教學目標……學生可以表現……但還是有些學生無法表現……。
>
> 　　在教學過程中（從學生的作業表現上），我發現學生……這如同我先前的預期，學生已經具有……我從（加入其他資料）……檢視，學生是有如此表現，是因為我……先前……設計……
>
> 　　不過，仍有學生表現……這些學生可能無法……根據……觀點（我去年跟這些學生接觸的經驗）和（加入其他資料），我再檢視……這些學生是因為……。綜合學生的學習表現……

（善用標題和引述資料，包含教學理論和文獻）

　　在此階段之末，再針對課程方案的評鑑呈現研究資料分析結果，以各種證據解釋課程方案的合宜性和可行性。簡單來說，教學評量對應教學目標，研究資料對應課程方案與實踐歷程的評估。當學生評量資料和研究資料蒐集越多，分析與詮釋越有意義，越能指出課程方案與實踐歷程的合宜性與價值性。

5. 研究結論與建立：省思教學理念與價值建構

　　大學教授發展課程方案，課程方案的實踐需要進行教學評量，透過教學評量的分析結果，改變或型塑學生什麼樣的知識、能力與價值，然而，大學教授的教學實務研究不能僅是回應課程實踐的結果或學生在教學目標上的表現情形，在最後一個部分，需要對課程方案的價值進行論述。有兩個關鍵因素需要被提及，即是此課程方案對於學生未來的發展和對社會的發展之價值性，再指出對自己未來教學和研究生涯的啟示和發展性，彰顯自己是在自己教學領域上的專家角色。

　　教學實務研究是教師對自己教學理念的實踐與驗證的過程，研究結果需要回饋到教師自己的理念與所型塑的課程方案，一個好的教師應該有充分的教學省思與論述能力去呈現自己的教學理念的實踐情形。大學教授在撰寫教學研究報告時，要以創造知識、統合知識或建立模式的角度，看待自己的教學成果，進而論述所建構的價值。

　　另外，教學實踐研究結果不能隱藏，除了在自己未來的教學生涯中逐步發展外，也需要分享以及公開發表，提供類似課程與教學之學習遷移的資源。也藉由公開發表，引領社會發展。

　　大學教育既然具有引領社會發展的作用，課程實踐就需要具有應用性、批判性和未來性，在撰寫此段結果時，要有如此的體會。首先，提及受教的學生可以獲得什麼樣的知能，對學生產生了什麼影響，可以如何面對未來的挑戰；其次，再提及所發展的課程知識可以引領社會什麼樣的作用。上述這

些內容需要融合理論或文獻、研究證據以及推論等三方不斷地來回論述，撰寫參考實例如下：

　　根據這一次的教學實務研究，我做了什麼……學生的表現……，先前我探討過的理論和文獻提及……根據這些理論與文獻，學生的表現已經……因此，我已經了解我原有的教學理念獲得……

　　另外，我發現我原有的理念雖然……但是，我在……之後，我發現部分學生……我檢視（相關理論與文獻）……因為……，因此，我調整了……改變成為……教學模式。不過，部分學生表現……我當初也未考慮到……這種現象讓我再度思考……

　　根據上述，我透過……重新檢視……，另外，我已在我的教學上建立……身為一個……教師，我發展了……而這種……可以讓學生……成效。

　　我這樣的課程主題（或教學模式）可以培養學生……能力，未來我的教學或類似的課程也可以……進行……

　　在……領域內，多數人已經……，但可能欠缺……我所發展的（建立的……）……根據……似乎可以改變……，也可以……（教學理論、文獻資料也可以用來做省思對照）。

　　這些成果可以作為我未來教學……也可以當作……課程……參考。透過教學實務研究研討會和其他大學教授……亦可撰寫論文……

　　本節提及的內容除了呈現一般教學實務研究的內涵與撰寫歷程外，特別提到大學教授進行教學實務研究時應該特別關注之處，畢竟大學教育和中小學教育不同，高等教育具有培養學生即將面對的社會挑戰、引領社會發展以及在該學術領域上引領前進的作用，大學教授必須將這些想法融入到教學設計、實踐、分析與寫作中。本書建議在撰寫時，理論和文獻的支持相當重要，亦即在一個階段或寫作段落裡，當提及教學實踐的理念與流程時，隨時

加入具有理論和文獻的觀點相互對照；當解釋學生的學習表現時，也需要加入具有理論和文獻的觀點相互統合。亦即教學與研究是相互對比出現，這是一種Pedagogy in Research的想法，每個教學行動與解釋都會有理論和邏輯基礎，而整體看來，是在教學中呈現研究歷程，在研究歷程中出現教學思維。

第三節　教學實務研究升等

　　這幾年來，臺灣推動大學教授多元升等制度，方式包含學術研究型升等、應用技術型升等及教學實務型升等。以學術研究型升等的大學教授，努力提出研究計畫、進行學術研究和撰寫學術論文，再提出其專業領域學術研究成果作為升等著作；以應用技術型升等的方式，則以特定技術之學理或實作，發展具有創新、改進或應用的具體研發成果，以技術報告作為升等著作申請；而教學實務型升等類型則是期待教師在課程與教學上，有效提升學生學習成效為目的，再以教學實務論文或技術報告作為著作進行升等申請。以教學實務型升等類型而言，大學教授可以不再純以學術研究升等的方式提升自己在大學的學術地位，這對於投入教學實務與戮力改善學生學習品質的大學教授是一種可以發展的管道，有別於傳統期待大學教授努力進行學術研究與撰寫論文的方式。

教學實務型升等的理念

　　早期，教學實務型升等的理念被提出來時，各校做法不一，若從學術研究的傳統方式來說，大略會有兩種方式發展。

　　第一，以大學教授還是需要學術研究為基礎，增加教學實務的貢獻。亦即，即使以教學實務報告提出升等申請，也需要學術研究的論文，這是以大學教授需要具備學術研究能力為導向的思維。不過，這樣的思維也可能隱含著以教學實務研究提出升等無法取代傳統學術研究在升等上的地位之意識。

　　第二，純以大學教授投入教學實務的能力與態度為基礎，鼓勵教師整理

其教材、發展其教具、編輯其工具以及錄影其教學過程，以提出具有成效的具體事證作為升等要件。但是，這種理念讓些許人誤解成只要整理教學歷程資料、裝訂成冊，而具體事證被視為一種學生對教師的教學評量分數或學生參與比賽或檢定的成績，因此，產生了教學實務升等比較簡單的錯誤觀點，也似乎略有低人一等的知覺。

　　前述兩種方式都無法真正呈現大學教授的課程知識與教學專業地位，上述第一種仍是強調學術研究的價值，第二種卻弱化了教學實務升等的價值。本書的理念提及大學教授要建立教學專業，就必須要融合教學與研究，教師的教學行動和研究思維是不可分割的。先前所述，大學教授需要透過研究發展課程知識或教學模式、透過教學引導學生學習，結合兩者的循環，逐漸提升自己的教學專業地位。以此觀點再對照著上一段的內容，本書提及大學教授的教學實務升等應是一種結合教學與研究進而發展大學教授教學專業的成果的檢視。

　　可以再區別的是，教學實務研究不是教學領域的學術研究，雖然在實踐過程中，不排除大學教授以學術研究方法探究教學實務，不過，教學實務研究應有其獨特性，本書撰寫的理念即是如此。大學教授可以運用教學實務研究的方式探究其教學實務，這是以學術研究和教學實務研究等同地位的思維為基礎，也可排除教學實務研究升等比學術研究升等略微簡單的觀點。簡單來說，教學實務升等所提出來的資料就是教學實務研究的成果報告，不是學術研究成果，也不是教學成果報告。

教學實務型升等報告

　　教學實務研究報告和學術研究報告應具有相同的嚴謹和貢獻性。教學實務研究以教師教學歷程思維探究課程與教學，並提出具體的貢獻事證與論述，過程中的嚴謹度、邏輯性和系統性仍是檢視教學實務研究報告時相當重要的要素。一個大學教授的社會地位通常被知覺為高於中小學教師，而大學教授的學術地位升等應該要有讓人知覺個人努力和對團體貢獻的元素，以教學實務升等的理念和做法上，也應該具有如此的元素。大學教授以教學實務

型升等的歷程和升等報告資料就需要呈現個人在課程知識與教學領域相當投入的程度、發展獨特的實務應用觀點以及對學術領域的具體貢獻，這也是大學教授的教學實務研究與中小學教師的教學實務研究之最大不同處。

以教學實務型升等的報告而言，本書建議要有獨特的觀點、主題或模式等貢獻，教師需要提出創新、統合和解決傳統困難的思維，也可以具有改進、調整或加強應用的技能，透過這些理念思維，轉化為課程主題與教學活動設計，再透過具有邏輯系統的學生表現資料分析、聯想和發展，最終創建一套或多組、且有別於一般或普通教學實務的成果。本書再從教學實務研究的歷程和一篇教研論文寫作的觀點提出一些建議，這部分略微不同本章第二節的寫作技巧，本節僅是提醒大學教授在撰寫或繳交教學實務研究升等報告時，應特別注意的「亮點」。

1.建立教學理念與目標設計

找出當前自己的任教學科、教學領域或教學場域中最難以學會的學科知識、最難以建立的學生能力或最難以解決的教學實務作為主題，或者是根據先前經驗，傳統課程內容與教學設計過於鬆散、未見整合、不具有邏輯性、系統性、批判性或未來應用性，大學教授可以從這些觀點思考，可以建立課程內容主題、教學模式或學生學習能力的議題。

再根據上述的主題，嘗試發展教學目標。教學目標可以導引教學活動、教學評量、教學資源的設計與進行，需要明確具體描述。教學目標的類型至少包含認知、技能和情意，亦有層次之分和寫作格式（讀者可以查閱本書第五章），不過，本書建議想要以教學實務研究升等的大學教授，提列教學目標不僅包含認知、技能和情意，也儘量加入自己學生在未來生活或工作中需要具備的關鍵能力，例如：溝通、思考等。

在研究計畫或報告寫作時，除了上述的觀點亮點外，也要論述其合理性，可以運用理論文獻，也可以提及教學實務，最後再以邏輯推理方法，歸納整理之。若教師無法產出，那可能有些概念尚且模糊，建議教師先省思先前教學經驗和先閱讀教學相關書籍和文獻資料。

2.開展教學活動與理論解析

　　厚實的理論解析，可以讓自己的課程內容和教學活動具有支持性，撰寫計畫或研究報告時，務必針對每一個產出的內容提出合理的理論基礎，理論基礎也需要包含教育的本質、學習心理學以及課程結構知識等，這部分在本書第三章已略提。另外，不同領域的教學實務研究可能也涉及該領域重要的知識、設備、人文或情境要素，這部分更貼切或更詳細的內容請讀者參考其他專書。

　　其次，檢閱當前文獻相當重要，這可以讓自己的課程主題或教學模式不會重複先前他人的研究觀點，而是以他人的研究基礎建立自己的創新內容。本書建議大學教授可以運用學術研究論文的資料蒐集與分析方法，歸納某個課程內容議題已被探討與發現的困難，再藉由這些內容思考改進策略。

　　使用圖示或表格進行邏輯系統地對照是必要功夫，邏輯是指說話有所本，系統是指要素的連結，前者可以讓審查者很清楚地看到每一個課程內容主題或教學模式之基礎論點，而後者可以讓審查者看到完整的架構以及內含要素的關係。簡單來說，探討理論和文獻以型塑和支持自己的課程與教學設計，而邏輯系統地分析與論述是教研論文寫作時應注意的方法。

3.實踐教學活動與資料蒐集

　　蒐集學生的學習表現是教學實務研究中相當重要的內容，在升等研究報告中切勿只有學生對教師的教學評量分數、學生的作品獲學生通過的檢定人數，為了分析正確以及推理得當，對每一個教學目標的回應資料應該要多元且充分，例如：如果教學目標是學生具備溝通討論的能力，那資料至少就包含學生討論的觀察紀錄、學生討論的書面資料，也可以包含學生與同儕互動的自我檢核表。

　　由於是教學實務研究，資料蒐集的內容是以教學評量為基礎，再外加研究資料的蒐集，教學目標若包含認知、技能和情意，就得需要評量資料以回應每一個教學目標，每一個評量工具也務必提到編擬的理論、文獻和歷程，再從理論、文獻和歷程去解釋與詮釋學生表現結果。而研究資料便是要以課

程與教學設計的合宜性思考，試圖發展一套課程與教學知識，透過教學，提出個人的教學智慧。

　　本書建議教師在此部分以表格方式呈現，教學目標、教學評量資料以及簡單的評量工具發展歷程。

4.統整教學實務與資料分析

　　本書作者具有審查教學實務研究升等報告的些許經驗，在此部分經常知覺一些問題，例如：僅呈現學生的表現資料而未分析，也未解釋學生表現的原因，甚至，僅提出學生表現的統計數據，便詮釋自己的教學具有成效。資料分析、詮釋與解釋是此部分可以獲得審查者認可的重要內容。

　　不過，詮釋學生表現時，要有多方資料相互對照與比較，不能僅是單一資料就藉以判斷。例如：當提出學生平均每週登入平台1.5小時進行學習時，就得需要提出學生登入平台的操作內容，藉以提出學生登入平台是進行學習活動，如此才能準確地詮釋學生表現。提出學生表現的原因解釋時亦是需要多方資料相互對照、比較與聯想。

　　本書建議教師在此部分針對每一個教學目標或次目標，設一標題和說明內容方式呈現，內容上，可以先提及教學目標或次目標，再提出學生表現的證據，之後輔以多元資料詮釋和解釋其原因。除了教學目標外，也不要忘了去論述課程與教學設計的合宜性。

5.省思教學理念與價值建構

　　呈現一個教師的教學專業是撰寫此部分最重要的事，從原有的教學理念為起點，實踐歷程的資料分析為工具，再進一步提及學生表現如何成長，更重要的是，這個教學實務研究可以促進什麼課程主題和教學模式得以改變，對當前自己學門的知識領域開展了什麼智慧、具有什麼樣的貢獻。

　　再者，教學實務研究是一個大學教授的專業成長歷程之其中一個方法，身為一個大學教授，要能自我期許未來會在此議題或相關實務上能更進一步的發展。教學專業是一段歷程，不會有終點，為自己鋪設一條專業成長之

路，建立在此課程與教學領域上的專業地位，是升等副教授或教授應有的知能。告訴審查者，自己將會如何布局與發展。

本章小結

本章針對大學教授的教學實務研究提出略不同於中小學教師教學實務研究，最大的差異在於大學教授可以申請教育部教學實踐研究計畫以及大學教授可以藉由教學實務研究報告申請升等。

由於高等教育和中小學教育不同，高等教育是一個「高階知識發展」的地方，因此，大學教授教學實務研究的課程內容主題要更有知識系統性、統合性、創意性或未來應用性，而教學模式也應該具有培養大學生批判思考、問題解決等高層次能力的功能。因此，在申請教育部教學實踐計畫時，便需要充分的理論與文獻支持，更多的實務證據與檢證論述課程與教學的價值，簡單來說，在每一個教學歷程，均要有足以讓讀者欣賞的教學專業亮點存在。

另外，在提出教學實務研究升等時，也要體會教學實務研究升等和一般學術研究升等應該是等同地位，因此，研究報告或著作資料也應呈現一個升等助理教授、副教授或教授在某個領域的教學專業地位才行。

第十二章

教研論文寫作要領與投稿技巧

　　教師需要將教學實務研究與教研論文寫作的成果進行發表，彰顯自己的教育專業；另外，教師也可以透過發表，與其他教師相互分享、相互刺激思考以及共同專業成長。因此，教師需要完整地交代教學實務研究的歷程，透過論文寫作，清楚地呈現一個教師的專業思考和學習成長的結果。

第一節　論述教學歷程

　　教研論文寫作需要掌握兩個重要的要領，亦即「詮釋」與「解釋」，結合起來稱為「論述」。本書在前幾章提及論述是用證據和規準去看待某一件事，以教學領域而言，即是對教學歷程的教學理念、行動和結果用證據和規準進行詮釋和解釋。解釋為何會有那個理念、詮釋學生表現的真實意義、解釋為何會有那樣的結果，也需要以某種規準或經過認可的經驗去詮釋事件的意義和解釋事件的結果。

　　舉例而言，全班數學平均88分，這數字本身沒意義。但如果說「這一班以前成績很差，平均都不及格，現在88分，進步好多」，賦予這個88分的意義，這即是「詮釋」，拿某個規準（以前成績不及格）去賦予那事件的意義。另外，教師會思考「為何會進步那麼多」，教師解釋「因為我改變教學策略，讓學生先操作教具再寫……」，這是「解釋」，解釋事件的因果。

其實老師平時就在做詮釋與解釋，只是沒有寫下來。寫下來，會刺激思考，為了做好的詮釋，就會去思考相關聯的脈絡要素；為了提出合理的解釋，就必須要建立因果關係。這種強化事件詮釋與解釋事件關聯性的思考，有助於未來發展教學設計的周延性。建議讀者可以找一個上課時間所發生的事，練習詮釋與解釋，不僅可以針對教師的教學理念、教學活動進行論述，也需要針對學生學習表現進行詮釋和解釋，特別是後者涉及到學生表現的理解，更顯得重要。

另外，有些書（特別是社會學相關的書）會單一用「解釋」指出生活經驗的意義和因果關係，本書特別將「賦予意義」的部分脫離出來，形成「詮釋」與「解釋」，這有利於教師能先對學生表現結果賦予意義，再思考教學事件的起因，將學生表現結果和自己的教學設計連結在一起，以便從學生的各種好壞表現，去保留、調整或刪除教師的教學設計細節。這種詮釋與解釋的論述過程正可以讓教師考慮教學情境中的問題，並思索可能的解決策略。

教研論文寫作是「論述」教學歷程，而不僅是「描述」教學歷程。教案或教學活動設計呈現「教學歷程」，教研論文才是「論述」（包含詮釋與解釋）教學歷程，這兩者的差別要請讀者多注意。然而，論述教學歷程也需要教師描述教學理念、教學活動與學生表現，因此，教研論文寫作是「描述」再「論述」（詮釋與解釋）、「論述」再「描述」，即「論述」與「描述」來回交替。

基於教學歷程與學生學習表現需要被詮釋和解釋，本書依照五個教學實務研究的階段，特別強調作者在寫作時需要寫出「做了什麼」和「為何要這樣做」等描述和論述的要素。

1. 建立教學理念與目標設計

因為什麼理由建立什麼樣的教學理念（看過什麼、聽過什麼、自己想什麼，綜合描述、詮釋與解釋），我為何會有這樣的教學理念？再考慮過教材、學生和資源後，我希望我的學生能學會什麼？做到什麼？（這些是教學目標）

2.開展教學活動與理論解析

為了實踐教學理念，我分析哪一單元的教材和哪些學生的特質？我為什麼要如此設計這些連貫性的教學活動？哪些教學理論、原則或模式指引我？教學活動的細節為何？在每一個活動中，教師要教什麼和學生該做什麼？

3.實踐教學活動與資料蒐集

在教學中，我怎麼教（講實際的教學，不一定和先前的教學活動設計一樣）？學生在我的教導下，又產生哪些表現行為？這些行為真實的意義是什麼？我如何知道學生學會了、做到了？我用什麼方法知道的？

4.分析學生表現與統整論述

學生的表現是否如同教學目標的預期？哪些有？哪些沒有？達到教學目標的教學活動設計，學生表現出哪些行為特色？沒有達到教學目標的教學活動設計，學生表現了什麼？那是什麼原因會如此？

5.省思教學理念與價值建構

我原有的教學理念有哪些獲得證據支持？我後來如何調整原有的教學理念或教學設計？我是依據什麼理由調整的？我又學習到了什麼？我呈現了哪些教學專業？以及對自己的專業有何自我期許？

不過，教師在教學實務研究和教研論文寫作中，會質疑要詮釋和解釋到什麼地步，也可能擔心詮釋不佳無法真實呈現事件的意義，或少解釋了什麼而讓人質疑。本書理念是所有的詮釋與解釋都是暫時性的、都屬於個別教師專有教學情境的、是教師從某一或某幾種角度出發，因此，不同角度當然會有不同的詮釋與解釋，亦即教師不需要擔心要解釋到所有讀者都認同的程度。教師有「權力」去發出自己的聲音，去論述自己的專業，可聆聽他人的意見，但不需要附和別人的期待。

另外，教學情境相當複雜，學生表現多元，教師可以對教學過程進行省

思，但在教學實務研究上必須要有所取捨，無法深入探討歷程中所有發生的事。而教研論文寫作亦是如此，不可能將所有教學歷程的事件進行描述與論述，只能挑選關鍵事件處理。教師可以針對原有的教學理念和教學目標、蒐集與分析學生表現資料進行論述，至於非教學理念和目標或僅有間接關係的事件，教師可以列為參考資料或甚至不需要記錄，避免教師負荷過大而影響教師投入教研論文寫作意願。然而，若教師知覺上述的間接事件對學生學習相當重要，本書建議可列入下一次教學實務研究的理念發想，進行另一個教學實務主題的探討。

再者，部分教師認為教學實務研究中蒐集學生的表現資料時，發現學生各有不同的表現，增加詮釋與解釋的困難度。這是理所當然的現象，不同學生有不同的經驗、生長背景以及學習表現，當然也有不同的詮釋與解釋。因此，教師可以先選擇與教學目標相關聯的學生表現進行論述，再提及學生不如原有期待的表現，並嘗試詮釋與解釋。值得一提的是，教師不可以僅以少數學生的表現論述自己的專業品質，例如：教學過程中，只有五分之一的學生完成學習單或只有幾位學生投入學習，就不可以提出教學有效或學習興趣高的結論。教師可以就不同表現的學生，分開詮釋與解釋。

第二節　論文寫作要領

一般教師害怕寫論文，總覺得那是學者、大學教授或是要唸研究所的人要做的事。許多在職教師進修研究所獲得學位後也就停止書寫，要其提筆敲鍵盤很困難。其實寫作就如同嚴謹的說話，經過大腦思考後的話、具有邏輯系統的話，更重要的是，只要還沒出版或發表，錯了可以改，不像說了、別人聽了，就改不了。

什麼時候開始寫教研論文？教學實務研究的理念開始發想與建立時。一有教學想法時就開始寫，這是最佳的、最適合寫作的起點。即使教師具備相當熟悉的論文回溯寫作技巧，也有相當的教學實務經驗，若在教學完畢和

蒐集學生學習表現資料後才開始寫，不僅對於原有的教學理念和教學過程中發生的事件可能產生回憶困難，這也違反教學實務研究和教研論文寫作得以「透過寫作刺激自我思考」的功能。

教研論文寫作和教學實務研究是一起進行，而且是相輔相成。透過寫作，刺激自己思考，設計教學實務內容進行探究；而透過實踐，蒐集資料，注入寫作元素。教師只要有理念、有想法，就可以開始動手或敲鍵盤寫，寫了一定需要改，一篇論文改個八版十版是經常的事。教師若思考太多，遲不動手，永遠無法開始與成形。

不過，當教師開始有意願進行教學實務研究與撰寫教研論文，也逐漸開展教學理念，甚至到最後的教學自我省思與價值建構，這些宛如大水注入浴缸，一下子就會滿，此時教師便會發現，似乎停止不了，容易超過論文的字數限制，寫作的要領便顯得重要。

別想太多

許多現職教師進修研究所，獲得學位之前必須撰寫學位論文，常聽到他們說：「論文生不出來」。另外，本書作者撰寫博士學位論文時，一位正為論文寫作苦惱的學長過來看我的論文初稿，看了之後以懷疑的表情說：「就這樣？這樣就可以？」他認為論文應該是宛如經典著作般不容許一點輕挑。不過，我告訴他這是第二版，我預計到論文口試應該會改許多次。果不其然，在之後每次與指導教授討論或自己閱讀論文時，又發現某些邏輯不通、矛盾不清和檢證不足之處，又補充一些，最後我幾乎是以第二十版寄給論文口試委員，若從開始動筆算起，也應該有修改一百個以上的版本。

只有寫了，才知道自己有多少，沒有動筆，永遠沒有。可能有些人會認為寫了，萬一寫錯以後還要改，那永遠白寫。不，教師要先有認知，寫了一定要改，但每次的改，即使刪除一些，都是一種思維歷練、都是一種進步。千萬不要等到全部都知道要寫什麼了才開始寫，因為那一天（完全知道要寫什麼）從來不存在。

教師平時就要有寫作的習慣，即使不寫教研論文，平時夜深人靜時，針

對當天的教學寫些心得，可以貼在社交媒體上，若有朋友回應，那又是一次讓自己思考的機會。

教研論文的寫作也是如此，一開始有教學理念時就要寫，幾句話也可以，但慢慢地加入「描述、詮釋、解釋」的寫作歷程，這寫作歷程即是一種分析，也是一種省思。一個教師若能隨時分析學生表現與省思教學歷程，一定會成為相當專業的教師。反過來說，寫不下去的原因多是詮釋與解釋的問題，教師若實踐過教學活動，一定可以描述教學活動細節，詮釋與解釋就是逼迫教師去詮釋學生行為表現的意義，再去要求教師解釋這種行為表現的原因。簡單來說，「詮釋」與「解釋」可以逼迫教師對教學理念的建立和教學實踐的結果進行思考，再協助教師抓到寫作的重點，進而寫作成文章，而在那樣的過程中，教師的教學思維將會擴大，專業成長就會在這種過程中發生。

當教師寫出一些內容時，可以與其他教師分享，但用口頭說明，不要只給文字稿。這有兩個目的：第一，當教師需要口頭說明時（千萬別唸文字稿），心智上就會再一次邏輯整理，多數會在此時發現部分段落和語句連結不夠緊密，便可再調整；第二，可以請其他教師說說看他的觀點，這不是要求作者一定要接受，但是在聆聽的過程中，作者就會自然地比較其他教師的想法和自己的差異。若是其他教師誤解，作者可聽聽就好；若其他教師的意見或質疑有價值，又是一次補充修改的機會。

緊縮精簡

許多教師一開始擔心寫不出來，但是在最終交稿前發現論文字數已經超過許多，又擔心不知道如何緊縮精簡。因為如先前所提，寫作內容需要敘述和論述，所需要使用的文字就會多，不過當需要刪減時，卻又擔心論述不夠力道，也可能無法呈現清楚而明確的論點。另有一些人，缺乏足夠的證據，也無採用理論，卻又長篇大論，敘寫未切中核心，造成分析與價值論述的基礎薄弱不堪。雖然如此，本書還是建議作者，若一開始不知哪些需要敘寫，倒是可以全部描述（還是要依據節次需要），以後再緊縮精簡。

　　緊縮精簡不是以文字字數判斷，是以精簡文字但切中論文核心的方式敘寫，每個章節應關注的內容當作必要，其餘裝飾，甚至可免。畢竟一篇教研論文是要告訴讀者一個教學理念的開展、歷程、省思與結局，以呈現教師的教學專業，不是軼事記錄般地呈現師生的生活點滴。如果真的有好多理念要說、很多教學目標與教學活動要敘寫，本書建議分成兩篇論文，再以各自焦點和相關聯的內容文字論述。試想，讀者喜歡清楚地了解兩篇脈絡清楚的教學歷程，還是一篇敘說許多情節且來回混亂發展的故事？或許作者會提出「若分成兩篇論文，因有脈絡交叉，難以區分」，若真如此，為了吸引讀者閱讀與讓讀者了解，還是得刪掉整個小節或割捨掉一些次要內容，以一篇論文方式呈現。

　　用證據說話是重要的寫作要領，即使證據不具有亮點，還是比胡說八道來得好。「教師發現學生作業寫得慢，是因為時間太短」確實亮點不足，但比用「學生不寫作業，因為家長不配合」來得有論證基礎，除非真的有「家長不配合」的真實證據。依據證據來敘寫，不要為了寫出冠冕堂皇的結局，而忽略了證據的意涵。

　　運用圖表、結構圖或樹狀圖是有利於讀者了解脈絡，並且具有緊縮刪除文字的意義。換句話說，若以表格提供資訊，便可將類似的屬性以統一欄位名稱表示，減少使用過多文字。另外，表格內的文字以精簡為原則，其餘再於表格外以文字說明。表格內的文字若過多，除了造成排版困難外，太多的文字就失去運用表格的意義。

　　另外，結構圖或樹狀圖的方式可以讓讀者了解整個教學歷程與結果，這可以提供讀者思考。教師也需要注意，結構圖內呈現關鍵文字，再以段落文字敘寫說明。

　　雖然提供照片是提供有力的證據，但不是每一張照片都可以出現在各節次中，一般教師可能會提供數張呈現類似訊息或意義的照片，甚至提供的照片毫無意義或與內容無關。作者還需要注意，照片內的景象不宜混亂，焦點要明確，一張有著班上教師教學，三十個學生聆聽，旁邊還有教室布置以及書櫃、鞋櫃的照片，讓人無法知覺作者所要傳達的意義。由於不同讀者對照片意義的解讀可能不同，本書建議除非難以用文字描述的影像才用照片（仍

需注意學生肖像權和版權的問題），否則，改以文字描述。

自我編輯

當完成一篇教研論文的草稿時，作者要能編輯自己的文章，自我編輯文章與寫作文章同等重要，經常自我編輯可以提升作者掌握論文內容文字的能力。

自我編輯時，作者需要跳脫作者寫作的思維，否則將會認為每一段話、每一句話、每一圖表都是重要的，無法刪除。本書建議作者對照著教研論文各節次的內容要求或標準逐一對照，只要遠離焦點太多，建議作者刪除。運用文書編輯軟體的「尋找」和「取代」功能，可以協助作者更改相同的詞彙，而透過「追蹤修訂」可以幫助作者刪除與回復。

其次，除了節次內應有的內容外，有些編輯技巧可以讓教研論文更容易閱讀：

1. 善用標題。標題內容是有意義的一句話，而不要只是一個詞。例如：「多數學生參與討論」會比「學生表現」更能呈現資訊的意義。

2. 善用分段。每一個段落只呈現一個意思，高成就學生的表現和低成就學生的表現若用兩段表示，會有引領讀者對照比較之作用；寫在一起，就只有「學生表現」的資訊而已。

3. 善用描述、證據、論述（詮釋和解釋）的連結。一個標題內的內容，呈現宛如一個故事情節、一個紀錄片的播放。首先，背景旁白聲音介紹一件事或物，隨後邀請主角出現說話，之後背景旁白聲音再提出對這件事物的觀點。這種「描述、證據、論述」，就是基於證據論述事件的寫作和編輯技巧，足以吸引讀者投入閱讀。

4. 若要用華麗的詞藻，得要給個情景內容。通常華麗的詞藻可以讓繁多的字句簡單化，但作者經常忽略讀者對華麗詞藻的解讀與作者所想傳達的意義可能不同。例如：許多教師經常在其教學過程中，將師生互動的情形比喻成「交響樂」，教師若不把師生互動的細節交代如交響樂般各種樂器聲音的此起彼落與諧和之聲，讀者有時難以了解，可能解讀錯誤與再度被誤用。

5. 引用訪談逐字稿要恰到好處。引用太短，無法呈現受訪者所要表達的意義；過於冗長，則使用篇幅太多。再者，若引用，作者說明的文字就不需要重複該內容的意義，宜轉化和詮釋引用文字形成自己的觀點。許多文章經常引用過多類似的逐字稿，作者又重複敘述受訪者的內容，占據篇幅太多，也沒有聽到作者所詮釋和表達的聲音。

　　教研論文不是文學作品，內是刺激教師思考，外則是清楚呈現教師的專業成長歷程和價值為目的。好的文章編輯讓讀者容易閱讀與理解，便容易達到教研論文的品質。作者一開始不一定能夠掌握編輯要領，多看其他教師的教研論文或教師間相互交換編輯，可以從中發現他人可取和不可取之處。

第三節　論文投稿與審稿

　　國內許多教師經常受邀分享教學經驗，但多以簡報方式呈現，除非分享者能夠透過語音完整且清楚地交代教學過程，否則讀者可能受限於某些感動的情節而忽略整個教學脈絡；另外，聽眾也可能受到認知負荷的影響，在聆聽到最後已經忘記某些細節；也可能講者只呈現教學作為，忽略詮釋與解釋，讓聽眾自我解讀事件的意義。教師若能將教學實踐的經驗、省思和論述過程寫作成教研論文，便可以克服上述困難。再者，教研論文的目的之一是希望教師的教學專業讓人家看得見，教師也能自我肯定；更重要的是，藉由投稿與發表，與其他教師進行教學專業上的互動，相互刺激教學觀點。因此，教師完成教研論文寫作後需要投稿，無論是期刊或是研討會。

　　國內學術期刊多以嚴謹研究方法、貢獻學術價值為目的，以教師教學實務開展與討論為目標者不多。當國內大學開始重視教學實務，中小學教師也不斷在教學實務上自我成長，甚至教學專業逐漸被要求時，以教學實務探究為主的教研論文就會被期刊出版。

　　以教學實務研討會而言，國立彰化師範大學在106年8月2日和107年2月

2日辦理的教學實務研討會，不講究學術貢獻，強調教師教學實務知識的開展與應用，開啟教師進行教學實務研究的思維。教學實務研討會非常適合發表教研論文，試想一群在職教師齊聚一堂，幾篇獲得審查通過的教研論文在臺上被報告著，臺上的教師敘說著他的教學故事、論述著他的教學專業，也期待臺下教師給予共鳴或建議。這種以教學實務為討論議題，強化教師教學能力以及改善學生學習品質，可以和另一種學術研討會共同建立價值。學術研討會貢獻學術領域相關知識，而教學實務研討會貢獻教育現場的實務改革。

研讀投稿須知

　　任何辦理研討會單位或委員會召集人不會想要讓他們的研討會論文隨意呈現，有時為了出版或印刷會議手冊之需要，會嚴格要求投稿者遵循他們的規範，投稿者在寄出論文稿件時務必研讀投稿須知。否則，可能被要求修改後再投，甚至直接不被採用。

　　投稿須知通常包含論文格式、字數、字體、截稿日期以及稿件接受後之後續要求。本書建議作者不要隨意違背投稿須知的要求，特別是在字數限制上。每一個辦理研討會的單位經費有限，預計收稿發表件數以及印刷需要，字數限制一定早有規範。以本書作者之經驗，字數不超過規定的10%以內，尚可能被接受（只是可能而已）；若超過，則會被要求修改。論文格式和字體也需要依據要求，主辦單位不會有多餘人力替作者排版，如果收稿論文格式與規定差距太大，主辦單位可能要求修改或直接退稿。

　　投稿後通常會有審查結果通知日期，主辦單位也通常會在那時候才公布論文接受名單，除非超過日期又不公布延期資訊，否則儘量不要去函詢問。原因在於主辦單位通常會成立論文審查委員會，執行審稿分派、審稿、複審和決議之事，這需要花費一些時間。

研究倫理議題

　　教師進行教學實務研究是以自己學生為研究對象，由於涉及教學和研

究，研究倫理的議題會被提起與檢視。

　　研究倫理的討論範疇在於那些以「人」作為觀察、參與、實驗對象之研究，可能牽涉到的公共道德爭議與規範，研究倫理的規範讓研究本身不僅是在充分尊重被觀察對象、參與者、實驗對象的權益之情況下進行，且是在可被公眾信賴的基礎上持續進展，以善盡研究者對於研究參與者個人、社群與社會的責任。

　　教師其實不要擔心是否需要經過學生或家長同意才進行教學實務研究，教學實務本是一個自然發生、本就如此發生、不做研究也會發生的情境歷程，教師平時也會蒐集學生表現資料與分析結果，並進而省思自己的教學。如此，學生的權益沒有改變，教師的教學亦是在公眾信賴的基礎下執行。研究倫理在課堂教學上的規範原則，通常會自然同意教師進行教學實務研究（亦即不需要經過研究倫理委員會核准、不需要經過家長同意），否則所有教學工作和教師專業成長都必須停止。唯獨教師在整理學生資料而撰寫教研論文準備發表時，會呈現學生學習表現之證據，得要遵守研究倫理的規範，善盡對學生的保護等社會責任，下列五點一定要做到：

　　1. 告訴家長和學生正在進行教學實務研究，而研究結果將撰寫成公開發表文章，讓家長和學生知道教學實務研究的目的，在於改善學生學習品質、提升教師教學專業能力以及教師間相互討論，以促進專業成長。

　　2. 引用任何學生資料，一定要使用匿名取代學生真實姓名，或把能辨識學生的資訊進行隱藏，不同論文匿名也要不同。

　　3. 儘量以整體學生的表現分析資料呈現，若需要呈現個別學生作品，即特定的作品（可以辨識學生個人），先徵求學生與家長同意；若只是一般學習單或作業（全班都有），教師只要將學生姓名匿名即可。

　　4. 若無必要，儘量不要呈現學生照片。若真需要使用照片，儘量呈現學生背面影像或焦點在於學生表現資料（例如：學生些微側面景象但仍需處理，主要焦點在於手寫學習單）。

　　5. 以真實證據呈現學生表現，不要對學生表現有過度的負面價值判斷，例如：「學生考卷成績18分」會比「學生笨」來得好。

　　教師進行教學實務研究和教研論文發表在研究倫理上各有不同的思維，教學實務研究是在原有的教學情境下進行，教學者、參與者和情境都不變，均可合理進行；不過，教研論文發表因為涉及教學情境以外的行為，就需要嚴謹遵守研究倫理規範。基本上，教師在改善學習成效與提升自我專業成長能力之任何作為，以「尊重學生、保護學生」為至上原則。研究倫理的規範在課堂教學領域的應用仍未有完整的定論，當前只是參照使用其他領域的原則，未來會訂出一些規範，請讀者務必留意。

研究抄襲與剽竊議題

　　研究抄襲或剽竊還是屬於學術倫理的議題，教研論文雖然非學術研究範疇，但也是一種知識產出，仍需受此規範。我國《著作權法》第52條規定，「為報導、評論、教學、研究或其他正當目的之必要，在合理範圍內，得引用已公開發表之著作。」

　　許多人對「合理範圍」有些許疑問，基本上，「合理範圍」是一種難以數字化的知覺，無法用多少百分比、多少字數來評估；而在合理範圍的知覺上，要讓讀者知覺作者引用他人的資料僅是輔助作者觀點的說明，不能讓讀者誤認他人觀點即是作者觀點。

　　而「引用」是指在作者的創作內出現他人著作的一部分，作為論證、強化作者的思維或提供注釋讓讀者更明白之用。即使有引用說明，如前所述，若讓讀者閱讀起來缺乏作者的創意，知覺像是被引用者的觀點，那就是不好的引用，品質不好的教研論文。

　　許多作者大量引用他人作品也加注引用來源，或是作者閱讀他人作品後，以「換句話說」的方式呈現相同意義卻不同字句的文字內容，即使這樣並沒有違反《著作權法》意義上的抄襲，但一篇論文的核心價值應是作者產出，而非引用他人而來，如此論文並沒有產生一個教師獨特的觀點，失去教研論文應有的價值。

　　值得一提的是，一篇論文的核心價值應是作者產出，而非引用他人而來。把另一位教師的核心成果當作自己的教研論文結論則有剽竊之嫌，這不

是涉及引用的問題而已，而是直接剽竊他人成功經驗，有騙取讀者的惡意。

　　不過，以教學實務研究而言，教室情境與課堂教學對許多教師而言大同小異，可能所發展的結論是類似，這是否會被訴之剽竊？教研論文主要是以學生學習表現為證據，驗證教師教學理念與建構價值，每個教師不同、學生也不同，所建構的價值均有其獨特性，即使結論類似，只要教學省思與發展結論的過程均是在自己的教學情境，這不算剽竊。若多數教師的教研論文結論都如此類似，例如：「教師運用獎勵積點式可以提升回答教師問題的意願」，這種結論只能說論文創新度不高，專業成長啟發性略不足，但對教師的教學專業與學生學習品質改善仍具有意義。

　　另外，教師若採用他人教學模式或成果作為自己教學實務研究的主題，除了交代他人模式的來源與細節外，教師最重要的是呈現此模式在自己學生學習上的效應，當作者強調自己學生學習表現的效應時，就不是剽竊。

　　抄襲或剽竊不僅不誠實，意圖騙取他人的知覺，對原作者也不公平。原作者花了許多時間、盡了許多努力，提出有意義的論點，值得被尊重，而抄襲或剽竊者應被指責。作者不宜以審查單位未能發覺為由，試圖避開作者的責任，研究倫理隱含著道德意識，任何知識產生都需要建立在道德的基礎上。

參考文獻的格式

　　教研論文不需要嚴謹的參考文獻，但畢竟作者會引用他人書籍、文章或資料作為輔助說明自己的理念，或採用他人成果進一步教學實驗。因此，作者仍需要在文末參考文獻中說明引用的資訊。教研論文屬於教育學領域和心理學領域，參考文獻格式以APA格式第六版為原則，APA格式是指美國心理學會（American Psychological Association）所發行的出版手冊中有關論文寫作的規定格式，此版本內容比先前版本逐漸增多，讀者若要充分了解，可參閱市面上的書籍。本書在此提及經常被使用的格式。

一、原則

1. 參考文獻中所列書目，需與正文中引註文獻一致。
2. 中西參考文獻，需分別編排，中文在前，西文在後。
3. 參考文獻中每筆資料需獨立編排。
4. 中文資料之排列，依作者姓氏筆畫排序；如同姓，則依名排序。
5. 西文資料之排列，依作者姓氏字母排序；如同姓，則依名第一個字母排序。
6. 同一作者有多篇論著，則依年代遠近排序，遠在先、近在後。
7. 同一作者在同一年內有數篇論著時，則在年代後用英文小寫a、b、c等符號標明。
8. 參考文獻的寫法是第一行靠左，超過一行時，從第二行起均縮排兩個全形字距。英文文獻縮排四個半形字距。

二、中文期刊

1. 格式
   作者（年）。文章名稱。**期刊名稱，期別**，頁碼。
   作者（年）。文章名稱。**期刊名稱，卷**（期），頁碼。
2. 實例
   劉世雄、吳秋鋒（2012）。引領教師同儕合作提升資訊科技融入教學的素養之研究。**教育研究月刊，215**，40-53。
   劉世雄（2008）。數位多媒體的瀏覽方式在訊息理解上的應用之研究。**當代教育研究，16**（2），45-76。
3. 說明
   期刊名稱與期別或卷次需要加粗體，卷次內的期別不需要加粗體。

三、中文書籍

1. 格式
   作者（年代）。書名。出版地點：出版商。

作者（年代）。章名。載於編者（主編），**書名**（頁碼）。出版地
點：出版商。

2. 實例

劉世雄（2015）。**臺灣學校需要的學習共同體**。臺北：五南。

劉世雄（2014）。教師共同備課、公開觀課與集體議課之探討。載於
吳清基、黃嘉莉主編（2014），**面對十二年國民基本教育的師資培育
挑戰**（pp.139-162）。臺北：中華民國師範教育學會。

3. 說明

書名需要加粗體。單一作者或多位作者不影響書名加粗體。

四、中文翻譯書籍

1. 格式

譯者（譯）（譯本出版年代）。**書名**（原作者：姓名）。譯本出版地
點：譯本出版商。（原著出版年：xxxx）。

譯者（譯）（譯本出版年代）。**書名**（原作者：姓名）。譯本出版地
點：譯本出版商。

2. 實例

吳美麗（譯）（1998）。**管理其實很Easy**（原作者：M．H．
McCormack）。臺北市：天下文化。（原著出版年：1996）。

林明地、楊振昇、江芳盛（譯）（2000）。**教育組織行為**（原作者：
R. G. Owens）。臺北市：揚智文化。

3. 說明

第一筆資料有原著出版年代需要加註於後；若無，如同第二筆資料，
可免。書名需要加粗體，卷次內的期別不需要加粗。單一作者或多位
作者，不影響書名和卷次、期別的加粗體。

五、中文研討會論文

1. 格式

作者（年月）。論文名稱。**研討會名稱**，舉行地點。

2. 實例

劉世雄（2016年11月）。教育實習學生的網路協同學習之探究。**第六屆海峽兩岸教師教育高端論壇暨第三屆新教育與新教師學術研討會**。臺中：臺中教育大學。

3. 說明

研討會名稱需要加粗體。

六、中文學位論文

1. 格式

作者（年）。**論文名稱**（未出版之博／碩士論文）。校名，學校所在地。

2. 實例

劉世雄（2004）。**資訊科技融入教學的模式與學生學習因素之研究**（未出版之博士論文）。國立屏東師範學院，屏東縣。

3. 說明

論文名稱需要加粗體。

七、英文期刊

1. 格式

Author, A. A. (Year). Title of article. *Title of Periodical, xx*, xxx-xxx.

Author, A. A., Author, B. B., & Author, C. C. (Year). Title of article. *Title of Periodical, xx*(xx), xxx-xxx.

2. 實例

Liu, S. -H. (2017). Relationship between the factors influencing online help-seeking and self-regulated learning among Taiwanese preservice teachers. *Computers in Human Behavior, 72,* 35-48.

Liu, S. -H., Tsai, H. -C., & Huang, Y. -T. (2015). Collaborative professional development of mentor teachers and pre-service teachers in technology integration. *Educational Technology & Society, 18*(3), 161-172.

3. 說明

期刊名稱與期別或卷次需要加斜體，卷次內的期別不需要加斜體。單一作者或多位作者，不影響書名和卷次、期別的加斜體。期刊名稱每個字皆須首字字母大寫，除了to、冠詞a、an、the、少於五個字母的連接詞from、for、of、and、in不須大寫，除非這些字出現於標題句首或句尾，或是出現於副標題的句首或冒號後方。

八、英文書籍

1. 格式

Author, A. A. (Year). *Book title*. Location: Publisher.

Author, A. A. (Year). Chapter title. In B. B. Author & C. C. Author (Eds.), *Books title* (pp. xx-xx). Location: Publisher.

2. 實例

Shotton, M. A. (1989). *Computer addition? A study of computer dependency*. London, England: Taylor & Francis.

Haybron, D. M. (2008). Philosophy and the science of subjective well-being. In M. Eid & R. J. Larsen (Eds.), *The science of subjective well-being* (pp. 17-43). New York, NY: Guilford Press.

3. 說明

書名需要加斜體。單一作者或多位作者，不影響書名加斜體。

參考文獻使用統一格式，可以使撰稿者了解論述文章應有的架構及內涵，有利於研究的進行，也有利於閱讀者了解論文引用的資源，並依參考資源查詢，快速取得想要了解的內容，有利於研究成果的傳播。

審稿標準

為了論文品質，每篇論文都會有審稿標準，有些學術期刊會公布其審稿標準。但應注意的是，審稿標準之目的不（只）在於作為論文接受的規範，而是以一種論文出版的理念，提醒作者與審查者，每篇論文都要往那個方向走。

　　教研論文的審稿標準難以用學術期刊的標準取代之，教研論文強調的是教師的教學理念、實踐過程、分析學生表現與教學省思後所建構的價值。若與學術研究比較之，可以用表12.1說明。

表12.1　科研論文與教研論文的審查標準之比較摘要表

科研論文（學術論文）		教研論文	
背景動機	基於當前學術的基礎、實務的問題，建構研究目的。	教學理念與教學目標	以自身經驗、教學情境以及教學想像，建立教學理念與設計教學目標。
文獻探討	指出當前重要文獻的基礎、強調周詳性、邏輯性以及適當的評析。	教學設計與理論解析	以理論、文獻或學習方法解析，並提出教學活動設計。
研究方法	研究方法的妥當性、資料蒐集的適當性與信效度。	教學活動與資料蒐集	以活動教學的歷程，指出學生的各種學習表現。
研究結果	研究結果與分析的適當性、研究討論的合理性。	教學實務與成效分析	以教師自身經驗、學習脈絡及學生表現，綜合分析學生預期與非預期的表現，並進行描述、詮釋與解釋。
研究結論	研究結論與建議的適切性、研究結論的創見性與價值性。	教學省思與價值建構	以教學省思技術指出原有理念的合宜性，以及建構新觀點與論述專業價值。

　　從表12.1可以發現教研論文雖然沒有科研論文的嚴謹要求，但也並非教師自覺自說即可，教師要基於先前經驗（包含教學經驗、所學習過的理論和學習方法）、學生表現證據（包含當前以及學生早期的表現）以及教學省思之技術（包含學習理論、教學專業原則與教學實務的對照），不斷地描述、詮釋與解釋各種教學現象。

　　本章在第一節「論述教學歷程」中提及五個階段，這五個階段對照著教研論文的架構，強調作者在寫作時需要寫出「做了什麼」和「為何要這樣做」等敘述和論述的要素，本節再綜合撰寫要素以及教研論文的標準，整理如表12.2，提供教師撰寫教研論文與投稿的參考。

表12.2　教研論文之撰寫要素以及論文審稿標準表

教研論文結構		撰寫要素以及論文審稿標準
建立教學理念與目標設計	敘寫思考	• 因為什麼理由（看過什麼、聽過什麼、自己想什麼，綜合描述之），我會有這樣的教學理念？ • 在考慮過教材、學生和資源後，我希望我的學生能學會什麼？做到什麼？
	審稿標準	• 教學目標是否建構？ • 是否以教師自身經驗、自有教學理念以及教學想像建構教學目標？
開展教學設計與理論解析	敘寫思考	• 為了實踐教學理念，我分析哪一單元的教材和哪些學生的特質？ • 我為什麼要這樣設計這些連貫性的教學活動？ • 哪些教學理論、原則或模式指引我？ • 教學活動的細節為何？ • 每一個活動中，教師要教什麼和學生該做什麼？
	審稿標準	• 是否提出教學活動設計？ • 是否以理論、文獻或學習方法解析教學活動設計？
實踐教學活動與資料蒐集	敘寫思考	• 在教學中，我怎麼教（講重要策略）？ • 學生在我的教導下，又產生哪些表現行為？ • 這些行為真實的意義是什麼？ • 我如何知道學生學會、做到了？ • 我用什麼方法知道的？
	審稿標準	• 是否指出學生各種表現？ • 是否具體連結教學活動與學生學習表現？
分析學生表現與統整論述	敘寫思考	• 學生表現是否如教學目標的預期？哪些有？哪些沒有？ • 達到教學目標的教學活動設計，學生表現出哪些行為特色？ • 沒有達到教學目標的教學活動設計，學生表現了什麼？那是什麼原因會這樣？
	審稿標準	• 學生預期與非預期的表現原因為何？ • 是否以教師自身經驗、學習脈絡及學生表現綜合分析學生表現，並詮釋學生表現的意義？

教研論文結構	撰寫要素以及論文審稿標準	
回顧教學理念與價值建構	敘寫思考	• 我原有的教學理念有哪些證據支持我？ • 我後來如何調整我原有的教學理念或教學設計？ • 我是依據什麼理由調整的？我又學習到了什麼？ • 我呈現了哪些教學專業？以及對自己的專業有何自我期許？
	審稿標準	• 是否驗證原有理念的合宜性？ • 是否以教師教學省思之技術，指出合宜性與調整處、或建構新觀點？

　　上述審稿標準並非唯一格式，本書僅就教研論文的目的在於彰顯一個教師基於學生表現證據、論述教師教學專業歷程，提出合宜的參考審稿標準。教研論文不完全採用科研論文的學術審查標準，而是基於一個教師的經驗與省思，自我描述、自我詮釋和解釋自己的教學歷程。只要基於這樣的立場，都可以被發展成教研論文的審稿標準。

第四節　口頭發表技巧

　　投稿研討會而論文被大會接受可進行口頭發表是令人高興的事，表示自己的教學實務研究之歷程以及所轉化形成文字的教研論文獲得肯定。本書作者經常主辦研討會或擔任研討會的審查委員會委員，和學術期刊論文不同的是，學術期刊論文在乎的是論文的品質與創新度，而一般學術研討會論文只要研究議題能夠引發參與者的共鳴與討論，就會被邀請口頭發表。

　　部分研討會並不出版研討會論文集，因此，許多發表者經常於研討會口頭報告並獲得討論後，自己再修改論文，再投稿於其他學術刊物。這也就是為何有人說研討會論文的品質不如學術期刊論文之原因，不過，研討會與學術期刊之目的不同，建議讀者不要這樣比較。

　　教研論文如同一般研討會的目的，只要引發共鳴與討論就可以在教學實

務研討會上口頭報告，這也是教師進行教學實務研究與撰寫教研論文的目的之一。教師撰寫教研論文後，藉由口頭發表以及與現場參與者進行教學實務的討論，不僅可以讓參與者了解一個教師的教學專業成長歷程，也可以刺激論文作者重新思考和檢視自己的教學理念。

　　口頭發表不是代表教研論文毫無缺失，但誰又能提出完美無瑕的教研論文呢？能站上臺口頭發表論文已經值得讚賞。然而，畢竟口頭發表需要面對一群聽眾敘說自己的過去經驗以及回應聽眾的質疑，發表者仍需要充分準備，以免先前的理念被聽眾誤解，讓自己的教學信心受到打擊。

準備適量的投影片與時間掌握

　　通常研討會主辦單位會要求論文發表者在一定的時間內說明完畢，請發表者務必掌握。有些發表者在前言部分便花掉超過一半的時間，後續講不完便跳過核心部分，讓人家不知所云。另有一些發表者占用過多時間，主持人又不制止，影響下一位發表者，令人討厭。

　　準備適量的投影片可以協助自己掌握時間。一頁投影片大約花1分鐘時間，不要只是唸畫面上的文字，發表者要讓自己的聲音有溫度，藉由投影片的提示，說明自己的經驗與可以令人感動、眼睛為之一亮或心靈震撼之處。以教研論文而言，「建立教學理念與目標設計」大約1-2頁、「開展教學活動與理論解析」也1-2頁、「實踐教學活動與資料蒐集」為2-3頁、「分析學生表現與統整論述」3-4頁，而「省思教學理念與價值建構」大約2-3頁。整體而言，大約10-13頁，約略花10-13分鐘，另有2分鐘是彈性時間，有時候得要跟聽眾寒暄，還有大部分發表者在臺上講的永遠都比臺下預設的還要多。在設計簡報時千萬不要過量，以免講不完自己也緊張。

講重點與感動他人

　　發表者是一個活生生的人，是一個曾經在教學歷程中熱情地實踐教學活動、看過學生挫折，也看過學生理解教材後臉上燦爛笑容的人，絕對有感動的故事可以說。

　　發表時用第一人稱「我」當句首,用「我的學生」或「我的孩子」來形容學生,因為那是自己的故事。而口頭報告中,聽到最多的一個段落是「因為什麼原因……我做了什麼……我的學生表現如何……那是因為(解釋原因)……那顯示我或學生(詮釋意義)……」。

　　雖然整體報告需要前後連結,但重點在於分析學生表現後的意義,並藉此論述自己的教學理念和教育專業,其餘只要清楚交代過即可。有教學經驗的聽眾最有興趣的也是學生表現之起源、過程、結果、意義等內涵,特別是學生表現令人驚訝之處;但沒有教學經驗的聽眾比較想要模仿教學活動。**如果發表者能夠說出「原本討厭學習數學的學生變成喜歡學習數學」、「原本上臺說不出一句話的學生最後可以侃侃而談」、「原本不參與討論的學生要求老師給予討論」等故事的流程與細節,那真的會是感動人的情節。**當然,發表者得要敘說先前發生什麼事、教師的理念為何、教學活動如何設計、如何分析學生表現,基本上告訴聽眾「怎麼做到的」、「怎麼改變這一切的」。至於沒有教學經驗的聽眾,發表者可以多陳述學生表現,帶領聽眾多關注學生學習表現。

　　「讓其他人知道一個教師如何把學生從底層拉上來」是教研論文中最令人感動之處,也是教師進行教學實務研究的最高目標。教學實務研究是一段精心設計的歷程,目標就是把學生教好、讓學生學習得更好。只要教師從教學理念建立開始,一步一步設計教學目標與活動,並省思著每一個發生的事,調整、改變或保留教學思維。

　　寫作可以協助教師思考,一開始進行教學實務研究便開始動手敲鍵盤、開始書寫,教師會發現寫作過程中需要思考,也因為需要思考原因、方法和意義,便會強迫自己去連結相關聯的資訊,理論、文獻、過去經驗等都可能一一浮現,教師再綜合比較和省思這些資訊,便可以釐清未來的教育方針。

本章小結

　　本書強調教師是有能力省思自己，透過教學省思，建構自己教學理念的價值。教學實務研究和教研論文不需要如同學術研究一樣，以外在的工具限縮教師自己的思維，反而，教師自己經驗（包含所學知識、自己與他人經驗、自己的思考歷程）就是一個值得運用的工具。

　　大學教師兼具研究與教學之義務與責任，亦即除了學術研究外，教學專業上也需要精進。大學教師的教學也需要發展教學智慧，將其教學理念付諸於實踐，並透過教學省思，發展教學專業。中小學教師以教學工作為主軸，況且教學對象是身心尚未發展成熟的學生，更應該在教學工作上精進。簡單來說，只要具有教學責任的人，就必須要教學專業成長，而探究自己的教學實務以及教研論文寫作可以促進教師的專業成長。

　　教師要做不一樣的教學研究、要寫不一樣的教學論文，為了論述自己的教學專業、改善學生學習困難與提升學生學習成就，教師從自己的理念出發，要透過教學實務研究與教研論文寫作思考及實踐，勇於改變自己、改變學生、改變教育、改變臺灣的未來。

附錄一

變，讓我們被看見——學思達教學模式在高年級語文教學中的應用

余佩蓉

雲林縣安慶國民小學

壹、建立教學理念與目標設計——我思、我見、我願

一、十年獎章的省思

當我前年領到教學十年的獎章時，表示我的教學生涯已過了三分之一。我思索：能不能為自己的課程進行模式做一些改變呢？是否能走出屬於我的教學之路？

二、觀察中聚焦問題

2016年8月開學了！新班級的孩子和我初次見面，除了建立班級常規之外，並觀察上課的反應，省察學生在語文領域上有幾個亟待努力的部分：

（一）缺乏思考能力

在進行內容深究時，我會問學生有關課文內容的問題，通常在文本中能找到答案的（如：提取訊息、推論訊息）最容易，學生也最有意願回答；但

一旦進入詮釋整合和比較評估這層次的提問，需要學生提出自己的想法，通常學生都沉默不語。

（二）怯於發表

只要有發表的機會，主動舉手回答的人數屈指可數，究其原因，除了前述缺乏思考能力之外，另外就是怕說錯被同儕取笑或被老師指正。

（三）不聆聽他人想法

即使有同儕願意發表，但部分學生根本不聽他人想法，在私底下竊竊私語、玩耍打鬧的情形屢見不鮮，班級秩序經營備感艱辛。

（四）寫作能力低下

開學的第一篇作文題目：「我是五年級生」，事先筆者做好徵文通知，並且告知學生可以的寫作方向。沒想到，作文簿一發下去，開始出現聲音：「為什麼要寫作文？我討厭作文！」、「老師你怎麼沒有發給我們範文？沒有範文怎麼寫？」抱怨的回應此起彼落，可想而知，寫作的成果肯定不如預期。

三、理想中的課室風景

語文教學中包含「聽」、「說」、「讀」、「寫」四大內涵。根據筆者長期的觀察與學生對話中發現：學生過去習以為常的上課模式，通常是老師說、學生聽，被指定要求完成某本書的閱讀筆記，連寫作也由老師發範文及擬定各段大綱後，再由學生完成寫作。雖然看似已完成語文教學四大內涵，但學生落入「被動學習」的深淵，沒有學習動力與思考力，這非學生之福。我希望學生能夠學會：願意仔細聆聽別人發言的內容，願意思考並發表自己的想法，願意主動閱讀，有能力將自己的想法以文字的方式呈現，並樂在學習。

貳、教學活動設計與理論解析 —— 學思達如何使師生彼此超越自我

一、教學活動設計理念

　　年紀越小的孩子，對學習越有好奇心，也越有求知欲；但隨著年紀成長，好奇心被逐漸抹煞。因此，筆者上課時鼓勵學生多思考、多發表，引發組員間彼此討論、對話、分享，希望能扭轉教學困境。

二、「學思達」理論解析

　　正當在教學上遭遇問題時，腦袋裡閃過了在去年暑假時拜讀的《學思達》一書提及：為訓練學生自「學」、閱讀、「思」考、討論、分析、歸納、表「達」、寫作等能力，透過製作全新的問題為導向的講義，小組之間「既合作又競爭」的學習模式，老師轉換為主持人、引導者，將學習權還給學生，讓學生可以在課堂上用自己的話語「說」出知識。於是，我著手於第一次月考結束後，將「學思達」的理念引進自己班級中實施，期待學生在聽、說、讀、寫各方面皆有正向發展。

三、教學活動細節

　　要達到高效益的學習成果，必須事先要有詳細的規劃，並按部就班逐一改變。因此，我試著從下列五步驟進行調整：

（一）步驟一 —— 師生資訊對等

　　每個老師都擁有教師手冊，與其上課花時間講述瑣碎知識，倒不如將教師手冊的補充資料影印給學生，師生在資訊取得方面站在對等的地位。

（二）步驟二 —— 製作問題為導向的講義

　　事先製作問題導向的講義，將作者寫作背景、課文內容及核心問題以問答題的方式，引導學生思考、討論進而發表。

（三）步驟三──彼此支援分組競賽

課程進行時，每組皆有一張評分表，評分者由組員輪流擔任，只要有同學發表，依照表現給予0-3分（表現最佳3分，沒有回答給0分），若有上臺發表額外再加1分，評分者不能幫自己組別評分。此分組競賽方式的好處是：當指定各組皆須發表，但被抽到的同學回答不出來時，組員可以互相支援，為自己個人加分，也可以為自己組別得分。

（四）步驟四──營造安心發表環境

一開始進行課堂討論、發表、回饋不是很順利，怕說錯、怕被取笑，使得學生不敢主動發言。為營造安心發表環境，筆者先鼓勵願意主動發言的「破冰者」，會額外加分，肯定孩子的勇氣；接著，害羞不敢回答（或本來聲音就很小）的孩子，若被抽到可以先不回答，可以由小組組員救援。

（五）步驟五──尋找每課寫作亮點

孩子對於寫作興趣缺缺，以致於寫作成果低落，一直是語文教學中的困境，根究其因，孩子鮮少有思考與發表的機會，長期被規範的命題作文，變成人云亦云的「一言堂」，導致孩子失去熱情，視寫作為畏途。因此，筆者從課文出發，尋找每課的寫作亮點，給予來源廣泛的閱讀題材，如影片、音樂、報章雜誌等，並以問答的互動方式，引導寫作重點及方向，藉由上課討論、發表與分享，為原先不知道該怎麼下筆的孩子搭鷹架，且字數要求從80-100字的短文開始，給予孩子易達成的目標，提升寫作興趣。

四、「教」與「學」相輔相成

老師的「教」會影響學生的「學」，期待學生能夠增進哪些能力，在進行教學活動前，就必須先擬定相關的教學內容。

（一）教學前

事先影印教師手冊的內容（學生稱之為「武功祕笈」）給學生，請學

生將深難語詞解釋、修辭法、課文大意等，註記在課本上。並印發「問題導向」講義，事先針對討論的問題進行準備，以便在課堂上能夠快速聚焦問題，提出想法與小組組員分享討論。

（二）教學時

先帶領學生閱讀作者寫作背景，閱讀的媒材有文字也有作家專訪影片。再以投影片依序呈現四層次的問題。針對高層次問題，則由小組討論後再發表。每位組員表達自己的看法後，由學生自由舉手回答。

（三）教學後

為每課設計「思考寫作題」，尋找課文亮點，學生回家完成。隔天來校與小組組員分享後，進行自評與他評，再交給老師評分，並逐一給予文字回饋，最後將優秀作品張貼在布告欄。

參、實踐教學活動與資料蒐集

「學生的學習，來自教師的教學」，在擬定一連串的教學活動時，我期待教學模式改變，能夠讓學生找回學習動力。就教學前、中、後三個教學階段，針對學生學習行為變化及教師逐步調整實施教學方向，分述如下：

一、教學前

在每一課課文開始教學的前兩、三天，筆者會先把教師備課用書的內容影印給學生，並要求在課本上註記重點。剛開始實行時，只有少數兩、三個學生會主動完成，大部分的學生被動不想寫。由於學生仍屬於被動學習，若處罰他，失去了「自學」的真義，因此修正改採「加分制」，有完成的學生加班級榮譽制度10點。

實施「加分制」後，原本只有兩、三個學生會主動完成，一學期之後只

剩兩個不為所動，成效高且能達到「自學」的目的。

二、教學中

原先預估學生在上課進行討論時，應該可以很熱絡，沒想到學生被動學習，且怯於發表，即使有願意主動發表的學生，其他人在私底下干擾發表的同學，影響上課品質。我想：把上課思考題作為星期五的回家作業，並把思考的答案寫在稿紙上，且星期五只有這項作業，給予學生充分的時間完成，並列入平時成績，也許可以改善此窘境。為避免成為回家作業後，造成家長的困擾，筆者事先在家長LINE群組中，先說明指派此項作業的用意及作法，並將「問答題導向講義內容」拍照上傳，讓家長成為我教學上的助力，一起督促孩子認真完成此項作業。修正作法後，我發現：星期五只給予學生一項作業，讓學生有足夠的時間可以思考，把答案寫下來。當進行課程時，每個人都「有話可說」，上課討論與發表的氣氛活絡許多。

對於學生怯於發表，及其他人於同儕發表時的干擾，我則設計「上課發言登記表」，每組各發一張評分表，每節課每組輪流一位同學擔任評分者，當其他組同學發表時，針對表現情況給予0～3分，在每次月考前總結分數，分數有個人總分也有組別總分，最後還會換算成上課平時成績，個人成績從72-100分（第一高分100，第二高分99，依此類推）；組別成績則是88-100分（第一高分100，第二高分98，每2分為一個級距）。發現：因為每個孩子都會是評分者與被評分者，有時教師會隨機要求對於他組進行意見回饋，人人有事做，專心度提升許多。

三、教學後

為提升學生寫作興趣與能力，筆者試圖尋找每課寫作亮點，設計至少一題的「思考寫作題」，媒材有影片分析、文本閱讀、設計情境等，然而學生長期仰賴教師提供寫作範本和大綱，突然要學生發表自己的想法來寫，難度頗高。

給予學生足夠時間討論是必要的，因此進行完「上課討論題」後，開

放時間給學生互相交流針對此寫作題的想法，教師也會提供多方面的寫作方向，以觸發思考。寫作成果進行自我評鑑，及小組組員互相評鑑，再送交老師評分，一份作業至少有五個人進行評分，分數列入平時成績，且將優秀的作品張貼於公布欄，並拍照上傳家長群組，讓家長一起來關注孩子的學習，最重要的是讓學生的努力被看見。「先求有、再求好」，藉由家長成為教師的後盾，學生互相評鑑與欣賞，寫作的品質與字數在進行一學期之後，大幅提升。

肆、統整教學實務與成效分析

筆者在進行了將近一年的學思達模式教學後，時時去檢視原先預定「學生願意仔細聆聽別人發言的內容，願意主動閱讀，有能力將自己的想法以文字的方式呈現，樂在學習」的教學目標達成的狀況如何？我有以下的發現：

一、「願意仔細聆聽別人發言內容」方面

原先上課打擾秩序的學生，由於被授予為同學評分的工作，必須仔細聆聽他人發言內容，甚至還會提出回饋。

二、「願意思考並發表自己的想法」方面

怯於發表的孩子，因為有了與同組組員意見交流及協助的機會，以及發表之後，同儕之間能夠互相鼓勵，增加不少自信心，班級討論氣氛熱絡。

三、「願意主動閱讀」方面

被動的學習態度，經由「加分」的鼓勵機制，絕大多數的孩子能見賢思齊，也跟上腳步，完成「自學」。上課時，筆者會去引導學生了解作者、作品風格、課文文章出自於哪本書並介紹相關書籍，因為好奇心，喜歡閱讀的

孩子多了，學生還會要求父母帶著他上書店買書自己閱讀，甚至同儕間互相交流好書。

四、「有能力將自己的想法以文字的方式呈現」方面

筆者以開放式的問題、假設性的情境，讓學生去思考、去討論、去激盪火花，沒有制式規定，包容想自由的靈魂，哪怕是天馬行空的想法，只要言之有理，都能被接納，甚至被讚賞。寫作字數80-100，剛開始能夠達標的只有50%。一個學期後，90%以上的孩子隨手一寫都可以達成，甚至現在字數能達500-600字以上的孩子也有50%。

五、「樂在學習」方面

所謂「樂在學習」，是在「探尋知識」到「發現答案」的過程中，是快樂的。筆者看到班級的孩子能因為好奇心，將課本所沒提及或沒解釋清楚的概念，自行上網找相關資料。上課時提出問題和老師討論，下課時和同學一起分享找答案的過程，這是「樂在學習」的真諦。

伍、省思教學理念與價值建構

「學思達」在每個專業教師手中，有著不同的詮釋方式。愛好寫作的我，將課程內容與寫作結合，不求孩子各個能寫出文情並茂之文，至少能夠流暢寫出自己的想法，因為唯有經過思考、討論、表達的歷程，能以自己的語言「說」出來的知識，才是真正習得並內化至心裡。以下，筆者將一年來教師的「教學」與學生「學習」的成長做個回顧，以成為下學年度再度進行此教學模式之參考。

一、課前文本分析及資料蒐集

　　過去，課前文本分析與資料蒐集是我忽略之處，總以為只要把教師備課用書裡的資料補充給學生，就是盡到「教學」的責任。直到讀了書，聽了演講，有了反思，到實際行動製作「問題導向講義」，筆者自我覺察：為了製作講義，事前往往得閱讀龐大的文本，上網蒐集作家專訪影片、作家書籍介紹，以提供學生作者寫此文時的寫作背景，認識作者其人其事，進而閱讀其著作，建立讀者與作者之間的聯繫，走入文章的靈魂。

二、分組及加分的利弊成效

　　原先得費心管理班級秩序，現在則因設計「上課發言登記表」，學生只要發言會得到加分，同學發言時必須評分，有時還須針對前組的發言內容進行回饋，上課時得專注聆聽，減少干擾上課進行的因子。分組彼此競賽，組員間又必須存在著合作與競爭的關係，學習雙贏，利他又利己。

三、破冰者之安排

　　一開始進行討論發表不順利，願意舉起手成為「破冰者」活絡氣氛的孩子，必須給予肯定與支持，讓他也讓其他同學感受，只要願意開口說說自己的想法，不管好壞，大家都不會取笑他，營造安心發表的環境，增加學生發表意願及自信。

四、寫作框架的放寬

　　視寫作為畏途，是教學中的常態，但寫作是非常重要的能力，不希望學生放棄它。放寬寫作框架，包括字數、章法、修辭等，以開放式問題或假設性情境，讓學生能暢所欲言，盡情馳騁。

五、每課寫作亮點之設計

　　筆者為每課至少設計一題寫作題，只提供寫作方向或與課文相關的假設性情境，不給段落大綱，學生剛開始不習慣會抱怨，但因字數門檻低，只要

把自己的想法寫下來即可，加上有觀摩同儕佳作及互相交流的機會，寫作的質與量漸漸提升。以後應可慢慢提高字數及增加寫作次數。

　　未來，筆者仍將持續進行「自學、思考、表達」的學思達教學模式，寫作教學也會增添更多元素，讓學生能愛上寫作、愛上閱讀、愛上學習。

附錄二

物聯探實達教學實務研究

王尊信
臺中市立中港高級中學

壹、建立教學理念與目標設計

一、教學理念

　　教學多年，學生上課睡覺的比例、上課的問答討論能否流暢表達科學論理而避免流於嘴砲，這兩個問題，一直是目前我在教學現場，仍然念茲在茲的核心問題。然而，高中教育的考試領導教學一向是為人所詬病的傳統，「不考的不教、背多分、學生考了高分卻也失去了學習的胃口」……這些雖是目前遇到的困境，卻也是不易打破的藩籬。所以，透過翻轉教學的實踐，不直接告訴學生答案；透過探究教學，以科學核心素養為導向的教學；透過實作課程的實施，訓練學生動手做的能力，這是高中十二年國教課綱科學探究與實作想要達到的目標。然而，太過習慣傳統講述教學法的老師與學生，能否轉型為探究與實作的教與學？需要注意什麼或最好準備什麼？實施探究實作教學的時候，有什麼需要注意到的細節或意外的收穫？……這些都是本文想要探討的幾個主題。

　　因此，在實施物聯探實達課程時，我採用的5E探究教學法〔5E：參與（Engage）→ 探索（Explore）→ 解釋（Explain）→ 精緻化（Elaborate）

→ 評量（Evaluate），Bybee and Landes, 1988〕，分述如下：

1. 參與：藉由舉例物聯網（Internet of Thing，簡稱為IoT）在販賣機管理經營的應用，連結舊經驗，了解物聯網對於智能生活的憧憬，引發學生探究的興趣。

2. 探索：讓學生從生活中釐清哪些適合發展物聯網的事物？ 哪些技術還未成熟？

3. 解釋：利用物聯網，物物連網的概念，將選出適合發展的物聯網的事物聚焦討論範圍，並篩選出可能探討的變因。

4. 精緻化：將適合物聯網探究的議題變因，逐步設定探究方法，找出可行的實作步驟。

5. 評量：藉由實際的操作，得到結論，並反思是否符合當初所設定想要探討物聯生活的目標？

　　透過以上5E探究式教學法，將上課主動告知、講解觀念與方法，轉變成讓學生有機會嘗試科學家當年探究的歷程，從失敗中汲取經驗；從成功中獲得發現各種現象背後理論的快樂，雖然可能會多花一點時間，但是卻也比較能達到建立學生科學素養的目標，這種素養導向的課程設計〔態度（Attitude）、技能（Skill）、知識（Knowledge），簡稱為ASK〕，是我教學多年來，所亟欲達到的高階教育目標。

　　我的學校與學生之背景：中港高中位在臺中市梧棲區，PR大約70的社區高中，高中部每年級共有六班普通班、一班體育班，每班人數約為38人。施教班級為高一普通班、跑班選修的學生，上限為30人，選修的學生數常常達到滿班。

二、教學目標設計

　　基於以上的理念，我在105學年上學期，高一嘗試開設「物聯網探究與實作」課程（以下簡稱為「物聯探實達」，IoT ten-star），呈現教學過程、學生的學習結果，以檢驗教學的成效和教學理念的價值，希望提供有興趣研究的教師與學者參考。在本文中，主要想探討的問題有以下三個：

「科學探究與實作」列為十二年國教課綱的部定必修，但是老師、學生能否熟悉、適應這種新的探究教學法？在這個部分，我希望學生能透過四層次探究法〔驗證性探究（Confirmation inquiry）→ 結構性探究（Structured inquiry）→ 引導性探究（Guided inquiry）→ 開放性探究（Open inquiry），Bell, Smetana, and Binns, 2005〕，由驗證性探究、結構性探究，逐步具有引導性探究，進而擁有開放性探究的能力。學生能夠具有針對某項議題自行探究、設計探究方法與步驟的能力。

物聯網是目前方興未艾的新興產業，社會普遍關注議題，但是否能夠以探究與實作的方式進行，達到輔助學習的目的？我希望學生能藉由對物聯網的認識，以探究的方法、實作的歷程，辨別未來智能生活的可行性與潛在的商機。

在目前的正規課程架構與考試型態下，學生普遍缺乏自信、學習不夠主動，藉由此課程有無彌補正規課程不足的功能？我希望養成學生的自信心，更有意願表達自己對周遭生活議題的看法；具有主動學習能力，即便將來出社會進入職場，面對學校沒教過的新事物與挑戰，也能有效率的學習與自在地面對、解決問題。

貳、開展教學活動與理論解析

一、開展教學活動

在十二年國教課綱中，「科學探究與實作」課程以探究的方法進行實作評量，如附圖2.1所示。探究部分有四個步驟：發現問題、規劃與研究、論證與建模，以及表達與分享。然而，表達與分享並非屬於探究，所以我覺得「物聯探實達」不應該只包含探究與實作，應該加入表達與分享，因此將課程命名為「物聯探實達」。

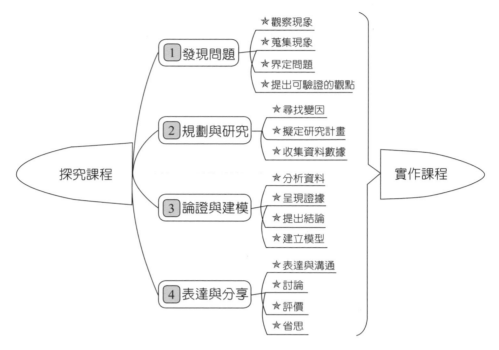

附圖2.1　十二年國教課綱裡關於探究與實作的參考指標

二、理論解析與對應之課程設計

　　針對學生學習探究與實作課程，以物聯網為對象，培養學生主動探究能力；經由實作體驗科學研究的歷程；利用上臺表達，建立學生自信心、表達力。教師實施在「物聯探實達」課程的準備與需要注意的教學技巧，進行滾動式修正，以增進下一輪實施的教學品質。主要教學設計有以下四點：

1. 分組

　　以合作學習取代同儕競爭。在「物聯探實達」課程模組，採用異質分組，並讓各組成員，互推小組長一名。小組長負責主持組內的討論，要決定專題報告的題目。

2. 教學時數分配

5E探究=>DIY實作=>專題製作=>表達，以4-4-6-2教學時數，分配一學分的課程：四週探究、四週實作、六週專題、兩週表達產出。（第一週課程簡介、保留一週可能遇到段考或其他國定假日作為空白週，共十八週）。如附表2.1。

附表2.1　教學時數分配表

週次	第1週	第2-3週	第4-5週	第6-7週	第8-9週	第10週	第11-16週	第17-18週
課程名稱	課程簡介	引導探究1.2	引導實作1.2	引導探究3.4	引導實作3.4	空白週／進度調整	專題製作	物聯王發表
上課內容	簡介課程由來	探究如何探究	如何實作	發現問題、形成假說	設計實驗、論證建模	此部分對於新課程非常必要	前10分鐘引導專題製作的進度、後巡視各組給予必要協助與討論	共分六組，每組10-15分鐘
發展活動	利用影片引起動機	引導討論：請利用網路查詢，什麼是探究教學法？	引導討論：科學實驗的步驟	表揚上次探究表現優秀組別	表揚上次實作表現優秀組別	自由進度	表揚進度達標的組別，鼓勵進度落後組別	以媒體報導，鼓勵學生勇於發表
評量標準	簡介評分標準(*)	完成探究方法的學習單	完成實作的課程參與	Facebook社團討論	Facebook社團討論	自由進度	專心討論，並完成小組長分配工作	報告是否符合探究與實作的精神

*評分標準：課堂參與30%、Facebook討論分享30%、專題報告40%

3. 專題報告評量標準

分作五個指標，三個層次（彰化師大林國楨教授指導，中港高中臺灣大道特色課程小評量），如附表2.2。先報告的前三組，酌予加分。

附表2.2　專題報告評量標準表

	評量指標	優（85%）	良（75%）	可（60%）
1	生活力：能將生活中的體驗融入作品	1-1與物聯網生活連結	1-2與一般生活連結	1-3與生活連結薄弱
2	創造力：能說出自己的作品與眾不同之處	2-1音量具有滲透性，能得到同儕認同	2-2音量足夠、自我認同	2-3聲音微弱、認同不足
3	表達力：能寫出作品介紹並發表	3-1文詞優美、表達出色	3-2完整作品介紹、表達有溫度	3-3作品介紹不完整，僅用讀、唸表達資料
4	行動力：將物聯意念具象化，做出代表作品	4-1獲得老師認可的物聯意象，提供下屆參考	4-2具有物聯意象，但不易識別	4-3完成作品，但不易判別意象
5	歸屬感：能融入在物聯意象	5-1融入三項以上	5-2融入一～二項	5-3能融入但缺乏物聯意象

4. 產出、討論平臺

利用Facebook社團，將活動照片與學習歷程線上產出。

參、實踐教學活動與資料蒐集

相見歡學習單：第一次上課時，利用小組相見歡學習單，正字是期末統

計各小組在Facebook社團分享的次數，當作參與程度的評分。

　　以學生成果報告（一）——臺中空汙研究專題而言，這一組學生的報告中摘錄，研究動機是因為最近媒體報導，臺中火力發電廠的PM2.5超標紫爆議題，想探究PM2.5是由本土汙染源（鄰近中港高中的臺中火力發電廠）或境外汙染源（中國的髒空氣藉由大陸高壓傳到臺中）所造成？因此，利用下載中央氣象局的天氣圖，對比環保署查PM2.5指數，再實際拍攝中港與臺中火力發電廠的照片，如附圖2.2所示，便可得到結論：並不是每次的霧霾，都是由臺中火力發電廠所造成的。

附圖2.2　實際拍攝中港與臺中火力發電廠的照片

　　以學生成果報告（二）——衛生紙用完是否丟馬桶專題而言，這一組的專題研究動機來自新聞，環保署長日前宣布：「衛生紙用後應丟進馬桶」的議題。先利用生活中的衝突，引起探究動機，而且有些場所不建議把衛生紙丟馬桶。但是各品牌衛生紙材質不同，丟馬桶有沒有阻塞的可能？經過小組實作，學生發現幾乎所有廠牌的衛生紙都可以丟入馬桶內。

　　在媒體報導與推廣上，因為我們實施的「物聯探實達」課程話題新穎，搭配十二年國教課綱，因此平傳媒（新一代時報）在2017年3月17日報導了我們的課程，受到各方的關注（https：//fairmedia.com.tw/%E6%95%99%E8%82%B2/ 15073）。值得一提的是，臺中市政府教育局也看到了這篇報導，在後來的2017年貓咪盃全國Scratch大賽的頒獎典禮當天，同時舉辦創意市集的宣導活動，邀請臺中市十三所學校設置亮點教育攤位，我們很榮幸地被邀請以物聯網為主題，擺設攤位，讓更多民眾了解物聯網與探究、實作課程的實施。

肆、統整教學實務與成效分析

因為「物聯探實達」包含三部分：探究的評量方式比較偏向檔案評量（portfolio assessment）；而在實作部分則以實作評量為主；至於表達的部分需要有報告的評量。綜合上課整體活動需要，決定評量標準為：出席狀況（30%）、Facebook分享次數與字數（30%）、總結報告（40%）。

根據學生評量的報告，可以歸納出此次教學成效分析有以下幾點：

針對我設定的第一個教學目標：學生是否熟悉探究學習法？由於學生參與活動熱烈，但不習慣探究教學法，常常空手來上課。因此在養成學生主動學習的部分，仍有持續進步的空間。我發現授課教師最好在開課前，擬定教學計畫與進度，學生才容易儘快熟悉探究學習法。由於學生資訊能力頗強，給定搜尋方法後他們就可以立刻探究到結果；但是如果沒有引導，自己規劃研究之能力就無法學會。未來，將可針對此一部分的能力培養，尋求可行的解決方案。此次教學可知的是，四個層次的探究教學法，學生經過第一階段的印證式探究，學生已經進入結構式探究與引導式探究階段。至於開放式探究，以目前中港高中的現況而言，需要更多配套課程的準備才能達成。

針對我設定的第二個教學目標，學生普遍無法自行找到探究的題目，需要教師協助提供。尤其是以物聯網為研究對象時，適合題目需要多次滾動式的課程實施。在引導探究課堂上，應加入選擇可行議題的具體示範。因此，若以物聯網為探究與實作的對象時，我想可以先當作引起動機的新興科技，不應直接當作探究與實作的題目。目前，我將會進行第二輪實務教學研究，做更進一步的探討與分析。

針對我設定的第三個教學目標，雖然有小組的報告成果令人驚艷，但部分小組無法完成專題研究，最後報告為成員找網路資料完成（題目為「浮力的探討」）。或許我應該在專題製作的第二週發現進度落後時，應花更多時間，給予更具體的研究方向與方法建議。此次教學希望學生能建立自信、主動學習，大致已有初步的成果。但仍建議在下一輪實施的時候，能更精緻化教學活動，使得跟不上的學生數減少。

伍、省思教學理念與價值建構

一、教學省思

　　基於上述教學成效分析第一點，發現學生常空手到教室來上課，自我省思後，我應該在第一週提供完整課程計畫與學習講義，可以讓學生在上課前知道進度，改善空手來上課的問題，有助於達成學生主動學習的目標。另外，我應再適度引導學生找到探究主題，將探究的範例（由科展報告適度刪減），列入講義。減少學生的恐慌，有前例可循。

　　針對教學成效分析第二點，部分小組無法完成專題研究，自我省思後，我認為應該在專題研究的第一週，多花點時間與學生共同討論訂定題目。此時，對於較弱的組別，應給予具體的協助並提供指導範例（挑選比較容易上手的寫法）。

　　針對教學成效分析第三點，部分小組無法完成專題研究，我應該在專題研究第三週要求繳交報告企劃表（proposal），無法繳交之組別，給予更多協助。利用別組已經提出的企劃表，作為模仿的參考。

二、價值建構

　　交通大學特聘教授林一平教授，在《科學人雜誌》2016年9月的文章提到：「學生可以透過互動科學實驗……，直接感受理論與實際現象之間的差異，更能深入了解核心課程探究、實作與表達，課程有助提升學生主動學習、建立自信，彌補正規課程之不足。」因此，「物聯探實達」課程利用探究、實作與表達，有助提升學生主動學習、建立自信，彌補正規課程之不足。然而，這樣的教學理念會是唱高調嗎？只是身為老師一廂情願的想法嗎？

　　我在這次教學的歷程中，感受到「物聯探實達」課程讓學生能有主動探究的機會，所以上課睡覺或沒事做的學生人數幾乎為零。這點是以往傳統講述法上課時所不太可能發生的事情，因為學生的主動探究，讓他們的參與程度增加，讓我感受到只要用對了方法，翻轉教育也能在課堂上實踐。透過「物聯探實達」課程的實施，我們看見了學生眼睛發亮、熱烈投入課堂的同

僑討論、主動準備探究題材，引發學習興趣，這是傳統講述教學法所不易達到的高階教學目標。

另外，透過探究的歷程，學生的報告內容比一般上網查資料的報告，更有深度與應用活度，因此即便是其他組的聽眾，也都想知道這些報告者的研究與發現。例如：臺中空汙議題，我們應該採取理性批判的正確科學素養，而非隨著媒體的特定主見或偏見，影響了議題討論的客觀性。看到學生具有這些理性思辨的歷程，建立了學生的自信心，更敢於表達自己獨特的見解。這些成果都鼓舞著我，在下一個年度，持續實施「物聯探實達」的勇氣與信心。所以，我看見了在修教育學分時，所謂心流的概念，透過教師的課程設計，引發學生學習興趣，自然能讓學生快樂學習、享受學習的快樂。

總結而言，「物聯探實達」課程簡介新興科技，學生興趣頗高，也已經獲得社會關注。最後「物聯探實達」課程為十二年國教課綱之先導實施（pioneer study），透過本次教學實務研究的發現，對於素養導向的課程設計，「物聯探實達」課程足以提供有興趣教師實施與學者研究之參考。

謝辭

1. 感謝科技部高瞻計畫辦公室經費支持，物聯網裝置對話互動科學實驗課堂實踐，中港高中，MOST 105-2514-S-791-001；MOST 105-2514-S-791-002，臺中教育大學王讚彬教授、靜宜大學王孝熙教授、劉國有教授指導。
2. 感謝中港高中「臺灣大道」特色課程研發之大、小評量，彰化師大林國楨教授指導。

附錄三

求知路上的「我」、「你」、「他」——差異化分組學習策略在高工課程的實施

賴嘉宏

國立臺南高級工業職業學校

黃淑賢

國立臺南大學數位學習科技學系

壹、教學理念與目標設計

　　學生個別差異狀況日漸嚴重，高職階段的學生有這樣的狀況，致使進行教學過程當中無法同時兼顧不同學習狀況的學生。在這樣的教學環境下，往往必須要兼顧到學習較快學生的挑戰性以及學習較慢學生的學習持續性是一件相當不容易的事，對於需要如此進行教學的方式，常以差異化教學命名之。若教學法上有兼具到不同學習需求的學生，並且能讓教師在教學過程中了解的這些學生之間的互動時，除了對於學生學習力的提升之外，間接也提升了教師對於不同學習狀況學生的處理能力。就本研究的對象而言，自103學年度實施國中會考後，漸漸發現了一個班級中的學生差異化的狀況越來越嚴重。因此，本研究的對象為技術高中板金科一年級學生，對於目前依據教

育部所訂定的課程大綱而研製的「技術高中製圖實習課程」教科書，需要搭配相對應的學習策略與方法才能讓學生有動機想要去使用，對於學習狀況較差的學生並無法達到輔助學習的效果。

　　本教學實務研究為了達到「共好」與「共學」的目標，希望在同一個學習空間的學生除了專注在自己的學習之外，也能夠與其他同伴一起學習，理解其他同學的學習狀況並且給予幫助。除此之外，對於學生進行分組學習的過程中，也希望避免學生的差異過大，採取了1+2的方式，由一個學習狀況較佳的同學來協助兩位略佳的同學，以原本較小距離的差距來促進分組學習時的討論。因此，藉由過去參與彰化師範大學師資培育中心劉世雄教授之「差異化分組協同學習」研究計畫的經驗，衍生出此一差異化教學策略，藉由教師依據核心概念所設計的問題，讓學生在教師講述完核心概念後，學生進行問題的解答，自我省思，爾後教師進行初步的題目解答，並讓學生藉由分組的方式，依據初步解答的結果進行分組，互相討論正確與錯誤的題目問題為何，加以修改題目的方式，再由教師進行最後問題解答詳述，最終請每一組學生彙整該組所遇到的問題，向其他組別分享。

　　藉由上述理念，也考慮教材與學生的特質後，我發展四個教學實務研究之教學目標，如下：

1. 學生在聽完教師講述三視圖繪製核心概念後，能夠加以思考應用於不同形式平面的繪製上。
2. 教師給予初步評定分數時，讓學生產生對於錯誤概念的疑惑。
3. 分組後，學生能夠對於感到疑惑的概念進行討論、互動。
4. 學生能將遇到的概念迷失進行反思，並且分享給其他組別的同學。

貳、教學活動設計與理論解析

　　本研究承襲差異化教學和協同學習的理念設計教學活動，教學設計所內含的概念解析如下：

一、教學活動設計

　　教學活動設計意指教師在進行教學時，依據學生所要學習的內容與概念進行活動設計，針對學生對於學習的狀況進行不同的設計，也是一個重要的發展立基點。基於過去所學的教材教法與教學實習課程進行教學活動設計，必須參照目前學生學習的狀況加以修正，而創新教學的方式也是參考的方向之一，因此，注重學生學習需求的狀況所發展出來的差異化分組學習應運而生。

二、差異化教學

　　差異化教學意指在同一學習空間中，針對不同學習程度、學習需求、學習興趣、學習方式的學生，提供具備多面向學習方案的教學模式。本研究依據知識概念的層級高低進行問題的設計，藉此讓不同學習需求或不同學習程度學生對於知識學習上的適應。

三、學習需求

　　需求包含心理與生理的需要。就學習而言，馬斯洛需求階層中認知和理解的需求較屬於本研究所屬的學習需求。本研究依據學生對學習內容的理解程度，作為其對學習需求的程度。

四、分組學習

　　分組學習對於高職學生進行技能培養上有相對的助力，透過小組成員間的交互討論，除了可以促進學生在問題討論上的聚焦與社交能力之外，亦可培養學生對於溝通能力的培養，提升學生對於他人的同理心。根據上述，本研究將依據學生的學習需求進行異質性分組，期能透過這樣的分組方式讓學習需求有所落差的學生能互相學習，達到共學的目標。

　　根據上述，本研究的教學活動設計著重於教師依據核心概念進行教材的解析，再以核心概念為本設計差異化題目，並依據學生對學習內容的認知需

求，安排分組學習。

問題的難易度層級是依據Bloom認知階層中的記憶、理解、應用層級進行設計。實施對象為臺南高級工業職業學校板金科一年級學生，學生背景部分，就國中會考成績而言，自A到C的學生都有，加上不同科別的狀況，可以說明學生間存在相當大的差異性。

就學生的成績來源觀察，落差相當的大，因此非常適合差異化教學的實施。依據學生原本的學習狀況，針對製圖實習課程第六章正投影範疇設計3題徒手繪製題目進行教學活動，並且依據題目內容進行記憶、理解、應用指標的設定，設計不同難度的徒手繪製題目（如附圖3.1所示）。

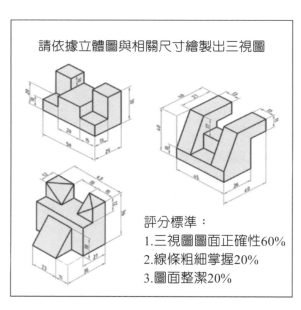

附圖3.1　差異化教學題目設計及評分標準

參、實踐教學活動與資料蒐集

教學活動分為三個大區塊，第一部分為「我」——此一階段為學生自

我知識理解過程，在教學前設計具備核心概念的問題，透過學生在徒手畫圖的過程中先行思考繪製圖面的核心概念，將其應用在徒手繪圖當中。此階段僅說明核心概念，並未詳細說明並給予正確答案，爾後請學生進行圖紙的交換，教師提供認知層次指標說明讓同學進行圖面的評量。此一階段並未說明評量結果的詳細要點，約兩節課的時間。此階段的教師，可以針對所要帶給學生的核心知識進行題目的難易度區別，讓學習較慢的學生可以有簡單的題型進行繪製──提升學習較慢同學的信心。此外，也要有難易度較高題型的題目，讓比較快熟悉學習進度的同學可以有更難的題目進行挑戰。在這個過程當中，教師可以仔細的觀察學生進行繪製時的情緒變化，這個階段主要是讓學生能夠對於問題有基本的看法。有了基本的看法後，在下一個階段對於討論能夠加以論述自己的看法。

　　第二部分為「你」──以學生第一部分所呈現出來的指標達成的分數作為學習需求依據，分為高、中、低組別，每組由三位同學組成，一共有十二組，以一高兩中、一中兩低之異質性分組為依據，對於繪製圖面進行討論並且修正，時間為一節課。如此設計的原因在於，若是一組內搭配兩位較低（中）學習需求的學生，配合一位中（高）的學生，在小組內的差異性沒有太大的情況下，能夠有助於學生互相討論，並且參考相對高分的學生看法。在差異化的題目設計下，讓不同學生有不同的需求，加上本身對於題目有一定的想法下，與其他同學進行討論能夠有助於學生共同成長。教師在這一個階段必須特別關心學生分組討論的狀況，避免學生以指導或指揮方式指使其他組員進行圖面的修改，造成討論失焦、一昧追隨部分成員想法。

　　第三部分為「他」──教師針對第二部分修正的結果進行評量，並讓同學討論該組別所遇到的問題，以每組自願分享方式依序分享問題給其他組別，費時一節課時間。這個階段的學生屬於收穫階段，各組學生在討論出重點後可以請學生列點呈現，此時的教師可以在下一個指導語，例如：「請學生分享各組問題的同時注意聽其他組別的問題，若是有雷同的內容或相似的，簡述或跳過」，用以縮短分享的時間，而教師可就學生問題再做最後總結的說明。

　　就資料蒐集部分可分為三個部分：蒐集學生兩次作答的結果（「我」與

「你」的部分）、各組「他」所呈現出的問題以及觀察學生互動的狀況。

附表3.1　教學活動設計

教學階段	教學活動內容	教學時間分配	計分與否
我	依據核心概念講解，學生進行圖面繪製後，教師給予初步分數。	2節 共100分	不計分
你	按照初步分數採1+2分組方式，再由學生進行討論與圖面修正。	1節 共50分	計分
他	各組彙整錯誤方向，依序進行分享，並由教師進行最後總結。	1節 共50分	

肆、教學實務與成效分析

　　針對教學目標1.學生在聽完教師講述三視圖繪製核心概念後，能夠加以思考應用於不同形式平面的繪製上——教學目標2.教師給予初步評定分數時，讓學生產生對於錯誤概念的疑惑——學生在收到題目後大部分同學確實能依照核心概念進行圖面繪製，依據學生所達成的學習需求指標區分為高、中、低三組。高學習需求的學生屬於能夠將核心概念應用於圖面的繪製上，中學習需求學生對於教師所說的核心概念保持一知半解狀態，而低學習需求學生較無法掌握這樣的概念，推測原因為低學習需求學生對於教師所敘述的核心概念中屬於無法理解的階段。低學習需求的學生普遍在圖面繪製的過程當中呈現放空的狀態，事後了解學生的原因時發現，多數學生對於教師講述的過程並未專心聽講，部分則是對於課程的興趣並沒有那麼高。

　　對於教學目標3.分組後，學生能夠對於感到疑惑的概念進行討論、互動——依據學習需求高、中、低進行「高中中」及「中低低」兩種異質分組方式，「高中中」組學生在經過討論後幾乎可達到高學習需求指標，而「中低低」組雖然亦有提升，但發現部分學生是以指示的語氣要求低學習需求

學生直接複製中學習需求學生的圖面，可能會影響低學習需求學生的自我反思能力，進而不願意思考。但此種情形較屬於特例，若是教師在討論的過程中能夠加以輔導，促進良好的溝通討論情況下，這樣的狀況應該可以獲得改善。教學目標4.學生能將遇到的概念迷失進行反思，並且分享給其他組別的同學，由於有讓學生討論後依序說明各組所感到疑惑有問題的地方，學生透過此一階段了解到核心概念所呈現出來的迷思與正確性。這也是在差異化學習中希望能夠促進學生進行的階段，學生就自我對於一個任務的認知，衍生到與同學討論階段時的經驗互相交流，再者透過教師的引導過程，相對能夠衍生出學生在分組學習過程中所需培養的溝通能力及反思能力，透過溝通與反思，學生除了在課程概念的學習之外，對於討論也能夠在教師的引導下漸漸的聚焦。

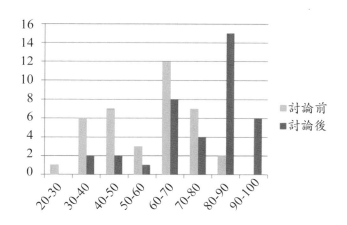

附圖3.2　討論前後的分數變化

　　就討論的部分，學生平均進步19.97分，可以說明透過討論後，大部分的學生能夠對於自己的針對教學目標1.及2.在收到題目後，大部分同學確實能依照核心概念進行圖面繪製。依據學生所達成的學習需求指標區分為高、中、低三組，高學習需求的學生屬於能夠將核心概念應用於圖面的繪製上，中學習需求學生對於教師所說的核心概念保持一知半解狀態，而低學習需求學生較無法掌握這樣的概念，推測原因為低學習需求學生對於教師所敘述的

核心概念中屬於無法理解的階段。

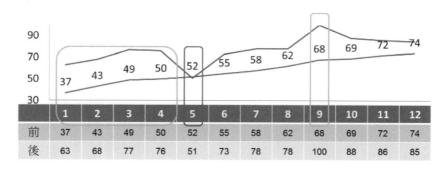

	1	2	3	4	5	6	7	8	9	10	11	12
前	37	43	49	50	52	55	58	62	68	69	72	74
後	63	68	77	76	51	73	78	78	100	88	86	85

附圖3.3　討論前後的分數變化

　　對於教學目標3.，依據學習需求高中低進行「高中中」及「中低低」兩種異質分組方式，如附圖3.3所示，分別對於各組的分數進步幅度做更進一步分析，在第五組的部分，主要問題在於學習需求較高的同學，相對較不喜歡與人溝通，導致該組別進步停滯不前，甚至有誤導的狀況。「高中中」組學生在經過討論後幾乎可達到高學習需求指標，而「中低低」組雖然亦有提升，但有發現部分學生是以指示的語氣要求低學習需求的學生直接複製中學習需求學生的圖面，可能會影響低學習需求學生的自我反思能力，進而不願意思考。普遍就本次差異化教學的狀況而言，學生在經過自我概念建立、分組討論學習的過程後，在學習結果呈現上都有提升的狀況，但更值得一提的是學生在學習過程當中的互動。就學生的分組學習過程約略可以分為兩個階段，第一個階段為學生在互相比對不同結果時，所呈現出來的是一種認為自己是對的狀況，但由於教師有給予一個初步的分數，引導學生參照分數較高學生的內容，並且加以討論，在討論的過程中，學生可以釐清在學習的迷思並加以修正，此一階段較花時間。而第二階段，學生呈現出模仿學習的狀態，學生在進行圖面修改過程，會不時的參照其他同組同學的圖面，不時的確定自己圖面正確方向，產生一種小組內團隊促進的感覺。原因可能是在第一階段互相討論並且釐清思路後，進入第二階段的團隊促進效果。

伍、回顧理念與價值建構

　　針對此一差異化分組學習的實施方式，教師自我省思後，產出七個想法，並提出一點未來教學的自我期許。

1. 對於呈現低學習需求的學生，可能需要事先加以進行區分，分析學生究竟是對於哪些部分不理解或是對於課程的興趣度不高等原因。

2. 題型的設計是本差異化分組學習策略的核心，透過題型的差異化，達到將學生學習狀態區分的效果，因此題型的設計上需要清楚建立概念的正確性，亦可增加題目數量來明顯區分學生的學習狀況。

3. 教師在問題的設計上亦可透過漸進式的引導方式，協助低學習需求學生的學習狀況。

4. 教師給予初步問題解答時，有許多高學習需求學生達到完全正確的階段，顯示問題設計上可再提供更高思考階段或是以時間限制方式，了解學生在求知過程中對於學習知識的掌握能力。

5. 此一異質性分組方式相對於低學習需求學生較處弱勢，且後段學生幾乎已複製中學習需求學生的方式進行圖面繪製，而失去了討論、共學、共好的初衷。建議教師若參考這樣教學設計的時候，可以在學生出現命令方式的情況時適當介入，適時的提醒學生需要尊重其他人的想法，並且引導學生進行討論。

6. 分組學習分享階段所遭遇困難部分，普遍皆由每組中的較高學習需求同學發言，無法確定較低學習需求的同學是否真正進行反思。爾後可改善這一階段，要求組內較低學習需求學生進行分享。或是由教師立意排序發言順序，促使建立低學習需求學生的信心。

　　整體而言，對於中學習需求以上的學生，達到共學的階段較為容易，而需要再思考如何能提升低學習需求學生與其他階段學生的溝通，是一重要的課題。

附錄四

微翻轉課室概念於社會領域
之教學鷹架初探

梁丹齡
臺北市士林區天母國民小學

壹、建立教學理念與目標設計

一、初衷

　　這是一個教育翻轉的年代，教師們想要一本行走天下、以不變應萬變很難如願，不管你想不想翻轉，只要置身在教學場域中，免不了接受教育翻轉洪流的洗禮。自102學年度開始，我開始擔任社會科任兼閱讀推動教師，我的起心動念在於與其是被情勢所迫而不得不翻轉，不如在還有餘力翻轉下自力翻轉；更深層的目標是，如果老師願意翻轉自身的教學信念、教學模式，要增加學童的學習動力與翻轉學習風景才有機會！於是，自四年前開始，我持續不斷參加研習與自我進修學習、課堂教學實驗，一步一步的在「學」與「教」之間體會翻轉的微意。我運用社會科的課程教學，經過四年逐步的教學體悟與修正，形成自身的「微翻轉課室概念」。

　　我所言之「微翻轉課室概念」包含三大面向需求：社會需求、學童需求與教師需求。社會需求方面指的是整個教育環境的變遷與改革，學童需求則是滿足學童學習的權利與動能，至於教師需求則在於提升教師專業與教學技

能。我嘗試運用差異化與合作學習的教學策略，建立以學童的學習為主體的教學鷹架，讓每位學童在課室中成為學習的主體，而非被動接受教育，以因應未來教育的需求。不管哪一面向的需求，真正的翻轉核心指向一個：服膺學習的本質。

二、目標

考慮中年段學童尚未完備摘要能力，教師希望運用差異化與合作學習的教學策略，讓學童在社會領域中使用魚骨圖進行課文重點摘要，形成摘要能力，因而將教學目標明確簡潔的分為兩個：

（一）如何建構微翻轉課室概念之教學鷹架。

（二）學童能使用魚骨圖進行課文重點摘要。

我希望透過任教的社會領域課程，探討如何建構以學習為課室核心，讓學童學習閱讀理解策略中的摘要策略。

貳、教學活動設計與理論解析

一、理論解析

（一）鷹架意涵

「鷹架」一詞的理論，來自蘇俄學者維高斯基（Vygotsky, 1978）提出的「最近發展區」（ZPD）概念。維高斯基為ZPD所下的定義為：「指一段距離，……介於獨自解決問題……與經由成人指導或與有能力的同儕合作來解決問題，所顯示的潛在發展程度之間的距離。」（谷瑞勉，1999）我們回歸社會現實，鷹架為一棟尚未完工建築物，架設在建築物外圍的暫時性骨架，作為建築工人工作使用，當建築物完工後將其拆卸。因此，我們可以將「鷹架」概念引入教師教學，意指當學習完成後便要拆解的教學協助。

延上言之「鷹架」意涵，教學者理解成人的指導與同儕的合作，均可視

為鷹架的一部分。學童在參與有趣、有意義或具有文化脈絡的學習過程，透過教師的說明指導、同儕小組分工、個別發揮專長、彼此協助共同完成學習的歷程，將成為教師建立教學鷹架時應涵蓋並實際發揮教學功效。

（二）差異化學習

然則，教學鷹架建立之後，教師第一個必須關注的是：世界上沒有「平均」兒童，每個兒童的學習存在著不同的差異，教學鷹架是否能符合學童的個別差異呢？因此，差異化學習（differentiate instruction）策略也成為教學鷹架中必須考量的因素。

不同能力的學童學習都應受到尊重與滿足，依學習共同體說法是在課室中應提供每個學童「JUMP」的機會。差異化教學的策略，首先必須了解學童差異及學習風格，運用彈性分組教學（合作學習）、個別化教學（建立鷹架）或建立學習任務（賦予責任與目標）等教學方式，採行多元的真實性評量了解學生學習成效，作為未來教學之改進。

二、教學鷹架設計動機

鑑於教學者對理論的理解，認為教學鷹架應將學習切割成更細緻的教學課程練習，並在每一個教學步驟結束時依學童的習作與展現的學習過程進行真實性評量，並運用合作學習進行學童差異化學習的輔助力量，若同儕之間的協助與合作均無法完成學童JUMP的學習力量，教師在此時便需要提供足夠的個別化補救教學進行協助。因此，教學者就在課室教學之初將在教學歷程中須考量之各種因素進行組織整理，繪製教學鷹架藍圖如附圖4.1。

教學步驟包含鷹架的建立與拆解，每個步驟將學習規劃為一個個清楚的學習任務。學習任務具有明確、賦予學習責任的優點，從教師示範→大組合作學習→小組合作學習→個人獨力練習→培養摘要能力，藉由教師示範、同儕合作、自我訓練等有意識的鷹架，指導學童學習魚骨圖的筆記方式與摘要理解方法，並培養學生獨立完成口頭報告能力，成為專家小老師作為這個教學鷹架的終極教學目標；而學童差異化的關照則在每個教學步驟中，由教學

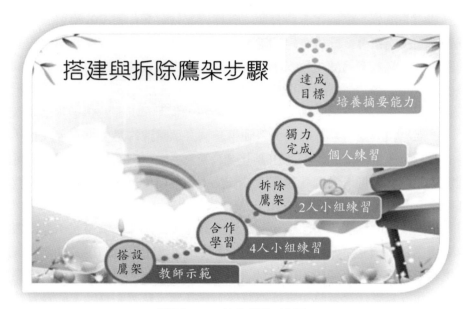

附圖4.1　教學鷹架藍圖

者與同儕共同提供應有的協助與學習機會。

參、實踐教學活動與資料蒐集
—— 微翻轉概念之教學歷程

　　這個教學探討所使用教材為康軒版社會領域四下教材，依照附圖4.1之教學鷹架進行教學，後續將教學歷程說明如下。

一、教師示範（介紹並示範魚骨圖）

　　示範的教材單元為第二單元的第一課認識三合院。這一課的學習重點在於：三合院材料、三合院形式、周遭環境、倫理精神與三合院的轉變，教學

者希望學童運用魚骨圖學習重點摘要的能力，然而學童並未使用過或看過魚骨圖的筆記方式，因此採用魚骨圖進行重點整理的示範教學。

　　運用課本上的三合院示意圖進行內容初步認識。大部分天母的學童對於三合院不熟悉，教師須說明農業社會「日出而作、日落而息」與「敬天惜物」傳統農家社會的精神。因是第一次示範，延用教材原先關鍵詞分類（小標題）：材料、形式、倫理關係、變革、周遭環境。

　　先將課文名稱「三合院」置於魚骨圖的魚頭部位，再將關鍵詞羅列於魚身，教師用放聲思考方式，帶學童找尋文本與教學影片的重點。

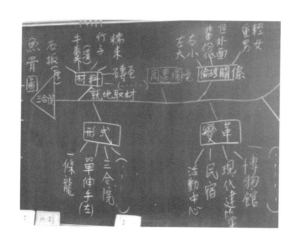

　　教學者在進行完魚骨圖的示範教學（如上圖）後，請學童模仿教師示範的魚骨圖進行更細部的重點整理（教師用……標示處），最後留下周遭環境（紅色粉筆處）作為下一階段（四人合作學習）的練習題，同時檢視學童是否已經掌握魚骨圖的摘要技巧。

二、大組合作學習任務──認識魚骨圖／完成周遭環境的重點整理

　　四人一組，每組拿到一張半開海報紙。每組先合作將黑板上老師示範的部分先抄寫下來（抄寫是進行仿作練習，學童在抄寫過程可自行增刪），再仿照教師的示範，四人共同看著課本討論並找到重點，完成周遭環境的重點整理。

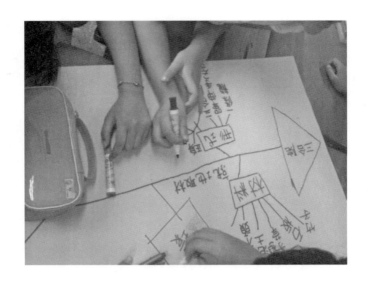

　　學童第一次使用魚骨圖整理重點，透過文本（含示意圖）與小組同儕
討論，完成「周遭環境」重點整理（如下照片右下角）。這張魚骨圖中針
對周遭環境的整理是：廁所、豬舍、水池、牛棚、儲物間、圳道、竹林與
果樹。

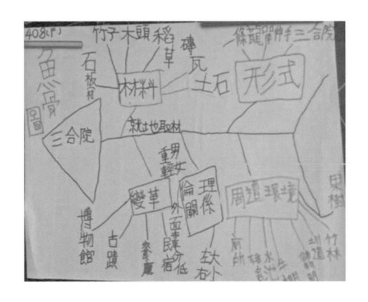

　　第一步驟與第二步驟共進行兩節課（包含部分學童報告與師生討論），期間教學者不間斷的行間巡視，若發現學習問題立即趨前了解與排除障礙；課程結束後教師透過檢視各組的海報後發覺，每組均能完成魚骨圖的摘要任務。

　　因此，教學者假定學童經過大組合作學習任務後，多數學童均能理解使用魚骨圖進行摘要的重點；少部分注意力較不集中、學習能力較弱的學童，在此階段容易被同組同儕賦予較簡易的學習任務（如：美編、同學唸給他寫……），距離養成摘要能力尚有距離；而能力中上或能力優秀的學童雖能達到這兩步驟的教學目標，卻尚未熟練。因此教學者藉由縮減組別人數，提高每位學童的學習任務分量，於是在期中考後繼續進行下個鷹架教學步驟：小組合作學習任務。

三、小組合作學習──摘要能力A計畫

　　這次的學習任務使用的文本是第五單元家鄉的傳統節慶與現代節日，由於這個單元分為兩子主題：傳統節慶與現代節日，正好可以將一大組的四個學童分成兩小組，各自負責一個子主題的學習任務，四人須先討論分組與選定子主題（傳統節慶或現代節日），再進行合作學習任務──摘要能力A計畫。

　　因兩人一組，海報縮半成四開大小。等各組確認分組與主題後，教師先在黑板上進行魚骨圖提示說明。這次的說明明顯簡略，將學習主權交付小組學童自行負責。

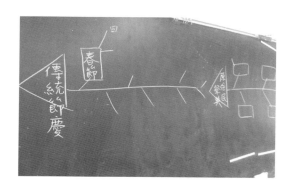

※摘要能力A計畫學習三步驟

在摘要能力A計畫中，將學習分成三步驟：

（一）學習小組合作

兩人一組討論後，將學習主題摘要出內容以完成魚骨圖。

（二）練習口頭報告

各組完成魚骨圖後分組上臺口頭報告，教師示範提問技巧，為摘要能力B計畫進行示範教學。

（三）進行同儕評量

每位學童依上課合作態度、書面魚骨圖與口頭報告內容進行同儕評量，藉以培養專注認真的合作學習素養。

經摘要能力A計畫的學習任務後，教學者明顯觀察到學童在學習歷程中均展現出合作、分工與討論的學習態度；在上臺發表、提問與回答時，也能落落大方說出學習成果，並給予同學應得的燈號。少部分學童在上一教學步驟不合作態度，在此階段絕跡。

※摘要能力A計畫設計優點

這教學設計具有四大優點：
（一）在於每小組進行學習任務時，座位相鄰卻互不干擾。
（二）兩人一組每位學童無法從學習歷程中脫離。
（三）教學者也可以藉此進行每位學童在上一學習步驟的形成性評量。
（四）若學童仍未掌握魚骨圖摘要能力，老師與同儕可即時進行協助式補救教學。

在這個階段，學童明顯感受教師與同儕的關注與即時協助的學習滿足，也藉由共同上臺完成口頭報告、練習口頭報告。每一組均能完成魚骨圖的海

報整理，內容與報告也透過同儕互評與教師糾正指導下順利完成，教學者積極規劃摘要能力B計畫學習任務——專家小老師大出擊。

四、個人獨立學習——摘要能力B計畫（專家小老師大出擊）

這次的學習任務使用的文本是第六單元——話我家鄉，這一單元的課文文本共有四個子主題：結合文化活動與傳統產業、融合傳統祭典與尊重文化、家鄉地圖的圖名和圖例、地圖中的方向和比例尺，正好每人負責一個子主題的文本摘要，教師直接指定相對應組號的子主題，進行獨力完成的學習任務。

這次為獨力完成海報縮成八開大小，每位學童在此階段有雙重學習任務，除須獨力完成製作魚骨圖外，最終要成為一位專家小老師向同儕報告摘要內容，協助其他學童學到不同的文本內容。

※摘要能力B計畫學習三步驟

在摘要能力B計畫中，將學習分成三步驟：

（一）練習自主學習

在限定的時間內，獨立完成內容摘要的魚骨圖。

（二）專家小老師培訓

集結各組負責同樣主題內容的學童，每人練習口頭報告後，修正魚骨圖內容。

（三）進行同儕評量

每位學童回到原本的小組進行專家報告後，進行內容提問、專家解答，並依上課合作態度、書面魚骨圖與口頭報告內容進行同儕評量。

同組的每位學童均有不同的子主題，從實作的情形可以發現，每個人專注地進行自己的文本摘要學習任務，即使是學習意願低落之學童，也能獨立

進行學習任務。

反覆使用魚骨圖重點整理，程度高的學童內容充實精準；程度低的學童可請教師釋疑或予以協助，因而也能抓住重點，展現文本摘要能力。

專家小老師進行報告前，尚有一個學習步驟是透過同儕合作學習來進行修正與練習。由於大家在獨力完成階段作同樣內容的魚骨圖，更容易了解與發現自己不足之處，修正魚骨圖後再回原組別進行口頭報告，讓每位學童的報告內容更貼近「專家」。

※摘要能力B計畫設計優點

這教學設計具有三大優點：

（一）座位雖相鄰卻互不干擾，每位學童均須想方設法獨力完成學習任務，無法從學習歷程中脫離。

（二）教學者也可再次進行每位學童的形成性評量。

（三）若部分學童仍未掌握魚骨圖摘要能力，無法獨力完成學習任務時，老師可即時進行協助式補救教學。

這個教學設計因每位學童負責的摘要文本均不同，會專心聽取同儕報告內容。學童聽完報告後必須進行內容提問，由專家小老師提供回答，練習尋找疑問的提問技巧。

肆、統整教學實務與成效分析

教學者檢視原先設定的兩個教學目標：如何建構微翻轉課室概念之教學鷹架與學童能使用魚骨圖進行課文重點摘要，進行此項教學的成效分析。

首先就建構教學鷹架而言，教學者透過研究差異化合作學習及鷹架理論後，認為鷹架理論所言「ZPD最近發展區」正是差異化合作學習最佳的發展區；再佐以二十多年教學經驗的實務經驗，提出教師示範→大組合作學習→小組合作學習→個人獨力練習→培養摘要能力，翻轉純講述式的課堂教學設

計，並提出學習任務為導向的教學，給予學童明確的學習目標。次之，觀察學童的學習表現，從完全不會使用魚骨圖進行文本摘要，到透過小組合作學習、變成專家小老師，每個教學步驟學童能清楚掌握學習目標，而且有教師與同儕適時提供協助，讓每位學童都可以逐步完成學習任務，展現習得的摘要能力，與學童以往學習經驗有所不同。

令我振奮的是原本人際關係不佳、學習意願低落的學童，在這個鷹架教學中，逐步改善在小組的學習任務地位，提升學習動機並獨立完成專家小老師的任務，展現個人摘要能力。令我印象深刻的是，其他學童展現包容接納與協助同儕的態度，或許是因為在評量策略上，增加教師講評與同儕互評機制，將學童從注重個人成績，轉而注重展現學習態度和學習成果上，不但微翻轉了自我的課堂風景，也翻轉學童社會課程的學習經驗和態度。

我分析學童的現場學習狀況、口頭報告與魚骨圖成品，除了可以看到每位學童對於我的社會課充滿興趣（有些學童是充滿期待與樂趣）外，我發現有三個因素可以解釋微翻轉課室概念之教學鷹架的建立之成效，分別說明如下：

第一，學習成就低落或是平時在班上有人際互動狀況的學童，老師協助安排高包容力的小組，每次進行學習任務時透過教師主動提供協助、同儕包容分配給予較為簡易的任務後，這些學童不再是課室的搗蛋者或是客人。

第二，每次的學習任務均有明確的學習任務、足夠的差異化協助與應負擔的學習責任，沒有人能在這樣的學習情境設計中完全不思考、不動手、不動口，班級裡充滿各種學習與討論的話語，課室合作學習氛圍濃厚。

第三，教師從一個管理者的角色轉為提供協助的協助者，將花在教室經營的時間與關注轉變為關注學童的學習，每位學童感受到老師期待他們展現的是學習成果，也會盡力完成。

整合上述的因素，微翻轉課室概念之教學鷹架之建立具有了成效。

在另一個教學目標「學童能使用魚骨圖進行課文重點摘要」的分析上，學童因為被直接賦予學習任務而非交代功課，所以從大組到小組再到個人層層內縮的學習任務設計，在過程中不斷提供足夠協助（協助來自老師，也來自同儕），當學童有意識到他必須為自己所擔負的學習任務負責時，會較為

專注的完成分內的學習。學童經由這樣的學習歷程中，他的內在學習能量在教師與同儕的協助下獲得滿足。學習成就高的學童能力受到肯定與發揮；學習成就低的學童也能一步步看到自己達到學習目標而自我肯定，學習成就也有所發展；學童在討論、學習合作與學習仿效的影響下，讓自我的摘要能力得到發展與提升。

我也可以從期中考與期末考的成績展現，每班在80分以下的學生均只有一至二名可以看出，學童經由這樣教學鷹架的學習，教學內容被學童完全吸收，歷程中釋放他的學習能量，也在教師與同儕的協助下完成學習任務，將知識內化成能力，展現出學習成就提高的現象。

伍、省思教學理念與價值建構

回顧教學者的起心動念，透過建構教學鷹架與教學實踐之後發現，這樣的教學鷹架設計確實能讓課室中展現出合作學習課室的樣貌，也能針對學童的個別差異進行差異化教學，同時，課室開放也成為教師與學童共同成長的場域。

微翻轉概念下的課室，每個學習的下一步均奠基在前一步的小小改變，過程和樂且充滿學習樂趣，也確實提供學童足夠的合作學習協助，透過教學鷹架的設計，也兼顧到差異化教學中提供學童「JUMP」的機會，也看到學童的努力與學習成效。不過，我仍然看到一些不足之處，未來希望能在我的微翻轉課室中發展探索性的學習文化。

回顧在教學鷹架設計時的教學目標有兩個：建構微翻轉課室概念之教學鷹架與學童能使用魚骨圖學習摘要能力，在長達四個月的鷹架教學步驟之後，從學童自製的魚骨圖與口頭報告中，確實顯現有達成學童摘要能力的學習；也因此可以看到這樣的微翻轉概念下的教學鷹架在教學實務上，確實有參酌價值。

一個課室的成功，重要的是在學習本身是否有達成，每位學童不論資

質、特質，在課室中的學習全都應受到照料與保障。此時，忽然想起《禮運》大同篇所言：……老有所終、壯有所用、幼有所長，鰥寡孤獨廢疾者，皆有所養，是謂大同。

我將這段經典作為提醒自我面對課室教學實務時應有的教者態度，也作為這個教學鷹架的教學注腳……。

附錄五

建構實習生網路協同學習的課程與教學方案之研究

劉世雄*　劉子婷**
*國立彰化師範大學師資培育中心教授
**國立彰化師範大學特殊教育學系學生

壹、研究動機：建立教學理念與目標設計

　　我是一個師資培育工作者，每年都會有完成規定教育學分學習的師資生申請到中小學實習。以當前制度而言，一個實習生至少會安排一個指導教授和一位實習輔導老師進行指導，在六個月的實習時間內，進行教學、級務、行政與研習之實習活動。不過，已有文獻指出，實習輔導教師不一定有充分輔導專業能力、輔導熱情以及能夠根據實習生特質設計輔導作為（Crasborn & Hennissen, 2010; Graham, 2006; Rodgers & Keil, 2007），部分原因在於許多在職教師在擔任實習輔導老師之前並沒有接受教育實習輔導訓練，他們往往以自己擔任教師的知覺來認定實習生該做的事，忽略實習生的學習需求與特質。即使師培大學的指導教授可以協助，但亦有文獻指出指導教授投入時間不足或專業未及中小學教學實務（Jenkins & Fortman, 2010）。另外，也有研究指出實習生和輔導教師的觀點不同而產生一些緊張（Patrick, 2013; Yayli, 2008; Castro, Kelly, & Shih, 2010）。上述情形導致部分實習生無法獲

得充分學習機會，也可能因此產生心理挫折，失去教育熱情。

實習生學習經驗不應限制來自於一個實習機構或一位在職老師（Hew & Knapczyk, 2007），來自不同實習學校的實習生如果有機會相互分享實習經驗，並透過討論與省思獲得更多的教師專業知識，這其中也可以討論面對問題時的解決策略，對他們的實習生活有相當大的助益。這種協同互助的理念對分散在各地的實習生之教育專業成長應有極大的價值。

網路協同學習的理念已經被運用到大學課程中（例如：Chieu & Herbst, 2016），許多研究也顯示對實習生專業學習的助益（例如：Chuang, 2016）。再者，當前行動科技普及，一般大學生常使用部落格、臉書工具與他人交換訊息。換句話說，運用社群媒體與他人互動已經成為大學生的日常活動。社群媒體是人們彼此之間用來分享意見、見解、經驗和觀點的工具與平台，與傳統網路教學平台不同的是，它結合行動載具的便利性，多媒體訊息瀏覽、更新、追蹤對話與即時通知，強化了使用者間的互動。因此，若能結合網路協同學習的理念以及社群媒體的功能，發展一套實習生網路協同學習方案，讓分散各地的實習生能夠突破時空限制分享與回饋訊息，並在互動中省思自己，除了既有實習輔導機制外，此方案對實習生的學習應有加成作用，也可以在實習生遇到實習問題時相互討論進而減少心理挫折的機會。

本研究之目的在於發展一個實習生網路協同學習之課程方案，並透過教學實踐，蒐集學生評量資料與對此課程方案的知覺，確認此課程方案的合宜性。

貳、文獻探討：發展教學活動與理論解析

一、實習生網路協同學習課程方案與其學習內容的擬定

教育實習是實習生將其在教育學程中所習得的理論、知能和原則，有機會在學校情境加以對照、比較、驗證和應用，並從不斷的反思和探索中，修正、轉化成靈活教學知能的關鍵階段（黃炳煌，1995）。已有研究證實了

教師設計網路學習的探究任務可深化實習生的學習，包含更了解內容知識、操作技巧和增強了批判思考能力（Ke, 2014）。因此，網路協同學習方案之內容需要教師的妥善設計。

Lacey（1977）將學生教學實習（teaching practice）期間專業社會化區分為四個進程，1.蜜月階段（The honeymoon period）：是指實習生興奮高漲的一種感覺，在實習學校的經驗是新奇的，對學校文化可能會有錯誤的解釋，對所發現事物感到很驚訝，並且有時會覺得不安。2.尋找教材和教法階段（The search for material and ways of teaching）：從學生變成為教師角色的主要改變，就是要準備教學資料。準備教學資料是實習生在此階段主要關心的事物，也要面對自己控制班級和缺乏臨場應變能力之挫折。3.危機階段（The crisis）：實習生覺得教學失敗。實習生會在私下或是公開的討論中提到失敗的感覺，也會發現大部分人均遭受一樣的問題，並想要找出解決之道。4.擺盪階段（learning to get by/and failure）：實習生在危機階段所體驗的問題，需要和他人溝通，會用一些策略處理問題。

國內多數學校的教育實習輔導計畫大都呈現導入、觀摩見習與綜合實習三階段（見教育實習績優獎示例彙編https://eii.ncue.edu.tw/）。實習生在不同階段有不同的學習需求，這也是實習生網路協同學習之課程方案的內容。再者，根據教育部的教育實習相關法規，教育實習生需要參與教學實習、行政實習、導師實習以及研習。教學實習內容包含教材設計、教案寫作、教學活動與評量；導師實習則需要關注學生日常行為與心理輔導、師生互動、親師溝通以及支援教學的環境布置；而行政實習則以協助學校行政工作推動為原則，包含認識各單位工作、協助行政事物以及簡易問題處理。

結合實習輔導三階段以及教育實習的內容，本研究之網路協同學習方案的學習內容說明如下：

（一）導入階段：8月份至9月份

此階段主要是引導實習生了解學校的教育脈絡與事務，協助實習生處理教育實習初期所面臨的心理調適問題。實習生在此階段是期待興奮但卻焦慮緊張，關注以角色釐清、導入教室及安排時間為主，實習生可與輔導教師共

同規劃教育實習計畫書，試著將在大學所學的知識思考在教育場域中如何實踐、驗證或補足，做好教育實習的暖身及準備。

此階段學習內容除了一般實習經驗的分享與討論外，網路協同學習之內容包含：1.教育事務經驗分享與心情，2.教育實習的規劃與內容項目，3.實習面對的問題與討論。

（二）觀摩見習：10月份至11月份

此階段主要是引導實習生了解班級經營與課程教學的複雜性，協助實習生於教育實習期間處理在級務與課程教學上所面臨的問題。多數實習生開始在班級經營感到挫折，也開始發現教學是複雜的工作，開始有表現不適當、能力不夠的現象，也因此開始找尋適當教學法，尋求管理班級維護教室秩序的方針。

此階段學習內容除了一般實習經驗的分享與討論外，網路協同學習之內容包含：1.班級經營與管理的經驗與心情，2.教材設計與上臺試教的經驗，3.課程與教學設計的問題。

（三）綜合實習：12月份至1月份

綜合實習階段主要是引導實習生綜合自己的經驗、統整自己各項學習成果、發展自己對教材與班級教學的模式，以及藉由省思整個教育實習的歷程，了解中小學教育事務，綜合實習階段則發生在實習第五個月至最後一個月。在此階段，實習生開始體驗到成功的經驗，對於上臺教學雖然仍會些許緊張，但已經不再如同以往擔心，也較能管理班級。

除了一般實習經驗的分享與討論外，網路協同學習之內容包含：1.教學經驗與省思，2.整理學習成果並分享，3.未來教師專業問題。

二、實習生網路協同學習的教學活動設計

網路協同學習是基於Vygotsky（1978）的社會文化學習理論，其主張知識是在人與他人互動磋商與和解中建構而來的。這種社會文化學習理論已廣泛應用於課堂對話、線上學習與其他的教育應用研究。

　　有些研究已證實行動科技運用於協同學習的利益，藉由智慧型手機、平板電腦等行動載具與平台網站的運作，建構出一個行動科技支援的協同學習模式（Hsu & Ching, 2013; Laurillard, 2009）。不過，只是架構平台難以促進具有價值意義的協同學習，教學者必須要有教學計畫，引導學生建立清楚的學習目標、提供適當的協同學習任務、步驟化的教學指引以及提供學習者省思與回饋的時間（Zygouris-Coe, 2013）。

　　其次，Lindsay（2015）認為即使行動科技在協同學習的應用已被發展到高層次思考的範疇，但是在實際教學中的應用並沒有如此。如果學習者只是張貼生活訊息、轉貼相關新聞，而忽略提及自我經驗與自我省思，或是回覆訊息時僅為表面的讚美，卻未針對訊息重點提出觀點，如此的互動是無法達到高層次思考的成效。因此，網路協同分享不會自己產生，需要教學者精心設計協同行動計畫，並且依據協同分享的目的安排階段任務，以及在過程中指引、評估和協助，以確保參與者以意義化的方式和他人分享互動（Palloff & Pratt, 2005）。

　　為了促進網路協同學習成功，本研究參考Palloff 和Pratt以及Barkley, Major和Cross （2014, p.91）的觀點（解釋目標、活動、規劃程序、互動舉例、鼓勵探詢），提出一些教學活動和措施：

1. 研究者每個月根據課程內容主題進行重點知識的講解，並在實習生討論時，適時地提出問題刺激實習生思考。

2. 實習生必須了解協同學習活動和責任。分享是責任非隨性，因此，研究者會利用私訊通知提醒分享或回應較少的實習生。

3. 協同學習是以社會建構理論為基礎，其目的在於個人透過分享和回應建構自我觀點。因此，教學者在每個任務以及各分享主題之後，會鼓勵實習生自我省思和建構自己的觀點。

4. 實習生需要完成每個月的作業，研究者也會提供作業分享的參考格式。研究者鼓勵實習生分享不同經驗，不需要有共識的觀點，豐富其實習經驗是網路協同學習的價值之一。

5. 研究者會在過程中監控與指引，每日會花一些時間瀏覽實習生互動情形。當自由分享和求助較少時，研究者會拋出一些案例或問題，

鼓勵實習生交換在各學校實習的經驗。

三、本課程方案的特色

本研究之課程與教學方案兼顧學理基礎與實務應用，此方案具有兩點特色，說明如下：

（一）可擴大實習生的學習經驗

實習生經參與本課程方案可擴大學習經驗。當前教育實習制度僅限實習生在一個實習機構學習，對於學校教育的理解可能也會受限於該校獨特的人事物影響，本研究有著「若一百人參與，每人都分享一次自己經驗，就可以同時學習其他九十九個人的經驗」之理念。此替代經驗正可以補足實習生學習經驗之不足，對當前教育實習制度具有創新與實務應用性。

（二）本課程方案與先前課程之不同處

當前一個實習生在實習機構會接受一個輔導教師的指導，師資培育之大學也會安排指導教授統合輔導，不過，輔導教師和指導教授可能缺乏輔導專業知能，導致實習生產生學習不足、情緒低落等問題。本研究之課程方案善用網路、社交媒體與行動載具的功能，將實習生的學習擴大到實習同儕，如此不僅能讓實習生知道其他實習同學的學習近況，亦可以透過分享與回饋相互學習。

四、本課程方案的教學目標

因本研究是教學實踐研究，會有教學實踐，因此，需要發展教學目標。本研究根據先前課程內容與教學活動的文獻探討發展知能和情意等兩個教學目標，說明如下：

1. 實習生在行政、教學和導師實習項目上具有良好的表現。
2. 實習生能主動參與網路同儕學習的活動。

參、研究方法：實踐教學活動與資料蒐集

一、研究設計

　　本研究在於建構一個網路協同學習之課程與教學方案，蒐集參與實習生之過程表現資料。本研究以臉書（Facebook）社團作爲互動平台，以臺灣學生而言，使用臉書比其他社群媒體多，再者，臉書不僅可以安裝在行動載具和具有多媒體訊息發布功能，亦有議題分享與回應在同一群落、訊息即時通知、追蹤、回應即時通知等機制，非常適合教育實習議題的分享與討論。

　　因此，研究者邀請實習生參與，藉由在各實習階段之學習任務安排、相互分享、線上求助，蒐集實習生的參與記錄、互動內容以及在學習主題內容的表現等資料，確認此課程方案的合宜性與價值性。此Facebook不公開社團由主持人和研究助理擔任社團的管理者，此研究進行時間爲105年8月至106年2月。

二、研究對象

　　參與對象爲國立彰化師範大學105學年度上學期參與中等教育實習的實習生，採自願申請登記制。在登記之前需要先閱讀參與權利與義務，包含計畫名稱與目的、研究主持人之職稱與姓名、研究各細節、任務與資料蒐集的項目，參與此研究之權利以及研究倫理重要事項。閱讀後若同意再提出申請，本研究者招募120人，但中途退出者（實習業務太忙未完成作業）有27人，最後93人參與教學研究至結束。

　　上述學生來自15個學系，但均修畢教育學程規定學分，其中教材教法與教學實習均爲各學系必修課程，以此而言，實習生參與教育實習的先備條件（包含教材內容分析、教學設計、學生心理等基礎知識）是具備的。

三、教學活動流程

　　研究者根據先前文獻整理設計每個月的教學主題與活動，並於當月結束前要求實習生繳交教師所給予的作業。所有教學與作業繳交均以線上文字方

式進行。其教學主題、作業內容與說明如附表5.1。

附表5.1 本研究之教學活動流程、教學主題以及作業內容摘要表

月份	教學主題與內容	作業內容主題	作業描述	參與互動
105.08	1.心態調適與人際關係 2.參與行政事務	行政活動參與	1.每個月針對作業內容以條列式撰寫至少200個字的經驗與心得。 2.撰寫作業時間大約為兩週。 3.助理會於作業繳交截止日三天前提醒。截止日未繳交者則退出社團（已於參與同意書中說明）。	1.每位參與者需要瀏覽其他同學的作業，並至少擇一回饋或與其線上討論。 2.實習生相互討論後，在作業繳交日前可修改自己的作業。
105.09	1.規劃實習計畫書 2.教育實習的問題	問題學生處理		
105.10	1.教學觀察 2.觀察班級學生	觀察教師上課		
105.11	1.教學備課 2.教學問題	上臺練習試教		
105.12	1.教學經驗省思 2.實習問題省思	實習問題處理		
106.01	1.教師檢定與甄試 2.教學心得整理	自由分享		

四、研究工具

本研究資料蒐集包含實習生在學習作業上的內容表現以及在互動討論的內容資料，包含實習生發言與回饋的次數。

（一）教學評量工具與分析

研究者發展評分標準表（Rubric）進行實習生的作業評量。評分標準表如附表5.2。

附表5.2　實習生作業的評分標準表

月份	作業	評分標準
八	行政活動參與	5.能指出：活動細節、流程、人物與其責任、關鍵事件、產出心得。 4.能指出上述四項內容。3.能指出上述三項內容。2.能指出上述兩項內容。1.能指出上述一項內容。0.無指出上述內容。
九	問題學生處理	5.能描述：學生行為、原因、處理策略、法規、家長。 4.3.2.1.0.比照前項評分
十	觀察教師上課	5.能指出：教材內容細節、教學策略、師生互動、學生表現、評量活動。 4.3.2.1.0.比照前項評分
十一	上臺練習試教	5.能指出：備課內容、教學活動、師生互動、評量活動、課後省思。 4.3.2.1.0.比照前項評分
十二	實習問題處理	5.能指出：事件原因、處理過程、處理態度、人際互動、學習心得。 4.3.2.1.0.比照前項評分

　　研究者再邀請兩位已參與過教育實習的碩士生協助分析學生作業與評分，兩人若分數差距兩分以上，研究者再加入評分，最終取平均分數為個人分數。研究者再將所有人每個月的分數平均，了解實習生在行政、教學和導師實習上學習表現，藉以確認教學目標一是否達成。

　　另外，本研究統計實習生參與網路協同學習的情形，本研究先檢視實習生在臉書社團中有意義的提問和回覆，再統計每一位實習生在這些發言與回饋的次數，了解實習生主動參與的情形，藉以確認教學目標二是否達成。

（二）研究資料蒐集工具與分析

　　本研究蒐集參與者互動資料，並進一步分析文字內容，除了了解他們的學習情形外，也透過文字分析，了解他們參與此課程方案的互動情形。

　　研究者分析逐字稿，尋找資料中有關教材、教法、教學策略、師生互

動、學生的關鍵語彙，再根據這些關鍵語彙進行類別化，也不斷地比較其他關鍵語彙在類別詞語的異同，以利歸納或排除，最後再尋找不同類別之關聯性，以提出實習生在此方案的投入情形，以確認研究目的提及的課程方案之合宜性。

肆、研究結果：統整教學結果與成效分析

一、教學評量結果

根據實習生每個月的作業表現以評分標準表進行分析，分析結果如附表5.3。

附表5.3　實習生每月作業評分摘要表

月份	作業	評分標準中應指出項目	平均
八	行政活動參與	活動細節、流程、人物與其責任、關鍵事件、產出心得。	3.84
九	問題學生處理	學生行為、原因、處理策略、法規、家長。	3.76
十	觀察教師上課	教材內容細節、教學策略、師生互動、學生表現、評量。	4.35
十一	上臺練習試教	備課內容、教學活動、師生互動、評量活動、課後省思。	4.54
十二	實習問題處理	事件原因、處理過程、處理態度、人際互動、學習心得。	3.36

由附表5.3中得知實習生在每個月作業主題上的表現，以「上臺練習試教」4.54分最高，其次是「觀察教師上課」，也有超過4分。然而，在「實習問題處理」上的分數最低，只有3.36分，次低則是「問題學生處理」，也只有3.76分。不過，五項作業之全班平均分數均達3分以上，亦即參與本研

究的實習生之作業分數已達及格（3分）標準，表示課程與教學方案已讓實習生在行政、教學與導師實習上有良好的能力表現。

　　其次，本研究計算每一位實習生發言與回饋的次數和字數，統計結果如附圖5.1顯示。每位學生總發言次數為6次是作業基本要求，而發言7次以上，亦即每月發言平均超過1次的有81（56+19+4+2）人，亦即除了基本作業的發言要求外，有81/93=87.1%的人主動發言。再以回覆次數而言，總回覆次數為6次也是作業基本要求，而回覆7次以上，亦即每月回覆平均超過1次的有81（14+50+11+6）人，如同發言，有81/93=87.1%的人主動回覆。整體而言，12人只做到基本要求，其餘超過八成的人會主動發言與回覆訊息。

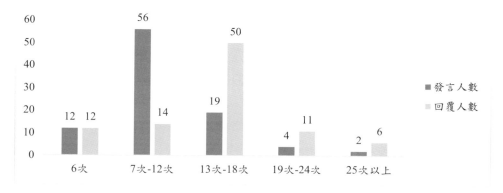

附圖5.1　實習生六個月內總發言與回覆次數之人數統計表

　　綜合上述，本研究確認參與方案的實習生之學習表現與成果已經達到教學目標。

二、質性資料分析

　　本研究以每個月作業內容主題作為分析項目，並進一步詮釋與解釋這些作業和互動內容。

（一）行政實習

　　一個學校的運作之行政業務非常繁瑣，除了例行性資料處理和需要支援教師教學外，也經常辦理許多活動，行政工作相當忙碌，實習生在實習期間不免會被要求幫忙相關事務，過程中經常會遇到許多問題。

　　　　最大的挫折是一上班便被要求打電話聯絡家長，遇到好幾通講閩南語的阿嬤接電話，他們一劈頭就說我聽不懂，最後被掛電話，當下有點難過。另外一次是被要求寫公文，但寫了被另外一個老師說看不懂。（Chang, 0822）

　　多數實習生提及行政主管在交辦事項或請實習生協助時，他們僅會交代事務並提醒實習生多加學習，卻沒有指導實習生如何進行。原因在於行政指導教師對實習生應學習的內容沒有足夠的指導準備，也可能缺乏有效的指導方式。

　　這個網路協同學習方案可以提供他們相互分享與討論問題的處理方式，例如：一位實習生在8月提出一個兩難情境問題。

　　　　Ling：有個問題提出來……暑假一開始時我便提醒我自己要在實習開始前聯絡實習學校關於報到、事前準備、行政協助之類的事，而在我聯絡實習學校前，一位學長電話通知我說在該學校的暑期輔導課表上面看到我的名字，實習生能夠上輔導課嗎？我怎麼去跟行政人員說？（Chen, 0824）

　　實習生在各實習學校遇到的問題並不一致，也沒有固定的處理方式，網路協同學習方案提供他們一些管道。

（二）學生問題處理

　　實習生才離開大學之學生角色，進入實習機構轉變成「實習教師」的身

分，由於與中小學生的年齡相差並不多，經常被學生視為大哥哥或大姊姊，因此與學生之間的距離難以拿捏，便容易導致無法有效控管上課秩序而影響教學狀況。

> 　　我感到挑戰的是學生發生行為問題時不知道應該使用何種策略，過多或過少干涉學生的行為與話語都不好，更重要的是若管教學生的做法不恰當，反而增強學生的問題行為……。（Lin, 0915）

學生問題處理能力是多數實習生所缺乏的，與學生互動都須靠經驗的累積才能上手，實習生即便有相關的知識基礎，真正面對學生時總是有很多情況、也不好處理，且對學生的了解不足，不清楚學生的個性、背景就難以使用有效的策略處理。

> 　　學生在教室裡表現很浮動，一問之下才知道原來是很不滿意自己來到資源班上課。學生表示「我不是補救教學而已嗎？怎麼變啟智班了？」、「不要跟我朋友說我來這間教室上課，很丟臉」。學生跟我說隨便講講就好了，他根本不想學……。（Tang, 0930）

這個訊息引來十六篇回應，有正向鼓勵，有負向責怪學校，也有人提及教育制度的問題，不管如何，**網路協同學習方案又再度促進實習生互動討論所面對的問題。**

（三）觀課

進班觀課對實習生的學習相當重要，藉由進入指導老師課堂中觀察老師的上課模式及教學重點，並思考自己的教學想法或是澄清以往錯誤的觀念，也可以了解學生學習情形。

> 　　在觀課的過程中，我發現老師時常以問答的方式帶動學生思考，這些問題都有明確的指示和方向性，使學生能夠聽得懂，並且

努力思考出答案，再踴躍地表達出來。（Wang, 1014）

實習生表示觀課可以學習到很多教學知能，例如：教師如何在乏味課程中有效引起學生注意，以及教師與學生的互動方式，進入教室觀課不僅能觀察教師如何教學，還能看到學生會如何反應，這樣的學習機會對於實習生是非常寶貴的。不過，亦有實習生被拒絕觀課。

> 我有主動提出跟班，導師總是說我不用過去，到目前為止我只有在新生訓練那天入班觀察了一節課（因為後來新生就去禮堂聽講座，導師就請我回行政處室）。如果我一直問能不能入班是否會造成老師的壓力？不曉得有沒有人跟我一樣遇到這樣的狀況呢？（Lee, 1004）

網路協同學習方案除了提供實習生分享外，幾乎成為問題求助的管道，許多實習生會將心中的疑問張貼在臉書上，其他瀏覽者即使沒有回饋，也可以了解其他實習生所面對的問題。

（四）上臺試教

上臺試教能讓實習生清楚認識自己的弱勢及問題，實習生在實際教學的過程中，從錯誤中學習。

> 事後自己覺得這樣的教學很不OK，老師也說我教的實在太快，且太過簡略。一方面覺得自己備課不充份，另一方面是覺得自己沒有辦法掌握到教材的重點，所以自己有點陷入無頭蒼蠅的狀態。（Zheng, 1114）

實習生因為教學經驗不足又容易緊張，教學過程難免遇到許多困難需要克服。無法有效掌握教材內容、課程準備不充足、時間及進度的掌控不佳，皆為實習生容易在教學上犯的錯誤。不過，上臺教學引起許多的討論，包含

教材設計、教學活動和教學技巧。一位實習生回覆一篇文章中提出自己的心得，

> 儘量不要讓學生覺得我們要用考卷和測驗去給他們打分數，而是要讓學生了解，測驗只是想讓老師、讓他們自己知道還有哪裡還不會，不要去害怕考試這件事……。（Zhung, 1114）

網路協同學習方案一開始多為問題的求助，然而，到了上臺試教，這是每一個實習生都會有的經驗，因此，討論和回饋次數特別多，亦即由求助轉變為議題討論，進而產出自己的心得。這也是附表5-3中呈現，實習生在「上臺練習試教」的評分最高的原因。

（五）實習問題處理

即使實習生被學生稱呼為老師，但也保有實習生的身分，這樣多重角色會讓部分實習生產生角色混亂，認為自己仍非教師而缺乏自信，而學生們也可能不把實習生當作真正的老師看待，使班級經營更加困難。

> 有時學生會說你只是實習老師……老師跟我說當你站在學生面前，你就是老師。不管你是實習、代理、代課都是學生的老師，要有老師的態度與樣子。（Bai, 1211）

實習生自己很清楚缺乏大量的實務經驗，即便修習許多師培相關的課程，有理論的基礎作為先備知識，但是有許多師生互動的方法在師培課程或教科書中未提及。網路協同學習正可以擴大他們學習經驗的經驗。

> Wang：我是在普通高中實習，班上有一特殊生，是「脊髓性肌肉萎縮症」的患者，乘坐電動輪椅上學，比較特別的是他的母親會全日陪同且協助他在學校進行學習活動，學校的無障礙設施並不是非常齊全……（Wang, 1222）

　　Zheng：謝謝你完整的分享，這對我未來很有幫助，說不定我以後也會遇到這樣的情形。（Zheng, 1223）

（六）部分學生參與度較低的問題

　　如前所述，有12位學生僅參與本課程方案的基本要求，研究者分析這些實習生的文字內容，除了依照研究者提出的作業格式要求繳交外，所發布的內容文字超過基本200個字的要求許多，但他們卻較少提問。根據研究指出，即使一些學生知覺遇到困難求助的好處，也不一定會尋求協助（Kozanitis, Desbiens, & Chouinard, 2007），原因涉及求助過程的動機和後設知覺的問題（Stahl, & Bromme, 2009）。Cheng和Tsai（2011）曾以臺灣300個大學生為研究對象，探討線上學術求助行為，研究發現大學生非常熟悉線上求助，但他們對於如何提問卻缺乏經驗與信心。因此，可能是求助動機、求助利益知覺以及缺乏求助信心導致如此。這對於研究者未來進行協同學習之教學設計時提供了一個重要的思考因素。

　　網路協同學習方案執行到最後，逐漸有經驗分享進行相互學習的心得，再從實習生每個月作業表現情形來看，實習生除了主動參與外，此課程方案已讓實習生在行政、教學與導師實習上已有良好的能力表現。綜合上述結果，顯示此方案對實習生的學習已具有效益。

伍、研究結論：省思教學理念與價值建構

　　本研究設計課程方案並經過教學實踐，再從蒐集學生評量表現與分析作業，可以發現網路協同學習之課程與教學方案如同先前理念，可以促進分散各地的實習生突破時空限制，相互分享與回饋訊息，除了既有的實習輔導機制外，這種線上互動擴大學習經驗的方式對實習生的學習表現已有明顯的助益。以下說明細節。

一、網路協同學習之課程與教學方案可以促進實習生主動參與並具有學習成效

　　網路協同學習課程方案之內容包含實習生應該參與的教學、級務、行政等實習內容，參與此方案的實習生透過學習任務的要求，在各方面表現已有顯著成效，而最高成效在於上臺練習試教，最低成效則為實習問題處理。另外，實習生除了基本要求外，有超過八成實習生主動發言和回饋訊息，可見網路協同學習之課程與教學方案可以促進實習生的學習成效。

二、網路協同學習之課程與教學方案提供實習生求助、討論與經驗分享的機會

　　網路協同學習方案是基於實習生相互分享、回饋與相互學習的基礎，在被研究者指導注意原則後，每位實習生都可以在每個月的作業上提供相關的心得與經驗，另外，他們也常針對遇到的問題進行分享與討論。而從初期到後期，可以發現一開始多於問題求助，爾後相互討論，之後，變成經驗的分享與學習，亦即此課程方案可以促進實習生的同儕經驗分享與互動學習。

三、網路協同學習方案具有推動的價值性

　　以當前教育實習情境而言，實習生可能會遭遇許多問題，卻無法獲得立即且適當的回應，導致在學習上產生困難，不知向誰求助，進而產生挫折感。而藉由網路協同學習方案的運用，實習生可以求助、獲得同儕回應、樂於分享經驗，也逐漸擴大學習機會。因此，網路協同學習方案具有推動的價值性，可提供未來師資培育機構研擬線上實習輔導策略之參考使用。

參考文獻

黃炳煌（1995）。師資培育多元化後師資專業化可行方案之研究。教育部
　　委託計畫。

Barkley, E. F., Major, C. H, & Cross, K. P. (2014). *Collaborative learning techniques: A handbook for college faculty*. San Francisco: Jossey-Bass.

Castro, A. J., Kelly, J., & Shih, M. (2010). Resilience strategies for new teachers in high-needs areas. *Teaching & Teacher Education, 26*(3), 622-629.

Cheng, K.-H., & Tsai, C.-C. (2011). An investigation of Taiwan University students' perceptions of online academic help seeking and their web-based learning self-efficacy. *Internet and Higher Education, 14*, 150-157.

Chieu, V. M., & Herbst, P. (2016). A study of the quality of interaction among participants in online animation-based conversations about mathematics teaching. *Teaching and Teacher Education, 57*, 139-149.

Chuang, H-H. (2016). Leveraging CRT awareness in creating web-based projects through use of online collaborative learning for pre-service teachers. *Educational Technology Research & Development, 64*(4), 857-876.

Crasborn, F., & Hennissen, P. (2010). *The skilled mentor: Mentor teachers' use and acquisition of supervisory skills*. Eindhoven: Eindhoven School of Education.

Graham, B. (2006). Conditions for successful field experiences: Perceptions of cooperating teachers. *Teaching and Teacher Education, 22*(8), 1118-1129.

Hew, K. F., & Knapczyk, D. (2007). Analysis of ill-structured problem solving, mentoring functions, and perceptions of practicum teachers and mentors toward online mentoring in a field-based practicum. *Instructional Science, 35*(1), 1-40.

Hsu, Y. -C., & Ching, Y. -H. (2013). Mobile computer-supported collaborative learning (mCSCL): a review of experimental research. *British Journal of Educational Technology, 44*(5), E111-E114.

Jenkins, D. B., & Fortnam, C. (2010). Attempts to renew traditional supervision. In A. Rodgers & D. B. Jenkins (Eds.), Redesigning supervision: *Alternative models for student teaching and field experiences* (pp.21-33). New York: Teachers College Press.

Ke, F. (2014). An implementation of design-based learning through creating educational computer games: A case study on mathematics learning during design and computing. *Computers & Education, 73*, 26-39.

Kozanitis, A., Desbiens, J. F., & Chouinard, R. (2007). Perception of teacher support and reaction toward questioning: Its relation to instrumental help-seeking and motivation to learn. *International Journal of Teaching and Learning in Higher Education, 19*(3), 238-250.

Lacey, C. (1977). *The socialization of teachers*. London: Methuen and CO.Ltd.

Laurillard, D. (2009). The pedagogical challenges to collaborative technologies. International *Journal of Computer-Supported Collaborative Learning, 4*(1), 5-20.

Palloff, R. M., & Pratt, K. (2005). *Collaborating online: Learning together in community*. San Francisco: Jossey-Bass.

Patrick, R. (2013). "Don't rock the boat": conflicting mentor and pre-service teacher narratives of professional experience. *The Australian Educational Researcher, 40*(2), 207-226.

Rodgers, A. & Keil, V. (2007). Restructuring a traditional student teacher supervision model: Fostering enhanced professional development and mentoring within a professional development school context. *Teaching and Teacher Education, 23*(1), 63-80.

Stahl, E., & Bromme, R. (2009). Not everybody needs help to seek help. Surprising effects of metacognitive instructions to foster help-seeking in an online-learning environment. *Computers & Education, 53*(4), 1020-1028.

Vygotsky, L. S. (1978). *Mind in society: The development of higher psychological processes*. Harvard university press.

Yayli, D. (2008). Theory-practice dichotomy in inquiry: Meanings and preservice teacher-mentor teacher tension in Turkish literacy classrooms. *Teaching and Teacher Education, 24*, 889-900.

Zygouris-Coe, V. I. (2013). Promoting collaborative learning in online teacher education. In R. Hartshorne, T. Heafner, & T. Petty (Eds.), *Teacher education programs and online learning tools: Innovations in teacher preparation* (pp.145-166). Hershey, PA: IGI.

國家圖書館出版品預行編目資料

教學實務研究與教研論文寫作／劉世雄著. --
二版. --臺北市:五南圖書出版股份有限公司,
2018.06
　　面；　　公分.
　　ISBN 978-957-11-9745-6（平裝）

1.教學研究 2.論文寫作法 3.文集

521.407　　　　　　　　　　107007822

1I1M

教學實務研究與教研論文寫作

作　　　者 ― 劉世雄（343.4）

發 行 人 ― 楊榮川

總 經 理 ― 楊士清

總 編 輯 ― 楊秀麗

副總編輯 ― 黃文瓊

責任編輯 ― 陳俐君　李敏華

封面設計 ― 姚孝慈

出 版 者 ― 五南圖書出版股份有限公司

地　　　址：106台北市大安區和平東路二段339號4樓

電　　　話：(02)2705-5066　　傳　　　真：(02)2706-6100

網　　　址：https://www.wunan.com.tw

電子郵件：wunan@wunan.com.tw

劃撥帳號：01068953

戶　　　名：五南圖書出版股份有限公司

法律顧問　林勝安律師事務所　林勝安律師

出版日期　2017年12月初版一刷
　　　　　2018年 6 月二版一刷
　　　　　2021年11月二版二刷

定　　　價　新臺幣430元

經典永恆・名著常在

五十週年的獻禮——經典名著文庫

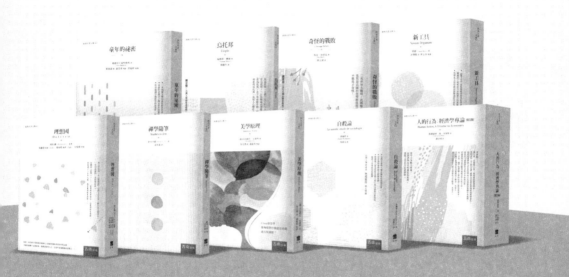

五南，五十年了，半個世紀，人生旅程的一大半，走過來了。

思索著，邁向百年的未來歷程，能為知識界、文化學術界作些什麼？

在速食文化的生態下，有什麼值得讓人雋永品味的？

歷代經典・當今名著，經過時間的洗禮，千錘百鍊，流傳至今，光芒耀人；

不僅使我們能領悟前人的智慧，同時也增深加廣我們思考的深度與視野。

我們決心投入巨資，有計畫的系統梳選，成立「經典名著文庫」，

希望收入古今中外思想性的、充滿睿智與獨見的經典、名著。

這是一項理想性的、永續性的巨大出版工程。

不在意讀者的眾寡，只考慮它的學術價值，力求完整展現先哲思想的軌跡；

為知識界開啟一片智慧之窗，營造一座百花綻放的世界文明公園，

任君遨遊、取菁吸蜜、嘉惠學子！